Argentien

Herausgegeben von Deirdre Ball
Entwurf und Gestaltung Hans Johannes Höfer
Ins Deutsche übersetzt von Christine Jensen, Dorothee Mayer,
Dr. Jutta Schütz-Gormsen, Dr. Radegundis Stolze

NELLES VERLAG
1989

Die Insight Guides erhielten 1980 und 1982
den Special Award for Excellence
von der Pacific Area Travel Association

©Alleinrechte für die deutschsprachige Ausgabe:
Nelles Verlag GmbH, D-8000 München 45
Erste Auflage 1989

ISBN 3-88618-928-7

Druck : Apa Press Pte Ltd
        Printed in Singapore

Argentinien ist der 56. Band der preisgekrönten Apa-Guides und der erste einer fortlaufenden Reihe über die südamerikanischen Länder. Es wurde ein begabtes und fleißiges Team von Schriftstellern, Redakteuren und Fotografen zusammengestellt, um sicherzustellen, daß der Startschuß der Serie ein Volltreffer wird.

Der Verleger und Fotograf **Hans Hoefer**, der 1970 Apa-Publiaktions in Singapur gegründet hat, brachte die neue Reiseführer-Serie auf den Markt, um dem Reisenden ein weitergefächerteres Informationsspektrum zu

Hoefer

Ball

bieten, als in traditionellen Reiseführern üblich. Die Serie zielt auf den "Reisenden der zweiten Generation". Nach Hoefers Auffassung ist der "Reisende der ersten Generation" jemand, der ein Buch braucht, das ihm den Weg vom Flughafen zum Hotel, zur Touristenattraktion und wieder nach Hause zeigt. Der "Reisende der zweiten Generation" jedoch ist über diese Grundbedürfnisse durch die unterwegs gesammelten Erfahrungen längst erhaben. Die Apa-Guides mit ihrer Betonung der jeweiligen Geschichte, Kultur und Menschen eines Landes erklären daher eher, warum ein Ort besichtigt werden sollte, als wie man dorthin gelangt. Die Beliebtheit der Serie beweist, daß Hoefer seine ursprünglichen Ziele auf bewundernswerte Weise erreicht hat.

Argentinien wurde als erstes Land für die Südamerika-Reihe ausgewählt, weil bisher so wenig darüber geschrieben wurde, es aber so viel zu erzählen gibt. Das vorliegende Buch füllt die bisher klaffende Lücke in der weltweit vorhandenen Reiseliteratur.

Gerade als sich der Apa-Verlag auf die Suche nach einem Leiter für dieses Projekt machte, beendete die Schriftstellerin und Herausgeberin **Deirdre Ball** einen 18-monatigen Aufenthalt in Buenos Aires, wo sie unter anderem Brauereiangestellten und Arbeitern der Lederindustrie Englischunterricht erteilt hatte. Sie wuchs in Beirut auf, studierte an der Yale University und lebte zeitweise in Montana und Kairo. Sie arbeitete als Herausgeberin und freiberufliche Journalistin und war begierig darauf, Argentiniens Vorzüge einem breiten Publikum nahezubringen.

Von den USA und ihrem neuen Zuhause in Brasilien kehrte D. Ball nach Argentinien zurück, um ein Team von Schriftstellern und Fotografen zusammenzustellen. Sie begann mit verschiedenen interessanten Persönlichkeiten, die sie schon bei früheren Streifzügen durch Buenos Aires und das argentinische Hinterland getroffen hatte. Der allseitige Enthusiasmus für das Projekt zog bald einen größeren Kreis hervorragender Fachleute an.

Basierend auf ihrer Erfahrung und bereits gesammeltem Forschungsmaterial reservierte Frau Ball für sich die Kapitel über die Geographie (Vom Dschungel hinauf zu den Gletschern), die Menschen (Auf der Suche nach der nationalen Identität), den Westen (Cuyo) und die Gauchos (Die wilden Waisen der Pampa), sowie die verschiedenen Einleitungskapitel des Buches.

Das Kapitel über die Vorgeschichte (Vor der spanischen Kolonialisierung) stammt von der argentinischen Archäologin **Elena Decima**. Frau Decima arbeitete auf Ausgrabungsstätten quer durch Süd- und Zentralamerika, inklusive Feuerland. Ihr letztes Projekt war die Freilegung eines indianischen Fischwehrs auf einem Baugrundstück in der City von Boston. Frau Decima verfaßte auch das Kapitel über die Region Córdoba (Córdobas koloniale Vergangenheit), die sie gut kennt. Sie nimmt jede Gelegenheit wahr, auf die abseits in den Bergen bei Alta Gracia gelegene Estancia ihrer Familie zu fahren.

Die Aufgabe, über Argentiniens lange und komplizierte Geschichte nach der Ankunft der Spanier zu schreiben, übernahm **Philip Benson**. Nach dem Abschluß seiner Historiker-Ausbildung am Haverford-College unterrichtete er Geschichte an den Gymnasien Ost-Jerusalems, Kairos und Buenos Aires'. Mit dem Magistertitel der Brown University in der Tasche unterrichtete er dann in Sao Paulo. Insbesondere die speziellen Nachforschungen zur Vorbereitung seines zweiten Beitrags zu dem vorliegendem Reisebuch (Beschreibungen von Argentinien: 1800 - 1920), haben Benson großen Spaß bereitet.

Mit flottem journalistischem Stil gestaltete **Tony Perrottet** den Teil "Argentinien heute.

Nach Jugend und Studium in Australien reiste Perrottet quer durch Asien und Südamerika. Er arbeitet für verschiedene australische, britische und US-amerikanische Zeitungen.

Die freie Schriftstellerin **Patricia Pittman** übernahm die schwierige Aufgabe, den wuchernden Komplex der Stadt Buenos Aires zu erklären. Frau Pittman engagierte sich an der Yale University für die Belange Lateinamerikas und kam 1982 zum ersten Mal nach Argentinien, um ein Jahr lang bei einer Menschenrechts-Organisation mitzuarbeiten. Nach der Wiederherstellung der Demokratie blieb sie dort und arbeitet heute als Beraterin für *Americas Watch* und die Ford Foundation. Einige ihrer Artikel erschienen in *The Nation* .

Die Beiträge über den Tango (Der erotische Tango) und die Wirtschaft (Wirtschaft, Politik und Arbeit) schrieb die Journalistin **Judith Evans**. Frau Evans erhielt einen Magister in Geschichte an der University of California in Berkeley und lebte seit 1972 gelegentlich in Buenos Aires. Heute ist sie Korrespondentin für das *Wall Street Journal* und schreibt für *The Independent* (Groß-Britannien) und die *New York Times*. Außerdem hält sie in Buenos Aires Vorlesungen über den Tango und über Architektur.

Der in Buenos Aires heimische Wein- und Küchenkritiker **Derek Foster** schrieb kompetent über die argentinische Küche (Essengehen in Buenos Aires) und über den Wein (Der argentinische Wein). Viele Jahre lang war Foster Kolumnist des *Buenos Aires Herald*, und heute publiziert er seine eigene Zeitschrift *Aromas y Sabores*. Zu seinen Buchveröffentlichungen gehören *The Argentines, how they live and work*, sowie *The wines of Argentina*.

Der Journalist, Entdecker und Publizist **Federico Kirbus** schrieb die Kapitel über die Ferienküste (Glückspieler und Ballspieler) und den Nordwesten. Zwischen der Leitung seines *Aventurismo* und dem Verfassen von Reiseberichten für verschiedene Zeitschriften verbringt Kirbus seine Zeit damit, das Hinterland Argentiniens zu erforschen. Seine Informationen aus erster Hand über abgelegene Orte sind ein großartiger Beitrag zu diesem Buch. Bei seinen Reisen durch das Land hat er mehrere wichtige archäologische Stätten entdeckt. Sein neuestes Werk heißt *Mythos der Inkas* (The Myth of the Incas).

Ein weiterer Mitarbeiter, dessen Artikel auf einer langjährigen Felderfahrung aufbauen, ist **Maurice Rumboll**, der die Fauna (Wildes Argentinien) und den Nordosten (Flußfahrt zum Nordosten) des Landes beschreibt. Ausgebildet in Argentinien, England und Schottland, ist der Biologe und Naturkundler Rumboll durch und durch mit der Tierwelt Argentiniens, den Inseln des Süd-Atlantiks und der Antarktis vertraut. Er hat sogar einige neue Tierarten entdeckt. Er arbeitete viele Jahre in Argentiniens Nationalparks und eine Zeitlang als Chef-Naturkundler in Iguazú. Jetzt genießt er sein Leben als Führer auf Wildnis-Kreuzfahrten entlang der südamerikanischen Küste.

Wer wäre qualifizierter, um über Patagonien zu berichten, als die aus der Nähe von Bariloche stammenden

Benson | Pittman

Autoren **Hans Schulz, C. Jones** und **Edith Jones**, die jeden Quadratmeter dieses riesigen Gebiets sowohl im Jeep, als auch per Bahn, zu Pferd und zu Fuß erkundet haben. Schulz studierte Anthropologie in Buenos Aires. Er ist Geschäftsführer der *Polvani Tours* in Bariloche, aber er nimmt seinen Beruf ernster als der durchschnittliche Reisebürochef. Er verfolgt sein Ziel, "den Leuten das echte Patagonien zu zeigen", mit großem Einsatz. Carol Jones ist

Kirbus | Rumboll

Parry Jones | Goodall

die Enkelin eines Texas-Cowboys, der im 19. Jahrhundert nach Patagonien übersiedelte. Sie ist eine *verdadera* (echte) Gaucha und betreibt eine Farm-Pension auf der Familien-Estancia nahe Bariloche. Ihre Mutter Edith ist eine gestandene Patagonierin mit walisischer und baskischer Abstammung. Sie war viele Jahre Englischlehrerin und Direktorin an der örtlichen Woodville School.

Das Kapitel über die Waliser (Die Waliser in Patagonien) schrieb **Perry Jones**, selbst ein Waliser, der in Bucks County in Pennsylvania lebt. Jones ist Geschichtslehrer im Ruhestand, und er verbringt seine Zeit jetzt damit, den

Globus in allen Himmelsrichtungen zu erforschen. 1986 erfüllte er sich einen alten Traum und reiste nach Patagonien, um dort die kleinen, aber prosperierenden walisischen Gemeinden kennenzulernen. Er war entzückt, als er feststellte, daß er sich mit vielen Bewohnern dort in seiner Heimatsprache unterhalten konnte.

Die Artikel über Feuerland (Der äußerste Süden) schrieb **Rae Natalie Prasser Goodall**, eine bekannte Expertin für dieses Gebiet. Frau Goodall zog 1963 nach Argentinien, nachdem sie ihr Hochschulstudium an der Kent State University in Pädagogik und Biologie erfolgreich beendet hatte. Seither arbeitete sie als Wissenschaftlerin am Centro Austral de Investigaciones Cientificas in Ushuaia und spezialisierte sich auf Meeres-Säugetiere. Gefördert von der Argentinischen Gesellschaft für Geographie verfaßte sie auch mehrere Studien über die Fauna und Flora der Inseln. Ihr Buch *Tierra del Fuego* (Feuerland) ist ein solch umfassender Führer, daß sogar Vogellisten für den interessierten Beobachter darin zu finden sind. Frau Goodall hält regelmäßig Vorlesungen über verschiedene Aspekte ihrer Wahlheimat.

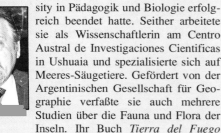

Foster

Carol Jones

Weil

Der Sport-Redakteur des *Buenos Aires Herald*, **Eric Weil**, war Mitverfasser des Kapitels über Sport (Von den Königen des Sports zum Sport der Könige). Weil lieferte auch Beiträge zu den verschiedensten Themen für die British Broadcasting Corporation und die englische Zeitung *Daily Mail*. Das Fachwissen verdankt dieser Teil dem Co-Autor **Doug Cress**. Cress, ein in Los Angeles ansässiger Journalist, arbeitete viele Jahre lang bei der *Washington Post*.

Hazel McCleary übernahm die strapaziöse Aufgabe, die Reisetips zusammenzustellen, was ihr mit Witz und Gründlichkeit gelang. Da Frau McCleary viele Jahre für *Cosmopolitan Tours* in Buenos Aires arbeitete, ist sie mit allen Haken und Ösen der Reisebranche bestens vertraut.

Die Originalkarten wurden von **Isabel Juarez de Rosa** zusammengestellt, die aus Quilmes bei Buenos Aires stammt. Frau Juarez arbeitet für den Servicio de Hidrografia Naval (Seekartendienst) und hat schon mehrere Karten herausgebracht.

Die Apa-Guides sind schon immer für ihre ausgezeichneten Fotos bekannt. Der Band über Argentinien folgt dieser Tradition und zeigt die Bilder einer Reihe talentierter Fotografen, von denen die meisten Argentinier sind.

Fast ein Viertel der Fotos wurden von **The Photoworks** beigesteuert, mit dem Fotografen **Alex Ocampo** an der Spitze. Der Mitbegründer von The Photoworks, der verstorbene **Roberto Bunge**, bringt sich mit vielen exzellenten und seltenen Fotos in Erinnerung.

Fast das gesamte Archivbildmaterial und viele der Fotos von Buenos Aires stammen von **Fiora Bemporad**, einer anerkannten, in Buenos Aires arbeitenden Fotografin. Frau Bemporad arbeitete oft mit EMECE Publications (Buenos Aires) zusammen, und ihre Bilder waren schon in vielen Ausstellungen zu sehen.

Viele andere Fotos, darunter die meisten der phantastischen Tierwelt-Aufnahmen stammen von **Roberto Cinti** und **Carlos Passera**, den Leitern der Agentur **Photohunters**.

Die von **Marcelo Brodsky** gegründete Agentur **Focus** steuerte viele Aufnahmen von schon bekannten, sowie von einigen Nachwuchsfotografen bei.

Jorge Schulte ist mit zahlreichen seiner hervorragenden Bilder vom Nordwesten des Landes vertreten. Weitere argentinische Fotografen sind **Eduardo Gil** (Buenos Aires), **Pablo Cottescu**, **Arlette Neyens**, **Grabriel Bendersky**, und **Ricardo Trabucco** (sie alle kommen aus Bariloche), sowie **Natalie** und **Thomas Goodall** (Ushuaia). Abgebildet sind auch Arbeiten von den New Yorker Fotografen **Don Boroughs** und **Joe Hooper**.

Der Herausgeber dankt den folgenden Stellen für die freundliche Unterstützung: Der argentinischen Tourismusbehörde und ihrem früheren Direktor Francisco Manrique, Aerolineas Argentinas, der Briefmarken-Abteilung des argentinischen Hauptpostamtes, der Brauerei Cuyo y Norte (Mendoza) sowie der Grundschule in Sao Paulo.

Von großer Hilfe für das Projekt waren auch der Rat und der professionelle Beistand der Redakteure **Vivien Kim**, **Geoffrey Eu**, **Adam Liptak** und **Ng Swee San**.

Ein Vergnügen war die enge Zusammenarbeit mit der Apa-erfahrenen **Kathleen Wheaton**, die mit guten Ratschlägen und Ermunterungen stets zur Stelle war, auch dann noch, als sie selbst tief in ihrer redaktionellen Arbeit für die Apa-Guides Spanien und Buenos Aires steckte.

NELLES-VERLAG

INHALT

Teil Drei

Karten

ARGENTINIEN

Für gewisse Dinge ist Argentinien berühmt, während andere Vorzüge des Landes bisher unbeachtet blieben. Jeder weiß zum Beispiel, daß es die Heimat des Tangos ist, aber fast niemand ist sich bewußt, daß der höchste Gipfel der beiden Amerikas, der Aconcagua, an seiner Westgrenze liegt. Argentiniens Rindfleisch ist weltbekannt, aber nur wenige haben je etwas von den seltenen Gletscherbildungen des Seen-Distrikts gehört; und obwohl vielen der Name Feuerland ein Begriff ist, weiß fast niemand, daß das an der äußersten Küste gelegene Ushuaia die südlichste Stadt der Welt ist.

Nicht nur mit der hochentwickelten Metropole Buenos Aires, den rauhen Gaucho-Reitern und den weiten Flächen von Patagonien und der Pampas wird Argentinien den Besucher in Staunen versetzen, sondern auch mit wertvollen Weinen, Dschungelwasserfällen, kolonialen Städten und Pinguinkolonien. Man kann hier seinen Urlaub mit so verschiedenen Aktivitäten gestalten wie z. B. Reitwandern in den Anden oder dem Glücksspiel in Kasinos am Meer. Es gibt Polo-Turniere, Ski-Rennen, deutsche Oktoberfeste und walisische Eisteddfods (Sänger- und Dichterfest).

Während einige Attraktionen von bestimmten Personengruppen schon lange geschätzt werden, wie z.B. von den Bergsteigern auf der Suche nach Herausforderungen oder den Ornithologen im Bemühen den Artenkatalog zu komplettieren, ist das Land von der Touristikbranche eigentlich unentdeckt geblieben. Argentinien ist so weit von den ausgetretenen Tourismuspfaden entfernt, daß man an den örtlichen Badesträanden nur von Argentiniern umgeben ist, und wenn man einen guten Tag erwischt, hat man einen Nationalpark ganz für sich alleine.

Wenn die Besucher die Raffinessen von Buenos Aires oder die Naturschönheiten des Inlands wirklich genießen wollen, sollten sie unterwegs Kontakte mit der argentinischen Bevölkerung knüpfen. Ein Café-Nachmittag in Gesellschaft von geistreichen *Porteños* (Einwohner von Buenos Aires) oder eine Unterhaltung über Pferde mit einem wettergegerbten Gaucho in Patagonien helfen dem Fremden, die einzigartige argentinische Kultur schätzen zu lernen, auf die die Argentinier mit Recht stolz sind.

Vorhergehende Seiten: Kinoposter mit dem berühmten Tangostar Carlos Cardel. Tal des Río Pinturas. Iguazú-Wasserfälle. Spätnachmittag in der Pampa. Fitz-Roy-Berg in Santa Cruz. Links: Tangotanzendes Paar.

VOM DSCHUNGEL HINAUF ZU DEN GLETSCHERN

Argentinien hat viele Reichtümer, aber kein Silber. Das wußten die frühen Entdecker aus Spanien nicht, als sie dem Land seinen Namen gaben (*argentum* ist die lateinische Bezeichnung für Silber). Dieses wertvolle Erz wurde in großen Mengen weiter im Norden, in Bolivien und Peru, gefunden, doch der Name blieb.

Das heutige Argentinien ist ein riesiges Land, das achtgrößte der Welt, und nach Brasilien das zweitgrößte in Südamerika. Es besteht aus 22 Provinzen und einem National-Territorium, das Feuerland umfaßt sowie verschiedene südatlantische Inseln und einen 49 Grad-Keil der Antarktis, der am Südpol endet. Teile des antarktischen Sektors werden jedoch auch von Chile und Großbritannien beansprucht, und die südatlantischen Inseln stehen zur Zeit unter britischer Oberherrschaft.

Ohne die umstrittenen Gebiete hat Argentinien eine Fläche von fast 2,8 Mio. km^2. Die Inseln und das Gebiet der Antarktis erstrecken sich zusammengenommen über weitere 1,2 Mio. km^2. Das Land ist 3500 km lang und bis zu 1400 km breit.

Wie zu erwarten, hat ein Land mit dieser Ausdehnung eine sehr abwechslungsreiche Topographie und veschiedenste Klimata. Obwohl der größte Teil Argentiniens innerhalb der gemäßigten Klimazone der südlichen Hemisphäre liegt, reichen die klimatischen Bedingungen von tropisch im Norden bis subantarktisch im Süden. Im Großen und Ganzen wird das Klima des Landes von der Nähe der zu beiden Seiten des Konus liegenden Ozeane gemäßigt, und dieser Einfluß verstärkt sich, je weiter man nach Süden kommt, wo der Kontinent immer schmaler wird und die beiden Ozeane schließlich aufeinandertreffen. Die Anden, als hochgetürmte Barriere gegen Westen, spielen hier ebenfalls eine wichtige Rolle. Dieser Verschiedenartigkeit der Landschaft verdankt Argentinien seine breitgefächerte Tier- und Pflanzenwelt.

Man kann das Land in sechs geographische Zonen einteilen: Die fruchtbaren Pampas in der Mitte, mesopotamische Marschgebiete im Nordosten, das bewaldete Chacogebiet im Norden,

das Hochplateau im Nordwesten, die Bergwüste im Westen und die windigen Hochebenen von Patagonien. Innerhalb dieser Gebiete findet man einfach alles - von schwülen subtropischen Dschungeln bis zu hochragenden Eisgipfeln, und zwischen diesen Extremen nahezu jede erdenkliche Landschaft.

Das grasbewachsene Herzland

Die Pampas sind vielleicht die bekannteste

Landschaft Argentinien. Die fruchtbaren alluvialen Ebenen waren die Heimat der legendären Gauchos und tragen heute in hohem Maß zum wirtschaftlichen Wohlstand Argentiniens bei. Die Graslandschaft bedeckt einen großen Teil Innerargentiniens. Von der Stadt Buenos Aires erstreckt sie sich in einem Radius von 970 km nach Süden, Westen und Norden.

Die Argentinier rühmen die fette Erde der Pampas und behaupten, der Nährboden sei zwei oder sogar fünf Meter dick. Jedenfalls ist dieses Gebiet zweifellos der größte Aktivposten der Nation. Alle frühen europäischen Entdecker kommentierten die unendliche und weite Flachheit dieser Prärien. Und sie sind wirklich platt

Vorhergehende Seiten: Eisberge auf dem Lago Argentino. Links: Ehepaar aus dem Nordwesten. Oben: Magellan-Pinguine.

wie ein Pfannkuchen. Die ursprüngliche Pampa-
vegetation ist eher karg. In einigen Gebieten
wächst kurzes Gras, während in anderen das
Gras grob und hoch ist oder niedrige Büsche
wachsen läßt.

Die einzige Baumart, die hier heimisch ist, der
Ombú, ist eigentlich kein Baum, sondern ein
Kraut. Obwohl es ziemlich groß wird, ist sein
feuchtes Faserholz als Brennmaterial nicht geeig-
net. Sein Nutzen bestand vor allem darin, müden
Gauchos Schatten zu spenden, die unter seinen
Zweigen ausruhten, um ihren *Mate-Tee* zu
trinken. Mit der Zeit wurden viele andere Pflan-
zen eingeführt. Überall sieht man heute hohe
Baumreihen, die als Windbrecher dienen und die
Monotonie der Landschaft auflockern.

derten bis zu Tausenden von Hektar. Die *Pampa
seca* liegt weiter westlich, wo durch die Anden
trockenere Bedingungen vorherrschen.

Die Ebenheit der Pampa wird an verschiedenen Stellen von niedrigen Gebirgen unterbrochen, darunter vor allem die Sierra de Tandil und
die Sierra de la Ventana im Osten sowie mehrere
parallele Gebirgszüge in den zentralen Provinzen
von Córdoba und San Luis. Der Río de la Plata
wird von mehreren Flüssen gespeist, z.B. vom
Paraná, dem Uruguay und dem Paraguay. Er bewässert ein riesiges Gebiet Südamerikas, einschließlich Ost-Boliviens, fast ganz Paraguays
und Uruguays, sowie einen großen Teil Südbrasi-
liens. Er mündet ein Stück nordwestlich von
Buenos Aires. Das Flußdelta umfaßt zahllose

Die Pampa teilt sich in die feuchte (*Pampa
humeda*) und die trockene Pampa (*Pampa seca*).
Die erste liegt weiter östlich, hauptsächlich in der
Provinz Buenos Aires und ist ein wichtiges
Agrargebiet des Landes mit Getreide-, vornehmlich Weizenanbau. Hier liegt auch das Herzstück
der Rinderzucht. Das Grasfutter der Herden gibt
dem argentinischen Rindfleisch sein so geschätz-
tes Aroma. Mit dem Bau der Eisenbahn durch die
Briten und dem Import britischer Rinderarten
entwickelte sich die Pamparegion schlagartig.

Faktisch ist die gesamte *Pampa humeda* aufgeteilt und landwirtschaftlich genutzt. Viele der
wohlhabenden argentinischen Grundbesitzer
haben hier ihre *Estancias*, Besitztümer von Hun-

kleine Wasserstraßen, die ein einzigartiges mar-
schiges Ökosystem gebildet haben. Der größte
Hafen von Buenos Aires entstand längs der Ufer
der Flußmündung, aber nur der ständige Einsatz
von Baggern verhindert das Verschlammen.

Subtropische Wälder

Der abgelegene Nordosten Argentiniens wird
als Mesopotamien bezeichnet, da er fast gänzlich
zwischen dem Paraná- und dem Uruguayfluß
liegt. Das gesamte Gebiet wird von Flüssen und
Strömen durchschnitten, und ein großer Teil ist
Marschland und ziemlich flach. Hier regnet es
auch sehr häufig.

Der südliche Sektor mit seinen Sümpfen und niedrigen, sanft auslaufenden Bergen lebt von der Schaf-, Pferde- und Rinderzucht. Es ist eines der wichtigsten wolleproduzierenden Gebiete des Landes. Gegen Norden wird das Klima subtropisch und sehr feucht. Die Wirtschaft basiert auf dem Anbau, vor allem von *yerba mate* (eine Art Tee) und verschiedenen Früchten. Riesige Gebiete des Urwaldes sind der stark expandierenden Holzindustrie zum Opfer gefallen. Zur Nordspitze hin, bei Misiones, erhebt sich über das Flachland ein Plateau aus Sandstein und Basalt. Typisch für diese Landschaft sind rauhe Reliefs und schnellfließende Flüsse. Entlang der Nord-Grenze zu Brasilien befindet sich der prächtige Wasserfall Iguazú mit mehr als 275

weiten und vorwiegend naturbelassenen Gebiet gibt es viel Wild, so daß dieser Name gerechtfertigt ist. Das Gebiet ist bedeckt mit Dschungelebenen sowie mit der trockenen Chaqueña Savanne; das Klima reicht von tropisch bis subtropisch. Der Chaco liegt in der Flußebene des Río de la Plata, und obwohl dieser einen großen Teil des Jahres ausgetrocknet ist, rufen die Sommerregenfälle immer großflächige Überschwemmungen hervor.

Die Wälder enthalten wertvolle Harthölzer, und die Holzwirtschaft ist ein wichtiger Industriezweig geworden. In den gerodeten Waldgebieten wird Baumwolle angebaut, und es gibt auch Farmen. Eine der wichtigsten wirtschaftlichen Tätigkeiten hier ist das Abernten des Que-

Kaskaden, die über 60 m tief durch den üppigen subtropischen Wald hinabdonnern.

Die Jagdgründe

Der zentrale Norden Argentiniens heißt Chaco. Es ist der südliche Teil des Gran Chaco, der bis nach Bolivien, Paraguay und Brasilien reicht und im Norden an das Mato Grosso-Gebiet Brasiliens grenzt. Im dortigen Dialekt bedeutet das Wort *Chaco* "Jagdgründe", und überall in diesem

Links: Regenbogen über der Pampa. Oben: Mit dem Boot flußaufwärts in Mesopotamia.

bracho-Baumes. Dieser Baum produziert ein Harz, das zum Gerben gebraucht wird, und feines Leder ist schließlich ein wichtiges Nebenprodukt der Rinderzucht Argentiniens.

Hochwüste

Westlich des Chaco erreicht man das Plateaugebiet des Nordwestens, das durch den Einfluß der angrenzenden Anden überwiegend ariden oder semi-ariden Charakter hat. Das Terrain steigt hier ständig an bis zum Altiplano (Hochplateau) an der Nordgrenze zu Bolivien. Entlang dieser Linie teilen sich die Anden in zwei parallele Cordilleras (Gebirgszüge), die Salta-Jujeña im Westen und die Sierra Subandina im Osten.

Die Puna ist eine trockene, kalte Wüste, die sich nördlich der Provinz Catamarca über die Anden in Richtung Bolivien erstreckt und auch einen Teil von Nord-Chile einnimmt. Die Bevölkerung, meistens Mestizen, züchtet Ziegen, Schafe und Lamas.

Weiter im Osten weisen ein großer Teil der Provinzen Tucumán, Salta und Jujuy ein tropisches Bergklima mit milden Wintern auf. Neben den Viehranches findet man hier Weinberge, Oliven- und Orangenhaine, sowie endlos scheinende Tabak- und Zuckerrohrplantagen. Überall verstreut in den geschwungenen Tälern und auf den weiten Piedmontflächen erstrecken sich Gemüsefarmen.

Trauben und Öl

Der zentrale Westen Argentiniens mit den Provinzen San Juan, Mendoza und San Luis ist unter der Bezeichnung Cuyo bekannt. Die Anden formen sich hier zu einem einzigen, sehr hohen Gebirgszug, von dem viele Gipfel über 6.600 m hoch sind. Westlich der Stadt Mendoza liegt der Gipfel des Aconcagua, der mit 6.980 m der höchste Berg in der westlichen Hemisphäre ist. Nur etwas südlich vom Aconcagua liegt der Upsallata-Paß, der *Camino de los Andes*, der an seiner höchsten Stelle, bei 3.800 m, nach Chile hinüberführt.

Wüstenausläufer erstrecken sich ostwärts von den gletscherbedeckten Bergen in die Ebenen hinein. Fast die gesamte Gegend ist trocken, wind-erodiert, mit Buschvegetation. Flüsse, die von der Schneeschmelze in den Anden gespeist werden, durchfließen die Wüste.

Die extensive Bewässerung mit Hilfe dieser Flüsse macht in dieser Gegend großangelegte Landwirtschaft möglich.

Der Cuyo ist das Herzstück des argentinischen Weinlandes. Das trockene Klima, der sandige Boden und der ganzjährige Sonnenschein sind für den Weinbau ideal. Daneben werden noch Zitrusfrüchte angebaut.

Zusätzlich ist das Cuyogebiet reich an Bodenschätzen. Es gibt Kupfer-, Blei- und Uranminen, und das hier und in Patagonien entdeckte Erdöl macht Argentinien bezüglich dieser lebenswichtigen Resource fast zum Selbstversorger.

Die offene Steppe

Südlich des Rio Colorado liegt Patagonien, das fast ein Viertel der Fläche Argentiniens ausmacht. Von den Anden fallen dort eine Reihe trockener Hochebenen zu den zerklüfteten Klippen der atlantischen Küste hin ab. Die patagonischen Anden sind niedriger als die im Norden gelegenen, und sie sind durchsetzt mit Seen, Wiesen und Gletschern. Viele Berghänge sind bewaldet.

In den zentralgelegenen Steppen weht oft ein scharfer Wind, und weiter im Süden bläst es immerzu. Winde, Flüsse und Gletscher haben das Terrain erodiert. In den niedrigen, breiten Flußtälern im Norden Patagoniens wird dank der Bewässerungsanlagen Obst und Gemüse angebaut. Weiter südlich strömen die Flüsse durch eindrucksvolle tiefe Schluchten.

Obwohl es fast das ganze Jahr über regnet, ist das Klima kalt und die Vegetation karg. Die Ebenen sind mit Gräsern, Büschen und wenigen knorrigen Bäumen bewachsen. Der wichtigste Wirtschaftszweig ist die Schafzucht.

Im Süden, zwischen der Magellan-Straße und dem Beagle-Kanal, liegt Feuerland. Das Klima hier ist subantarktisch, und obwohl das ziemlich dramatisch klingt, könnte es - bedenkt man die geographische Breite - durchaus schlimmer sein. Die Nähe des atlantischen und des pazifischen Ozeans mildern nämlich die Temperaturen ein wenig, so daß einige Stellen der Insel sogar recht grün sind.

Links: Riesiger Kandelaber-Kaktus im Nordwesten. Rechts: Cerro Torre, im Gletscher-Nationalpark.

VOR DER SPANISCHEN KOLONIALISIERUNG

Das heutige Argentinien und Chile waren die letzten Gebiete, in die frühzeitliche Menschen ihrer Suche nach neuem Land und neuen Nahrungsquellen zogen. Die Geschichte begann vor sehr langer Zeit, weit weg von Argentinien, als die ersten Gruppen asiatischer Volksstämme den nordamerikanischen Kontinent betraten. Die von den meisten Archäologen akzeptierte Theorie besagt, daß die frühen Amerikaner in einer der vielen Eiszeiten über die Bering-Straße kamen, als die Meere wesentlich flacher als heute waren.

Die Bering-Straße bildete die ideale Brücke zwischen Amerika und Asien.

Wenn wir davon ausgehen, daß die archäologischen Daten aus dem Yukon Valley in Alaska korrekt sind, die die ersten Einwanderungen in die Zeit von ca. 24.000 bis 29.000 Jahre v. Chr. legen, könnten die frühen Amerikaner die Spitze von Südamerika ungefähr 9.000 Jahre v. Chr. erreicht haben. Das Höhlengebiet von Fells, einige Kilometer von der Magellan-Straße entfernt, scheint diese Theorie zu belegen.

Welche Faktoren haben diese Völkerwanderung und die Ansiedlung von Gruppen in ganz Amerika wohl beeinflußt? Das Vorwärtsrücken und Zurückweichen der Eiszeit stellte ein großes

Hindernis dar, und das Durchwandern des von zwei Eisflächen größtenteils bedeckten nordamerikanischen Kontinents war äußerst schwierig.

Obwohl die Auswirkungen der Eiszeit auf Südamerika noch nicht völlig geklärt sind, nimmt man an, daß ebenso wie in Nordamerika das Pleistozän in der südlichen Hemisphäre vom Vorrücken und Zurückweichen des Eises bestimmt war.

Ein anderes Klima

Das letzte Vorrücken des Eises in Südamerika geschah zwischen 9.000 und 8.000 v. Chr. und wirkte sich anders als in Nordamerika aus. Die argentinische Pampa und der Dschungel Brasiliens blieben eisfrei. Die Eiszeit trat vor allem in den Anden, dem Rückgrat Südamerikas, zu Tage, die im Vergleich zu heute mit mehr Eis bedeckt waren. Die Gegend sah anders aus, da es viel mehr Seen gab, das Meeresniveau niedriger war und viele Gebiete, die heute unter Wasser liegen, damals günstigen Siedlungsgrund boten. Die Atlantikseite, heute gekennzeichnet durch eine riesige, nicht sehr tiefe Unterwasserplattform, war wahrscheinlich viel breiter und bildete zusammen mit den Pampas und Patagonien eine noch größere Ebene als heute. Die Niederschlagszeiten waren während des Pleistozäns ebenfalls anders, und Gebiete wie das heute trockene Patagonien waren damals noch grasbewachsen.

Was fanden die ersten Spanier vor, als sie im 16. Jahrhundert nach Argentinien kamen? Sicher nicht die großen Städte und Pyramiden Mesoamerikas oder ein Reich, wie es die peruanischen Inkas in nur 100 Jahren errichtet hatten. Sie fanden vielmehr ein Land vor, das von der nordwestlichen Puna bis zur Spitze Feuerlands nur sehr dünn mit einer kulturell inhomogen entwickelten Bevölkerung besiedelt war.

Forts und Farmen

Die nordwestliche Zone war kulturell eindeutig am weitesten entwickelt. Dieses Gebiet wurde während der Blüte des Tiahuanaco-Reichs jahrhundertelang von Bolivien beeinflußt, sowie von Peru während der Ausbreitung des Inka-Reiches, das sich den Nordwesten Argentiniens einverleibte. Im frühen 16. Jahrhundert lebten die Eingeborenen des Nordwestens in einfachen Steinhäusern in Städten mit bis zu 3.000 Einwohnern, wodurch diese Gegend die höchste Bevölkerungsdichteste hatte. Die Städte waren aus Verteidigungsgründen von einer Stadtmauer umgeben und auf Bergen angelegt. Sie hatten auch zeremonielle Gebäude. Überall wurde in grossem Maßstab Bewässerungslandwirtschaft betrieben, und als Haustiere hielt man vorwiegend das Lama und das Alpaka.

schen Häusern. Obwohl Landwirtschaft betrieben wurde, spielte die Jäger- und Sammlertradition noch eine wichtige Rolle. Die Keramik blieb ziemlich roh, und es gab kaum Metallverarbeitung in diesem Gebiet. Viele der Fundstücke aus Metall stammen aus dem Nordwesten.

Fischer und Nomaden

Das Leben der Menschen im Nordosten Argentiniens gestaltete sich ähnlich wie im Gebiet

Das Kunsthandwerk war hochentwickelt. Man fand gute Keramik, Holzschnitzereien und Metallarbeiten (vorwiegend aus Kupfer und Bronze), sowie Skulpturen aus Stein. Die Menschen organisierten sich politisch in Stämmen und Stammesverbänden.

Das Zentralgebirge und das Gebiet um Santiago del Estero war weniger entwickelt. Dort gab es kleine Dörfer, manchmal mit halb unterirdi-

der zentralen Gebirge, nur daß durch die beiden großen Flüsse Paraná und Uruguay die wirtschaftliche Basis um das Fischen erweitert wurde. Die Töpferei war zwar bekannt, doch gab es anscheinend keine Metallverarbeitung. Leider ist diese Region nur wenig archäologisch erforscht. Die Südhälfte des Landes, von Santa Fé und Córdoba bis zu den südlichsten Inseln, weist fast gar keine frühe Architektur auf.

Viele der hier lebenden Gruppen waren Nomaden und errichteten nur provisorische Siedlungen mit einfachen Hütten aus Zweigen oder Tierhäuten. Sie betrieben kaum Landwirtschaft, sondern waren vor allem Jäger (zu Land und zu Wasser) und Sammler.

Vorhergehende Seiten: Die Cueva de las Manos in Santa Cruz. Links: Ruinen einer Quilmes-Indianersiedlung in Tucumán. Oben: Prähistorische Steinwerkzeuge.

Die Töpferei war entweder nicht bekannt oder, wenn sie ausgeübt wurde, sehr primitiv. Ebenfalls unbekannt war die Metallverarbeitung bis zur Einwanderung der chilenischen Araukaner.

Die meisten der Werkzeuge bestanden aus Knochen oder Stein, und man erlangte große Fertigkeiten im Bearbeiten dieser beiden Materialien. In Patagonien sollen diese umherziehenden Nomadengruppen zeitweise bis zu 150 Personen stark gewesen sein.

Farbenprächtige Höhlen

In den Fells- und den Pailli Aike-Höhlen am Südzipfel des Kontinents fand man Knochen von Pferden, Guanakos und Faultieren, sowie Menschenskelette. In Südchile stößt man in der Eberhardt-Höhle auf Überreste vom Mylodon und dem Onohippidon, und in den Los Toldos-Höhlen in Santa Cruz auf Pferdeknochen. Alle diese Stellen bargen Steinwerkzeuge, wie Steinspitzen, Schaber und Messer; einige Höhlen enthalten auch Werkzeuge aus Knochen, und in der Eberhardt-Höhle entdeckte man bearbeitete Tierhäute. Diese Orte waren im Rahmen der Nomadentradition, die den Nahrungsquellen folgte, saisonweise bewohnt.

Viele Wände und Decken der Los Toldos-Höhlen sind mit Handabbildungen in der sogenannten Negativtechnik bedeckt, wobei die Handfläche an die Wand gedrückt und die Farbe drumherum aufgetragen wird. Da einige der primitiven Steingegenstände Farbreste aufweisen, nimmt man an, daß die Höhlenmalereien ebenfalls etwa um 9.000 v. Chr. entstanden sind.

Steinspitzen

Im ganzen Land dauerte die Jägerkultur mehrere tausend Jahre, und in manchen Gegenden bis zur Kontaktaufnahme mit den Europäern. Das zeigt sich in den verschiedenen Gegenden an der Art der Ausgrabungsstätten, die miteinander gewisse Ähnlichkeiten haben: Z.B. das Fehlen von Keramik und Metall, keine klaren Anzeichen von landwirtschaftlicher Tätigkeit (obwohl an einigen Orten Mühlsteine von vor ca. 2.500 v. Chr. entdeckt wurden), das Vorhandensein von Werkzeugen aus Knochen und Stein, sowie von Schmuckobjekten. Die Werkzeuge aus Knochen und aus Stein veränderten sich im Laufe der Zeit. Am deutlichsten kann man das an den Steinspitzen beobachten, da ihre Entwicklung den technologischen Fortschritt, den funktionalen Wandel, die Spezialisierung in der Jagd, sowie die Entdeckung neuer und besser geeigneter Rohstoffe anschaulich widerspiegeln.

Die Jagd zu Wasser

Wie oben schon erwähnt, verlief die Entwicklung in den einzelnen Landesteilen unterschiedlich und einige Gebiete in Patagonien und Feuerland kamen nie über das Jägerstadium hinaus. Die Tunnelstätte am Beagle-Kanal, an der Südküste Feuerlands beweist das. Nach ihrer ersten "Besiedlung", die noch ganz im Zeichen der Jagd auf Guanakos stand, wandten sich die Bewohner (die selben oder andere Gruppen danach) der wirtschaftlichen Nutzung des Meeres zu. 6.000 Jahre lang, bis zum ständigen Kontakt mit den

Europäern im späten 18. Jahrhundert, blieb ihre Wirtschafts- und Lebensweise hauptsächlich mit dem Fischfang verbunden. Zusätzlich betrieben sie Jagd auf Guanakos und sammelten Körner und Früchte. Das Fehlen von umwälzenden Veränderungen zeugt nicht von Primitivität oder kultureller Zurückgebliebenheit, sondern von einer allmählich erfolgreichen Anpassung an die örtlichen Bedingungen. Diese Menschen kannten Ressourcen und lebten gut davon.

Beginn der Landwirtschaft

In anderen Gebieten des Landes wich die Jagdtradition allmählich der Landwirtschaft. Die

Entwicklung ging aus von der Wirtschaftsform des Sammelns von Früchten, Körnern und Blättern, wo immer man sie fand (und das Nomadentum war die logische Konsequenz dieser Lebensweise), hin zu einer systematischen Nahrungsbeschaffung durch Pflanzen, Pflegen und Ernten von Früchten in einem begrenzteren Gebiet, was meist zur Seßhaftigkeit führte.

In der "Neuen Welt" waren Mexiko und das Andengebiet die Zentren der Züchtung von Gemüse und Früchten, wie Mais, Kartoffeln, Kürbis, Bohnen und Paprika, die später zu den Haupterzeugnissen der präkolumbischen Gesellschaften und der europäischen Siedlungen wurden und in Mittelamerika und der Andenregion schon seit 5.000 Jahren v.Chr. existierten.

Steindenkmäler

Der Beginn der Landwirtschaft zog gewöhnlich bald die Entwicklung der Töpferkunst nach sich. Möglicherweise bot das Ernten von Getreide und das neue Phänomen von Nahrungsmittelüberschüssen einen Anreiz zur Herstellung von Behältern für die Aufbewahrung von Saatgut und Früchten. Obwohl die Töpferei in der "Neuen Welt" schon im 4. Jahrtausend v.Chr. auftauchte, ist sie für Argentinien erst um ca. 500 v.Chr. archäologisch nachgewiesen.

Links und oben: Menhire mit Reliefstruktur in der Provinz Tucumán.

Diese Übergangsphase zwischen dem Jäger- und Sammlertum und der Seßhaftigkeit mit Landwirtschaft wird entweder als "Früher Feldbau" oder, falls Keramik vorhanden ist, als "Früh-Keramik" bezeichnet. Die Keramik-Periode wird unterteilt in die Früh-, Mittel- und Spät-Keramik, je nach den unterschiedlichen Formen, die in den verschiedenen Gebieten aufeinander folgten. Man sollte sich noch einmal in Erinnerung rufen, daß die meisten Keramik-Kulturen im nördlichen Teil Argentiniens auftraten.

Zur Früh-Keramik, die von ca. 500 v.Chr. bis 600 n. Chr. dauerte, gehören mehrere Kulturen, die einen geographischen Bogen vom Zentrum von Jujuy bis zum östlichen Teil San Juans spannten. Zu dieser frühen Periode gehört auch die durch ihre Steinskulpturen bekannte Tafi-Kultur in Tucumán. Einige dieser kunstvoll behauenen Monolithe (bis zu 3 m hoch) weisen stark stilisierte menschliche Gesichter auf.

Die Menschen dieser Gegend lebten in Siedlungen zusammen, deren Häuser sich um einen Innenhof herum gruppierten. Sie aßen *Quinoa*, ein andinisches Getreide, Kartoffeln und wahrscheinlich Mais, und sie hielten Lamaherden. Man fand dort Erdwälle, die entweder als Gräber oder als Plattformen für besondere Bauten gedient haben.

Ein weiteres Beispiel vortrefflicher Steinskulptur kann man in der Gegend der Alamito-Kultur an der Grenze von Tucumán und Catamarca finden. Es sind Statuen (Männer- und Frauen-Darstellungen), die ein ungewöhnliches Entwicklungsniveau erreichten, in einem fast abstrakten, kraftvollen und ausdrucksstarken Stil.

Einen Kontrast zu diesen steinorientierten Kulturen bildet die Condorhuasi-Kultur, in der die Keramikkunst eine bei anderen Gruppen unbekannte Ausdruckskraft erreichte. Es entstanden seltsame Figuren, oft mit sowohl menschlichen als auch tierischen Merkmalen, runden Körpern und Beinen, die hocken oder kriechen; sie sind entweder weiß-rot, beige-rot, oder schwarz und rot bemalt.

Mais und Pinzetten

Die mittlere Keramikperiode von 650 n. Chr. bis 850 n. Chr. zeugt von der Entwicklung und Fortführung der vorherigen Kulturen, der Existenz von Agrargemeinschaften mit Herdenhaltung von Lama und Alpaka.

Die Architektur war noch nicht beeindruckend, die Häuser bestanden oft nur aus einfachen Lehmmauern mit Stroh- oder Holzdächern. Die

Töpferkunst entwickelte sich weiter während die Steinbearbeitung zurückging.

Hochentwickelt war inzwischen auch die Metallverarbeitung. Hergestellt wurden vor allem Bronze- und Kupferäxte, Nadeln, Pinzetten, Halsketten und Schmuckscheiben mit für die damaligen Verhältnisse höchst komplizierten Designs. Die ausgesprochen unterschiedlichen Mengen an Grabbeigaben sind ein deutlicher Hinweis auf eine nun vorhandene soziale Schichtung. Das Fehlen von Monumental-Werken oder von eindeutigen Beispielen organisierter Arbeit, weist auf eine noch einfache politische Struktur. Der Aguada-Komplex (meistens aus La Rioja und Catamarca) ist für diese Periode besonders repräsentativ.

Die Invasion der Inkas

In der Spät-Keramikzeit von 850 n. Chr. bis 1480 n. Chr. fanden einige Veränderungen statt. Die Siedlungen wurden größer und manche wurden an leicht zu verteidigenden Stellen gebaut und umgeben von dicken, aus runden Steinen bestehenden Mauern. Die Lama- und Alpaka-Aufzucht wurde in großem Stil betrieben. Es entstanden Straßen, Friedhöfe, Bewässerungsanlagen und die vermutlich zeremoniellen Riten gewidmeten Zentren.

Typisch für diese Epoche ist zum Beispiel die Keramikurne zur Beerdigung von Kindern.

Diese Gefäße (40-60cm hoch) sind oft bemalt mit menschlichen Gesichtern, die offenbar so etwas ähnliches wie Tränenspuren zeigen. Andere Kennzeichen für diese Periode sind die dekorativen Metallscheiben oder Brustplatten, oft verziert mit menschlichen Kopf- oder auch mit Schlangenmotiven.

1480 n. Chr. wurde das Nordwestgebiet Argentiniens von den Armeen der Inkas erobert. Überreste von Inkastraßen, Tambos (Plätze für Nachschub, Lagerung und Rast) und den Forts oder *Pucarás*, wurden in dieser Region gefunden. Die Inkas führten ihre künstlerischen Stilnormen ein, und viele der Fundstücke aus dieser Zeit sind deshalb örtliche Reproduktionen der Inka-Originalstücke.

Hände und Füße

Ein paar abschließende Worte sollten den Höhlen- und Felsmalereien und anderen Dekorationen gewidmet sein. Beispiele dieser Kunstform findet man überall im Land, aber in Patagonien wurde sie am gründlichsten erforscht. In dieser Gegend gibt es verschiedene Stilrichtungen. Eine davon ist der "Stil der ummalten Hände", der in vielen Höhlen mit manchmal einigen hundert Handabbildungen zu finden ist. Diese Malerei bedient sich der Negativ-Technik. Abgebildet ist meistens der linke Handabdruck von Erwachsenen. Ein ausgezeichnetes Beispiel dieser Art Malerei ist in der "Höhle der Hände" in Santa Cruz zu finden.

Eine andere Stilrichtung ist der naturalistische oder szenische Stil. Er gibt oft ganze Tanzzeremonien wieder, sowie Szenen vom Jagen und Einpferchen der Guanakos. Entlang des Oberlaufs des Pinturas-Flusses in Santa Cruz sind mehrere dieser Malereien an den Wänden der Schluchten zu sehen. Einen eigenen Stil bilden Fußabdruck-Malereien mit ausgeprägt geometrischen Mustern.

Die Spanier fanden bei ihrer Ankunft ein Mosaik an kulturellen Entwicklungen der verschiedenen Gruppen vor, die sich zum Teil noch vom Jagen und Sammeln ernährten, während andere schon an der Schwelle zur Zivilisation standen. Die Geschichte dieser ungleichen kulturellen Entwicklung des Landes geht zurück bis ca. 10.000 v. Chr., und sie ist noch immer nicht vollständig enthüllt.

Oben: Abgenutzter Mahlstein. Rechts: Felszeichnung in Talampaya, die angeblich den Teufel darstellen soll.

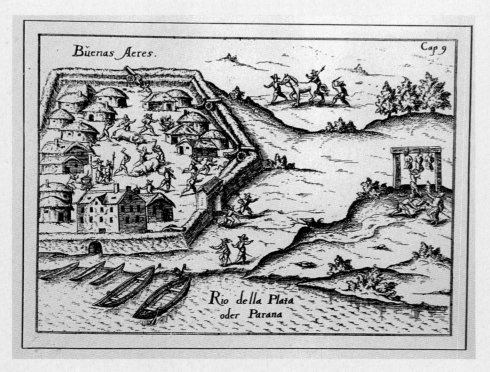

CAUDILLOS, TYRANNEN UND DEMAGOGEN

Die Geschichte Argentiniens wurde mit Blut geschrieben, von den ersten Tagen unter der kolonialen Verwaltung der Spanier bis heute. Es gab zwar hie und da ein Aufkeimen demokratischer Strukturen, aber die Tradition einer repräsentativen Regierung ist in dieser abgelegenen Nation nicht sehr verwurzelt.

Paradoxerweise hat Argentinien im Laufe seiner Geschichte jedoch zur Befreiung von Geist und Seele in ganz Lateinamerika beigetragen durch den Einsatz seiner intellektuellen Kraft und seiner militärischen Stärke zugunsten der anderen lateinamerikanischen Völker.

Die Entwicklung der argentinischen Nation ist geprägt von bewundernswerten Erfolgen sowie von deprimierenden Tiefpunkten im Befreiungskampf gegen fremde Herren und später gegen die grausamen und selbstsüchtigen argentinischen Potentaten, die *Caudillos*. Heroische Unternehmungen, wie z.B. die Überquerung der Anden durch San Martín, und die Befreiung der wie Leibeigene gehaltenen Arbeiter wurden unglücklicherweise überschattet von einem an Hybris grenzenden ultra-nationalistischen Dünkel, der sich immer wieder als selbstzerströrerisch erwies. Der Konflikt zwischen Buenos Aires und dem Inland, der bis heute schwelt, war ebenfalls ein großes Hindernis für die Entwicklung des Landes.

Die ersten Entdecker

Die erste Hälfte des 16. Jahrhunderts war geprägt von intensiven Erforschungen im Namen der portugiesischen und der spanischen Krone. Nur knapp 10 Jahre nach Kolumbus' erster Seereise zur "Neuen Welt" erkundete Amerigo Vespucci die Ostküsten Südamerikas. Heute schreiben viele ihm die Entdeckung des Río de la Plata zu, obwohl die einschlägigen argentinischen Quellen Juan de Solís als ersten Europäer nennen, der dieses Gewässer befahren hat.

Solís erreichte die Mündung des Río de la Plata 1516 und nannte den Fluß Mar Dulce

(Süßes Meer). Kurz danach, während einer kurzen Landexpedition, wurden Solís und alle seine Begleiter außer einem von Charrua-Indianern getötet. Nach dem Gemetzel verzehrten die Eingeborenen die Spanier vor den entsetzten Augen der an Bord gebliebenen Besatzung.

Im Jahre 1520 war Ferdinand Magellan auf seiner Reise zum Pazifik der nächste Entdecker, der das heutige Argentinien erreichte. Der unter spanischer Flagge segelnde Sebastian Cabot erforschte 1526, angelockt von Gerüchten um

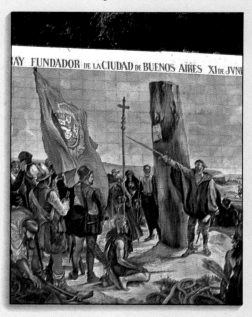

einen Berg von Silber, als Nächster das Río de la Plata-Gebiet. Seine dreijährige Suche blieb erfolglos, aber ihm schreibt man die Errichtung der ersten, später wieder aufgegebenen Siedlung zu. Pedro de Mendoza, ein spanischer Edelmann, wurde ebenfalls angezogen von Reichtum versprechenden Berichten und leitete eine große Expedition in dieses Gebiet. Am 3. Februar 1536 gründete er Santa Maria de los Buenos Aires. Anfangs waren die Indianer hilfsbereit und gaben den Spaniern zu essen, aber später wendeten sie sich wütend gegen sie.

Einer von Mendozas Soldaten schrieb: "Die Indianer griffen mit großer Macht unsere Stadt Buenos Aires an... Es waren ungefähr 23.000...

Links oben: Leben der Ureinwohner am Río Paraná. Links unten: Die frühen Siedlungsjahre in Buenos Aires. Rechts: Wandgemälde mit dem Motiv der Neugründung von Buenos Aires.

Während einige von ihnen uns angriffen, schossen andere Brandpfeile auf unsere Häuser, so daß keine Zeit blieb, außer uns selbst auch unsere Häuser zu retten... Bei diesem Angriff verbrannten vier Schiffe." Unter dem Feuer der spanischen Artillerie zogen sich die Eingeborenen schließlich zurück. Mendoza und seine Leute konnten keine Gold- oder Silberminen finden und verließen Buenos Aires, um in das gastfreundlichere Asunción in Paraguay zu ziehen. Eine zweite Gruppe von Spaniern, die sich vom Land her über Chile, Peru und Ober-Peru (dem heutigen Bolivien) näherte, war beim Gründen von dauerhaften Siedlungen erfolgreicher.

Die nordwestlichen Städte Santiago del Estero, Catamarca, Mendoza, Tucumán, Córdoba, Salta, La Rioja und Jujuy wurden alle in der zweiten Hälfte des 16. Jahrhunderts gegründet. Der älteste fortwährend besiedelte Außenposten (1551) war Santiago del Estero.

Für das folgende und fast das ganze 18. Jahrhundert war der Nordwesten das Zentrum aller Aktivitäten in Argentinien. Der Grund lag hauptsächlich in dem vom spanischen König 1554 erlassenen Verbot, den Río de la Plata zu befahren. Güter aus Spanien und Sklaven aus Afrika wurden über Pánama und dann Peru nach Südamerika verschifft. Der Erlaß des Königs sollte insbesondere die spanischen Kolonialstädte Lima und México begünstigen, aber damit blieb die Río de la Plata-Mündung isoliert und wirtschaftlich unterentwickelt.

Nordwesten/Zentrumsüberlegenheit

Bis 1776 war Argentinien ein Teil des peruanischen Vize- Königreichs. In dieser Zeit entwickelten sich zwei Regionen zu wichtigen Zentren. Tucumán wurde ein erfolgreiches Agrargebiet und lieferte Weizen, Mais, Baumwolle, Tabak und Vieh an Ober- Peru. Etwas später erlangte Córdoba durch die Gründung der Jesuiten-Universität 1613 den Status eines Bildungszentrums und entwickelte sich auch wirtschaftlich dank seiner zentralen Lage und seiner fruchtbaren Ländereien. Im Gegensatz dazu war das 1580 erneut gegründete Buenos Aires eine Kleinstadt, die vom Schmuggel lebte. Da alle Manufakturwaren den langen Weg von Spanien kommen mußten, waren sie sehr teuer, und das öffnete der billigeren Schmuggelware Tür und Tor.

Verlagerung von West nach Ost

Der Niedergang der andinischen Minenindu-

strie, verbunden mit dem wachsenden Drängen auf direkten transatlantischen Handel, veranlaßte die spanische Krone schließlich, das neue Vize-Königtreich Río de la Plata zu gründen, mit dem Verwaltungszentrum in Buenos Aires.

Mit diesem neuen Vize-Königreich, das Uruguay, Paraguay und Teile von Ober-Peru und Argentinien einschloß, hoffte Spanien diese immer wichtiger werdende Region besser kontrollieren zu können. Die Einwohnerzahl von Buenos Aires stieg von 2.200 im Jahre 1726 explosionsartig auf über 33.000 im Jahre 1778. Mehr als ein Viertel der Bevölkerung bestand aus Sklaven afrikanischen Ursprungs. Viele andere entstammten spanisch-indianischen Mischehen, eine natürliche Folge der Knappheit an spanischen Frauen im Vize-Königreich. Eine weitere wichtige demographische Erscheinung war der Aufstieg der Gauchos mit dem Aufblühen der großen Ranchos in der zweiten Hälfte des 18. Jahrhunderts. Der Gaucho repräsentierte eine ganz andere Kultur als die der parfümierten und gepflegten Einwohner von Buenos Aires.

Die zunehmende Bedeutung des Vize-Königreichs Río de la Plata blieb in Europa nicht unbeachtet. Die französisch-spanische Allianz während der Napoleonischen Kriege (1804-1815) sowie die Zerstörung der spanischen Flotte durch die Engländer ergaben eine Lockerung der argentinischen Bindungen an das Mutterland. Die spanischen Kolonien in Lateinamerika zogen nun das Interesse der Engländer auf sich.

Invasion der Briten

1806 und im Folgejahr marschierten die Briten in Buenos Aires ein. Während der ersten Invasion floh der unfähige spanische Vize-König nach Montevideo und nahm den größten Teil seiner Truppen mit. Die Rückeroberung der Stadt überließ er Santiago de Liniers, der die restlichen spanischen Truppen zusammen mit den Einwohnern und einem Sklaven-Bataillon unter sich vereinigte. Die Briten waren schnell vertrieben, sollten aber bald wiederkommen. Nach der Einnahme von Montevideo überfielen die Engländer erneut Buenos Aires, diesmal mit einer 10.000 Mann starken Armee. Liniers und seine Männer stellten sich ihnen entgegen, und die Frauen bewarfen den Feind mit Dachziegeln und übergossen ihn von oben mit kochendem Öl. Die Straßen der Stadt verwandelten sich für die Briten in Todesfallen. Dem englischen Kommandanten blieb daraufhin nichts anderes übrig, als seine Truppen wieder abzuziehen.

Der Sieg über die Invasoren hatte bedeutsame Folgen. Die Kolonie war stolz darauf, eine große, gut ausgebildete Armee mit einer vorwiegend einheimischen Militia geschlagen zu haben. Spannungen traten auf zwischen den Kreolen (den in Argentinien geborenen Kolonisatoren) und den spanischen Truppen, die erkannten, daß sie der spanischen Krone auf der iberischen Halbinsel keine Hilfe sein konnten. Die Schaffung einer provisorischen Regierung trug ebenfalls zum Heranwachsen einer vom Unabhängigkeitsgedanken beseelten lokalen Elite bei. Die Kreolen begannen, von einer blühenden Wirtschaft ohne die Restriktionen und Regeln einer Krone zu träumen, die die Kolonie noch nicht einmal beschützen konnte.

setzten. Die Träger der alten Ordnung jedoch, die reichen Kaufleute, die *Estancieros* (Groß-Grundbesitzer), Mitglieder des Klerus, ja der gesamte koloniale Verwaltungsapparat - alle hielten mit Zähnen und Klauen an ihren Privilegien fest.

Geteiltes Haus

Diese fehlende Einheit ließ die Schaffung einer unabhängigen Nation zu einem qualvollen Prozeß werden. In der Tat befand man sich nach der sogenannten Mai-Revolution an der Schwelle zu einem Bürgerkrieg. Im Mai 1810 wurde in Buenos Aires eine autonome Regierung gegründet. Dieses Datum wird in Argentinien als nationaler Unabhängigkeitstag gefeiert, obwohl die

Schritte in die Unabhängigkeit

Der Einmarsch von Napoleon Bonaparte nach Spanien 1808 gab den Beziehungen zum Mutterland den endgültigen Stoß. Ein *Cabildo abierto* (Offener Stadtrat) in Buenos Aires enthob den spanischen Vize-König seines Amtes und bildete eine revolutionäre Regierungs-Junta. Bernardino Rivadavia, Manuel Belgrano und Mariano Moreno waren drei, vom europäischen liberalen Gedankengut inspirierte Intellektuelle, die sich für die Neuordnung der kolonialen Gesellschaft und für die Schaffung einer neuen Nation ein-

Oben: Die erste Invasion der Briten, im Jahr 1806.

formelle Unabhängigkeitserklärung eigentlich erst 1816 erfolgte.

Diese frühen Jahre waren äußerst schwierig. Die Menschen des Vize-Königreichs lebten in regionaler, politischer und sozialer Hinsicht in getrennten Bereichen. Die *Unitarios* wollten eine starke Zentral-Regierung mit Sitz in Buenos Aires, während die *Federales* eine lockere Konföderation autonomer Provinzen zu etablieren versuchten. Eine verwirrende Folge von Juntas, Triumviraten und Versammlungen löste sich in der Regierung ab. Die ohnehin nur oberflächliche Einheit des Vize-Königreichs war bald zerbrochen, denn Uruguay, Paraguay und Bolivien gingen ihre eigenen Wege. Die ursprünglich acht

Verwaltungsbereiche des Vize-Königreichs schmolzen auf drei, die bald in sieben Provinzen aufgeteilt wurden.

Bevor dieser Provinzenverband weiter auseinanderbrechen konnte, wurde ein Kongreß einberufen zur Rettung der letzten Überreste der ehemaligen Einheit. Am 9. Juli 1816 erklärte der Kongreß in Tucumán förmlich die Unabhängigkeit von Spanien unter dem weiß-blauen Banner der Vereinigten Provinzen von Südamerika.

San Martín

Blieb noch die Aufgabe, den Kontinent von der spanischen Armee zu befreien. Es war José San Martín, der einen der kühnsten Feldzüge der

südamerikanischen Befreiungskriege unternahm. Er sammelte eine große Armee um sich und überquerte in 21 Tagen die eisigen Anden bei Mendoza. Bei Chacabuco in Chile stieß er 1817 auf die spanische Armee und besiegte sie. Er griff die Spanier erneut in Maipú an (1818) und machte mit der spanischen Bedrohung in Chile endgültig Schluß.

San Martíns nächster Zug war ebenso verwegen wie die Überquerung der Anden. Er stellte eine Flotte mit vorwiegend englischen und amerikanischen Schiffen zusammen, die seine Truppen in das 1.500 Seemeilen entfernte Lima brachte. Die spanische Armee verließ die Stadt kampflos, um ihre Streitkräfte zu schonen. Zu

diesem Zeitpunkt, im Jahr 1822, traf San Martín in Guayaquil auf Simón Bolívar, den anderen großen Befreier Südamerikas. Die Historiker rätseln noch heute darüber, was bei diesem Treffen besprochen wurde. Das Ergebnis war jedenfalls, daß sich San Martín vom Kampf zurückzog und Bolívar das Feld überließ.

Basil Hall, ein Zeitgenosse San Martíns, sagte folgendes über ihn und seine Motivation: "An seiner Erscheinung gab es auf den ersten Blick wenig, das Aufmerksamkeit erweckt hätte. Aber wenn er aufstand und zu reden anfing, wurde sofort seine Überlegenheit über jede andere Person, die ich je in Südamerika getroffen habe, spürbar...General San Martín ist ein großer, aufrechter, gutaussehender Mann mit einer großen Adlernase, dickem schwarzem Haar und einem vollen, von Ohr zu Ohr reichenden Backenbart. Er hat eine olivfarbene Haut und seine großen, durchdringenden Augen sind tiefschwarz. Seine ganze Erscheinung wirkt äußerst militärisch... Ich habe niemanden kennengelernt, dessen Rede mitreißender war... Der Kampf in Peru, so sagte er, gehöre einer besonderen Kategorie an; es sei kein glorreicher Eroberungskrieg, sondern ein Krieg der neuen und liberalen Prinzipien gegen Vorurteil, Bigotterie und Tyrannei."

San Martín wurde von den Argentiniern in den Stand eines Heiligen erhoben, jedoch erst posthum. In jeder argentinischen Stadt gibt es eine Straße, die seinen Namen trägt, und in jedem Klassenzimmer hängt ein Bild des Generals auf seinem Schimmel bei der Überquerung der Anden. Als er 1823 von seinen Feldzügen für Argentinien nach Buenos Aires zurückkehrte, erhielt er für seine Dienste keine Würdigung. Bald danach reiste San Martín nach Frankreich, wo er unter ungeklärten Umständen starb.

Chaotische Zeiten

Die Periode von der Unabhängigkeit bis zum Beginn der Diktatur von Juan Manuel de Rosas im Jahre 1829 waren für die Vereinigten Provinzen von Río de la Plata äußerst schwierig (der frühere, großartigere Name mußte wegen der weiteren Zersplitterung der ursprünglichen Provinzengruppe aufgegeben werden). Bernadino Rivadavia, ein Mann mit großem Weitblick, versuchte tapfer aber erfolglos, die Zukunft des Landes zu gestalten. Er wollte dem Land eine Verfassung geben, eine starke Zentral-Regierung bilden, den Grundbesitz gerechter aufteilen und die Vereinten Provinzen Einwanderern öffnen. Seine Pläne wurden zum einen jedoch von den *Caudillos* im Landesinnern torpediert, die sich strikt weigerten, auch nur einen Bruchteil ihrer Macht abzugeben, und zum anderen von dem erschöpfenden Krieg (1825-1828) mit Brasilien um den Status von Uruguay. Als Rivadavia 1827 von der Präsidentschaft zurücktrat und ins Exil ging, hatte er wenig erreicht. Es herrschte weiterhin Anarchie.

Caudillo und Tyrann

Eine der schillernsten und blutrünstigsten Persönlichkeiten der lateinamerikanischen Geschichte war Juan Manuel de Rosas, der über 20 Jahre lang Argentinien wie sein Eigentum beherrschte. Für seinen Kampf um die Macht schmiedete Rosas eine Koalition aus rauhbeinigen Gauchos, reichen Landbesitzern und anderen Vertretern der föderalistischen Seite. Sie sollte sich viele Jahre auf schreckliche Art und Weise bewähren. Man erinnert sich an Rosas vor allem wegen des Terrors, mit dem er und seine Gefolgsleute die junge Nation drangsalierten.

Obwohl in Buenos Aires geboren (1793), wuchs Rosas in der offenen Pampa auf. Auf der *Estancia* seiner Familie lernte er hervorragend zu

reiten, zu kämpfen und die Viehpeitsche ebenso gut zu schwingen wie seine Gaucho-Kameraden, was ihm ihren Respekt und später ihre Unterstützung einbrachte. Durch harte Arbeit kam Rosas schon früh zu Reichtum. Als er Mitte zwanzig war, besaß er schon tausende Morgen Land, war ein erfolgreicher Geschäftsmann und der Mitbegründer der ersten Fleischeinsalzungsanlagen in seiner Provinz.

Als Ehefrau suchte sich Rosas eine Tochter aus ebenfalls reichem Hause, Maria de la Encarnación Escurra. Sie wurde ihm später eine unschätzbare Hilfe im Aufstieg zur Macht, indem sie für ihren Mann organisierte und intrigierte. Um die ausufernde Anarchie nach dem Rücktritt von Rivadavia einzudämmen, wurde Rosas 1829 ersucht, Gouverneur der Provinz Buenos Aires zu werden. Rosas, ein energischer *Caudillo* und erfahrener Militär, schien genau der richtige zur Wiederherstellung von Stabilität und Ordnung zu sein. Das Hauptproblem der Föderalisten war ihre große Zersplitterung untereinander. Die Föderalisten in den Provinzen verlangten Autonomie und die Gleichstellung mit Buenos Aires, während die Vertreter der föderalistischen Sache in der Hauptstadt nicht bereit waren, ihre Vormachtstellung aufzugeben.

Als Gouverneur mit besonderen Vollmachten unterschrieb Rosas 1831 den Föderativen Pakt, der die Provinzen Buenos Aires, Entre Ríos, Santa Fé und Corrientes vereinte. Die Opposition, die Zentralistische Liga, erlitt einen schweren Schlag, als ihr Führer José Maria Paz von einem lassoschwingenden föderalistischen Soldaten sprichwörtlich aus dem Sattel gehoben wurde. Paz wurde von Rosas verhaftet und eingesperrt. Bis 1832 mußten die Zentralisten auf dem Schlachtfeld verschiedene Niederlagen einstecken, und waren bis auf weiteres keine große Bedrohung mehr für die Föderalisten.

Als Rosas' erste Amtsperiode als Gouverneur 1832 endete, weigerte er sich, der Provinz in dieser Form weiterzudienen, da der Provinzrat nicht bereit war, Rosas' schrankenlose Vollmachten zu erhalten.

Darwin und Rosas

Auch auf dem Höhepunkt dieser Auseinandersetzung entfernte sich Rosas nicht vom Kriegsgeschehen. Er übernahm das Kommando im Kampf gegen die Indianer im Süden Argentiniens und erwarb den zweifelhaften Ruhm, Tausende von ihnen getötet zu haben. Während des Wüstenfeldzugs von 1833-1834 war der britische

Naturforscher Charles Darwin bei Rosas zu Gast. Von seinem Zusammentreffen mit Rosas schrieb Darwin: "General Rosas ist ein außergewöhnlicher Mann; zur Zeit hat er wohl den größten Einfluß in seinem Land und möglicherweise wird er es einmal regieren...Er ist zudem ein perfekter Gaucho, seine Kunststücke zu Pferde sind bemerkenswert. Er springt vom Koppeltor auf einen jungen, noch nicht zugerittenen Hengst, der gerade aus dem Korral galoppiert, und läßt sich von den wildesten Bocksprüngen nicht abwerfen. Er trägt die Kleidung der Gauchos, und man erzählt sich, daß er in dieser Aufmachung Lord Ponsonby besuchte und erklärte, daß er diese ländliche Tracht für angemessen halte und ihm damit den größten Respekt zolle. Das ver-

schaffte ihm grenzenlose Popularität im Soldatenlager, woraus sich seine despotische Macht entwickelte. Kurz darauf wurde ein Mann ermordet, und der Mörder sagte bei seiner Verhaftung: "Er hat respektlos von General Rosas gesprochen, da habe ich ihn getötet". Aber innerhalb einer Woche war der Mörder wieder auf freiem Fuß. Im Gespräch ist Rosas enthusiastisch und sehr ernst. Diese Ernsthaftigkeit versteht keinen Spaß."

Obwohl Rosas im Süden kämpfte, hielt er den Kontakt mit Buenos Aires. Seine Frau gründete die Sociedad Popular Restauradora mit dem Terrorflügel *Mazorca* und versuchte mit Hilfe einer Schmutzkampagne ihren Mann erneut als Gou-

verneur einzusetzen. Mit dieser Sociedad störte Doña Encarnación die Regierungsgeschäfte der drei auf Rosas gefolgten Gouverneure.

Im Jahre 1835 gab die Junta schließlich den Forderungen Rosas' nach. Er erhielt alle zur Verteidigung der föderalistischen Sache notwendigen Machtbefugnisse. Am 13. April 1835 übernahm Rosas in einer fürstlichen Zeremonie sein Amt als Gouverneur und Restaurator von Gesetz und Ordnung. Rosas verfügte jetzt über die Mittel zur Errichtung eines überaus persönlichen Regimes. Die rote Farbe der Föderalisten wurde zum unterscheidenden Merkmal der Kleidung. Die Frauen trugen scharlachrote Kleider und die Männer rote Schärpen, was soviel bedeutete wie "Föderation oder Tod". Sich mit Blau zu schmükken, der verhaßten Farbe der "Wilden Zentralisten", war Grund genug für Verhaftung oder gar Hinrichtung, soweit ging die Paranoia der *Rosistas* (Gefolgsleute von Rosas).

Schreckensherrschaft

Rosas erfand nicht die brutalen Repressionsmethoden seines Regimes, aber er gab ihnen ein gewisses System, um sich zum höchsten Diktator zu machen. Rosas' Opfer wurden nicht zu Dutzenden massakriert, sondern eher individuell "behandelt". Lange Listen mit verdächtigen Zentralisten und ihrem gesamten Besitz wurden von den gut organisierten Rosas-Spitzeln, der Polizei, dem Militär und der Justiz erstellt.

Die Methoden, die Opponenten auszuschalten, waren die Exilierung, das Gefängnis oder die Hinrichtung. Die bevorzugte Mordart war nach Gaucho-Tradition, dem Opfer die Kehle durchzuschneiden. W.H. Anderson, Naturforscher und Chronist der Pampas schrieb hierzu, daß die Argentinier "einen Menschen nicht gerne durch eine Kugel töten, sondern auf eine Art und Weise, die sie auch wahrhaft fühlen läßt, daß töten." Eine andere Methode war das Lanzenstechen, wobei zwei Scharfrichter zu beiden Seiten des Gefangenen standen, und gleichzeitig ihre Lanzen in den Körper des Opfers stießen.

Das Durchschneiden der Kehle, das Lanzenstechen, die Kastration und das Herausschneiden der Zunge waren schon die Gewaltinstrumente der Caudillos gewesen, aber erst unter Rosas' Herrschaft wurden sie institutionalisiert. Die genaue Zahl der so Umgekommenen ist nicht bekannt, aber Schätzungen gehen in die Tausende. Wieviele es auch immer gewesen sein mögen, Rosas schuf ein Klima der Angst und hielt es über 20 Jahre lang aufrecht.

Mit Rosas am Ruder konnte der argentinische Staat nicht gedeihen. Oft mischte er sich in die Angelegenheiten Uruguays ein und verbrauchte dabei die knappen Geldreserven, jedoch gelang es ihm nie, Montevideo einzunehmen. Durch Rosas' extreme Fremdenfeindlichkeit kamen auch keine der dringend benötigten Einwanderer oder ausländisches Kapital ins Land. Und tatsächlich war die Finanzsituation in Buenos Aires 1838-1840, als französische Truppen ein Zollhaus am Río de la Plata besetzten, und dann während der englisch-französischen Flußblockade von 1845-1847 äußerst prekär. Rosas' Haltung gegenüber den Europäern behinderte die Entwicklung des Landes.

Als Antwort auf diese von Unfreiheit und Terror geprägte Atmosphäre schlossen sich Argentinier im Untergrund und im Exil zusammen, um Rosas zu stürzen. Diese Intellektuellen, unter ihnen illustre Namen wie Bartolomé Mitre, Juan Bautista Alberdi und Domingo Faustino Sarmiento, lieferten die zündenden Parolen zum Anheizen der Opposition.

Schnelles Ende

Justo José de Urquiza, ein *Caudillo*, der Rosas lange Zeit unterstützt hatte, wendete sich nun gegen ihn. Er stellte eine Armee auf, die bald Tausende von Freiwilligen zählte, darunter sogar Uruguayer und Brasilianer. Am 3. Februar 1852 traf Urquizas Armee in Caseros bei Buenos Aires auf Rosas' demoralisierte und aufstandsmüde Truppen. "Die Schlacht", so schrieb Mitre später "war schon gewonnen bevor, sie begann." Ein neues Zeitalter in Argentiniens Geschichte brach an, und Urquizas Bemühen, die Nation zu einer Einheit zu formen und nicht als Sammelsurium halbautonomer Provinzen zu belassen, förderte den Fortschritt auf allen Gebieten.

Staatsgründung

Die Periode nach dem Fall von Rosas bis 1880 war die Zeit der Errichtung des Nationalstaates und seiner Regierungsinstitutionen. Der alte Konflikt brach wieder auf um den Status von Buenos Aires im Verhältnis zum Inland. 1880 wurde dieses Problem endgültig gelöst, indem man die Stadt zum Bundesdistrikt erklärte, ähnlich dem District of Columbia in den USA.

Links: Der Tyrann Juan Manuel de Rosas. Rechts: Ein Soldat Rosas' in den Farben der Föderalisten.

Urquizas erste Aufgabe war es, dem Land eine Verfassung zu geben. In der Stadt Santa Fé wurde ein Verfassungskongreß einberufen, und dieser brachte einen Entwurf hervor, der an die US-amerikanische Verfassung angelehnt war. Darin vorgesehen waren die Bildung einer Zwei-Kammern-Legislative, eine durch ein Wahlkommittee gewählte Exekutive und eine unabhängige Justiz. Die argentinische Verfassung wurde von der Versammlung am 1. Mai 1853 angenommen. Wie erwartet wurde Urquiza der erste Präsident des Landes.

Während seiner Amtszeit gründete er die Nationalbank, baute Schulen und verbesserte das System der öffentlichen Verkehrsmittel. Ein Unsicherheitsfaktor für Urquiza und die Entwick-

Soldado de Rosas - Buenos Aires
Monvoisin - Oleo - 1842

lung der Nation war die Rolle von Buenos Aires. Bis zum Jahr 1862 gab es faktisch zwei Argentinien. Das eine bestand aus der reichen Hafenstadt Buenos Aires, und das andere aus dem Inland mit der Hauptstadt Paraná. 1862 fand in Buenos Aires ein Kongreß statt, der entschied, daß Buenos Aires die Hauptstadt sowohl der Republik als auch der Provinz sein sollte.

Der nächste Präsident hieß Bartolomé Mitre, Historiker und Ex-Gouverneur der Provinz Buenos Aires. Von seinem Hauptziel, dem Aufbau einer nationalen Infrastruktur, wurde Mitre allerdings durch den Krieg mit Paraguay (1865-1870) abgelenkt, in dem die Dreier-Allianz Brasilien, Uruguay und Argentinien den para-

DIE AFRO-ARGENTINIER

Selbst Sherlock Holmes käme ins Schwitzen, müßte er das faszinierende Rätsel der verschwundenen Afro-Argentinier lösen. Historiker führten im Laufe der Jahre die verschiedensten Erklärungen hierfür an. Der gewöhnliche Bürger wartet mit plausiblen bis zu abstrusen Geschichten auf.

Sicher ist, daß es eine große Zahl Argentinier afrikanischer Abstammung gegeben hat, die von 1778 bis 1815, also fast 40 Jahre lang, immerhin 30 Prozent der Bevölkerung von Buenos Aires stellten. Die ersten Sklaven wurden von ihren spanischen Besitzern im 16. Jahrhundert nach Argentinien gebracht. Aufgrund der besonderen Handelsabkommen mit der spanischen

Krone wurden die meisten Sklaven über Panama, Peru und dann über Land von Chile her nach Buenos Aires importiert, wobei der lange Weg die Preise kräftig steigen ließ. Zehntausende von Afrikanern wurden über diese konventionellen Routen ins Land gebracht, aber einige kamen auch illegal von Brasilien oder direkt im Hafen von Buenos Aires an. Meistens wurden die argentinischen Sklaven als Dienstpersonal gehalten, aber sie deckten auch den steigenden Bedarf an Handwerkern. Während sich ihre Arbeit von der der Plantagenarbeiter in Brasilien und in den Vereinigten Staaten stark unterschied, war ihr Leidensweg doch ähnlich. Familien wurden auseinandergerissen, auf geflüchtete Sklaven warteten schreckliche Strafen, und der Status der Schwarzen wurde per Gesetz und Gewohnheitsrecht selbst nach ihrer Befreiung niedrig gehalten.

In der Zeit nach der Unabhängigkeit war der Trend zur Befreiung der Sklaven großen Schwankungen unterworfen. Im Gegensatz zu den verharmlosenden argentinischen Geschichtsbüchern war der Weg zu ihrer Freiheit in Wirklichkeit sehr lang. Während die Mehrzahl der Sklaven 1827 durch abgeleistete Militärdienste, die Großzügigkeit ihrer Besitzer oder durch eigenen Freikauf frei wurden, mußten andere ihr Sklavenschicksal noch bis 1861 ertragen.

Ein Gesetz bestimmte, daß die Kinder der Sklaven von Geburt an frei sein sollten, während ihre Mütter jedoch Sklavinnen bleiben müßten. Es war aber an der Tagesordnung, die schwangeren Sklavinnen nach Uruguay zu bringen, wo die Sklaverei noch völlig legal war, um dann Mutter und Kind wieder als Sklaven nach Argentinien zurückzubringen.

Der nordamerikanische Professor George Reid Andrews hat für sein wichtiges Buch *The Afro-Argentines of Buenos Aires 1800- 1900*, umfangreiche Forschungen betrieben, um das Verschwinden der Schwarzen zu erklären. Aber auch er gibt keine endgültigen Antworten. Eher hat er vier der wahrscheinlicheren Theorien über ihr Verschwinden gründlich untersucht.

Zum einen dienten sehr viele männliche Afro-Argentinier in der Armee in schwarzen Regimentern. Möglicherweise sind die meisten von ihnen in den endlosen Kriegen während und nach der Unabhängigkeit gefallen. Zum anderen sollen die Schwarzen durch Rassenmischung verschwunden sein. Diese Antwort macht durchaus Sinn, bedenkt man, wie die schwarze Bevölkerung von den Hunderttausenden von europäischen Imigranten überschwemmt wurde, die ab Mitte des 18. Jahrhunderts nach Argentinien kamen. Ein anderer Grund könnte die Gelbfieberepidemie von 1871 sein, zusammen mit dem allgemein schlechten Gesundheitszustand und den erbärmlichen Lebensbedingungen der Schwarzen. Schließlich untersuchte Reid noch den Niedergang des Sklavenhandels, der seit 1813 illegal war, und seine Auswirkungen auf eine Gemeinde, die keinen Zuwachs mehr durch neue Schiffsladungen erhielt. Die Zensus-Zahlen der Stadt Buenos Aires aus dem Jahre 1836- 1887 belegen einen starken Rückgang der Schwarzen, von 14.906 oder 26 % der Gesamtbevölkerung auf 8.005 oder 1,8 %.

Der von der schwarzen Bevölkerung geleistete Beitrag zur argentinischen Gesellschaft ist aus fast keinen Unterlagen mehr zu erkennen. Ab dem frühen 19. Jahrhundert verschwanden die Afrikaner oder wurden aus irgendwelchen Gründen zum Verschwinden gebracht. Man muß die Fotografien und Drucke des späten 18. Jahrhunderts regelrecht durchforsten, um zu entdecken, daß diese Menschengruppe, obwohl im Niedergang begriffen, Teil der Gesellschaft blieb. Auf diesen Bildern sieht man Schwarze als Gauchos, Straßenverkäufer oder Handwerker in Buenos Aires.

guayischen Diktator Francisco Solano López erst nach fünf blutigen Kriegsjahren unterwerfen konnte. Dieser Konflikt legte der jungen Republik große finanzielle Bürden auf, aber Argentinien erhielt dafür ein großes Gebiet dazu (die Provinzen Formosa, Chaco und Misiones).

Nach Mitre wurde Domingo Faustino Sarmiento Präsident. Er erlangte großen Ruhm durch den Ausbau des Schulwesens. Unter Sarmiento (1868-1874) schritt die Entwicklung Argentiniens schnell voran. Hundertausende von Einwanderern strömten nach Buenos Aires, Eisenbahnstrecken wurden gebaut und Stacheldrahtzäune kamen auf, die das offene Gelände abteilten. Sarmiento betonte immer wieder die notwendige Entfernung der "barbarischen Elemen-

für Buenos Aires befürchtete, zettelte eine Revolte an, die erst nach drei Monaten zerschlagen war.

Avellanedas Kriegsminister Roca führte eine Reihe von Feldzügen gegen die Indianer Patagoniens an während der unrühmlichen, 1879 abgeschlossenen Eroberung der Wüste.

Goldenes Zeitalter

Ab 1880 begann Argentiniens Goldenes Zeitalter, das bis zum Ausbruch des ersten Weltkrieges dauerte. Eine riesige Zahl europäischer Einwanderer strömte in das Land, und gleichzeitig florierten die Exporte nach Europa, zum Teil ermöglicht durch technische Neuerungen, die es

te" aus der argentinischen Gesellschaft und meinte damit die Caudillos und Gauchos. Er war der zutreffenden Meinung, daß diese Gruppen die Entwicklung Argentiniens für lange Zeit verhindert hatten.

Auf Sarmiento folgte Präsident Nicolás Avellaneda, dessen Vereidigung im Oktober 1874 fast nicht zustande gekommen wäre. Mitre, der unter der Regierung von Nicht-Porteños (*Porteño*: Einwohner von Buenos Aires) wie Sarmiento, Avellaneda und Julio Roca einen Prestigeverlust

den Schiffen nun ermöglichten, Rindfleisch tiefgekühlt in die "Alte Welt" zu bringen. Die Entwicklung auf intellektuellem Gebiet hielt in gleichem Maße Schritt. Es wurden zahlreiche Zeitungen und politische Parteien gegründet, Schriftsteller publizierten und ein Weltklasse-Opernhaus wurde eröffnet.

Das soll nicht heißen, daß in Argentinien alles eitel Wonne war. Politische Aktivitäten blieben den meisten Argentiniern verschlossen, nur eine Handvoll Leute beherrschte das Land. Die Mittelschicht, die tragende Kraft der neuen Partei "Unión Cívica Radical", drängte auf den Zutritt zu der ehemals von einer kleinen Gruppe konservativer Familien besetzten Regierung. Die Arbei-

Links: Afro-argentinischer Straßenverkäufer, 1844.
Oben: Im Wüstenfeldzug gefangene Indianer.

INMORTALIDAD

DON

EL DIA

IJOTE

EL JUICIO

Lit. J. Ribas y H.^{ra} Rio

ter politisierten sich und schlossen sich der Sozialistischen Partei und den Anarchisten an. Um die Jahrhundertwende wurde Argentinien von Streiks erschüttert. Die Arbeiter fühlten sich ausgebeutet, da das Land größte Anstrengungen unternehmen mußte, um die Rückzahlung internationaler Kredite zu gewährleisten, und weil die Importe die Exporte zu übersteigen begannen. Eine der schlimmsten Repressionen seitens der Regierung erfolgte 1919. In der *Semana Trágica* (der Tragischen Woche), eröffneten Regierungstruppen das Feuer auf streikende Arbeiter, und viele von ihnen verloren ihr Leben.

Die Radikale Partei (UCR) regierte Argentinien von 1916 bis 1930. Acht Jahre davon war Hipolito Yrigoyen Präsident. Mit dem Heranna-

Seine allzu offene Unredlichkeit und launische Politik lösten den Militärputsch von 1943 aus. Die Bedeutung jener Intervention darf nicht unterschätzt werden, denn während dieses Regimes trat Juan Perón an, um das Land zu führen.

Demagoge eines Demagogen

Obwohl Juan Domingo Perón nur 11 der vergangenen 40 Jahre Präsident war, warf er einen langen Schatten. Noch heute, 15 Jahre nach seinem Tod, hat dieser Mann und seine Ideologie in Argentinien großen Einfluß. Er ruft bei den Bürgern äußerst leidenschaftliche Reaktionen hervor, höchste Bewunderung oder völlige Ablehnung. In seinem Namen wurden Regierungen

hen der Großen Depression fegte das Militär Yrigoyen aus dem Amt. Mit diesem Eingriff kam ein neues Element in die Politik des modernen Argentinien, denn dieser Schachzug sollte nun leider die kommende Hälfte des Jahrhunderts hindurch allzu oft wiederholt werden.

Im Jahre 1937 inszenierten die Radikalen durch Wahlbetrug ihr Comeback mit Roberto Ortiz. Ironischerweise bemühte sich Ortiz danach, das Wählervertrauen wiederherzustellen, indem er die folgenden, wiederum korrupten Wahlen annullieren ließ. Ortiz starb im Amt, und sein Nachfolger wurde Vizepräsident Ramón Castillo, der die Kampagne seines Vorgängers gegen die Korruption in ihr Gegenteil verkehrte.

gestürzt, Terrorakte begangen und Arbeiter organisiert. Seine größte Leistung war die Aktivierung der argentinischen Arbeiterschaft, die erst durch Perón zum politischen Machtfaktor in Argentinien wurde, der auch heute noch eine bedeutende Rolle spielt.

Peróns Herkunft deutete an sich keine arbeiterfreundliche Einstellung an . Er besuchte eine Militärschule und machte als Offizier schnell Karriere. Während seiner Stationierung als militärischer Beobachter in Italien 1939 beeindruckte Perón der Nationalismus der Faschisten sowie die Einmischung des Staates in die italienische Wirtschaft. Bei seiner Rückkehr nach Argentinien engagierte er sich bei der geheimen Militärorganisation GOU *(Grupo Obra de Unificación)*. Am 4. Juni 1943 wurde Castillo von der GOU gestürzt. Perón bekam den Posten eines Staatssekretärs im Ministerium für Arbeit und Soziales, von wo aus er seine Macht aufbaute. Er erließ eine Reihe von Arbeitsreformen, wie Arbeitsplatzgarantien, Gesetze zur Kinderarbeit, Pensionsregelungen, die von der Arbeiterschaft sehr begrüßt wurden. Darüberhinaus verband Perón Gewerkschaftsmitglieder mit Nichtmitgliedern durch das landesweite soziale Netz, was ihm die Ergebenheit der meisten Arbeiter und somit die Macht über sie sicherte.

Den Militärs wurde Peróns wachsende Macht unheimlich, und sie ließen ihn verhaften. Das führte zu einer Reihe von Demonstrationen,

mieren. Perón fühlte, daß seine Zeit auf der politischen Bühne gekommen war.

Bei den Präsidentschaftswahlen von 1946 gewann Perón mit einer Mehrheit von 54 %. Die plumpe Einmischung der USA durch ihren Botschafter in Buenos Aires trug ironischerweise zum Sieg des Mannes bei, der von Washington als Faschist bezeichnet wurde.

In den Jahren direkt nach dem 2. Weltkrieg war Argentinien ein reiches Land, und anscheinend auf dem Weg nach oben. Argentinien besaß einen gesunden Finanzüberschuß, die Löhne der Arbeiter stiegen und die Industrialisierung schritt rasch voran. Man glaubte, daß die dunklen Wolken am Wirtschaftshimmel nicht nach Argentinien ziehen würden, obwohl es dann anders

gekrönt von einem gigantischen Aufmarsch der *Descamisados* (hemdlose oder arme Arbeiter). Hinter diesen Aktionen steckten Peróns Lebensgefährtin Eva Duarte sowie die Arbeiterführer, die für den inhaftierten Perón auf diese Weise ihre Unterstützung sicherstellten. Innerhalb weniger Wochen war Perón wieder frei. Bald darauf heiratete er Eva, um in den Augen der Wähler und der Kirche ihre Beziehung zu legiti-

Vorhergehende Seiten: Eine Karikatur des politischen Lebens aus der Zeitschrift *Don Quijote*, 1893. Links: Die Massen gehen auf die Straßen am Tag der Loyalität, 1946. Oben: Perón und Evita auf dem Balkon der Casa Rosada.

kommen sollte. So war es nicht verwunderlich, daß Argentinien 1951 Perón mit überwältigenden 67 % wiederwählte.

Langanhaltende Dürre und ein Getreidepreisverfall ließen das argentinische Handelsdefizit um 50 % in die Höhe schnellen. Der Tod von Eva Perón kurz nach der zweiten Vereidigung ihres Mannes beraubte ihn seiner erfolgreichsten Mitarbeiterin und trug zu dem plötzlichen Tief des Landes bei. Ohne Eva schien Perón seine Willenskraft zu verlieren und er überließ viele Entscheidungen seinen immer radikaler werdenden Genossen. Für viele der eher traditionell eingestellten Bürger war seine Affäre mit einer dreizehnjährigen unverzeihlich.

EVITA

Obwohl Maria Eva Duarte de Perón, Millionen in der Welt als Evita bekannt, nur so kurz im Rampenlicht stand, war ihr Einfluß auf die argentinische Politik tiefgreifend und ist es noch heute, 35 Jahre nach ihrem frühen Tod.

Evita wurde von der Arbeiterklasse verehrt, von den *Grandes Dames* der Buenos-Aires Gesellschaft verspottet und von den etablierten Militärs mißverstanden. Dessen ungeachtet wurde Evita kurz nach dem 2. Weltkrieg zum Symbol des wohlhabenden Argentinien, das voller Stolz und mit großen Erwartungen in die Zukunft blickte. Ihr meteorhafter Aufstieg von der armen Dörflerin im rückständigen Inland zu einer der

faszinierendsten, engagiertesten und mächtigsten Personen in einer männlich dominierten Gesellschaft ist eine einmalige Geschichte.

Evita wurde 1919 in dem ärmlichen Dorf Los Toldos als eines von fünf unehelichen Kindern geboren. Nach dem Tode ihres Vaters Juan Duarte zog die Familie mit der Unterstützung eines anderen Gönners ihrer Mutter nach Nordwesten in die Provinzstadt Junín. Dort entschloß sich Evita im Alter von 14 Jahren, Schauspielerin zu werden, und als sich eine Gelegenheit bot, dieser staubigen Stadt zu entkommen, griff sie zu. Evita brannte mit einem jungen Tangosänger nach Buenos Aires durch, dem kulturellen Mekka Argentiniens.

Als 15-jährige Schauspielanwärterin war es Evita unmöglich, im Theater irgendwelche Jobs zu ergattern. Sie führte ein miserables Leben, wurde oft krank und

hatte nie genug zu essen. Ihre Chancen verbesserten sich schlagartig, als sich ein reicher Unternehmer in Evita verliebte und ihr eine eigene Radio-Show finanzierte. Bald wurde Evitas Stimme zu einem festen Bestandteil in den Sendern von Radio Argentina und Radio El Mundo.

Evitas Energie war unerschöpflich, ihr Arbeitstempo atemberaubend, und schon bald hatte sie einflußreiche Freunde. Das Fehlen von schauspielerischer Begabung und Erfahrung tat ihrer Fähigkeit, einige sehr wichtige Personen für ihre Sache zu interessieren, keinen Abbruch. Zu ihren Bewunderern zählten der Präsident von Argentinien und, für sie noch wichtiger, der Minister für Kommunikation, Oberst Imbert, der alle Radiostationen kontrollierte.

Evita traf den Oberst Juan Domingo Perón, den angeblich mächtigen Mann hinter der neuen Militär-Regierung, auf einer Wohltätigkeitsveranstaltung zugunsten der Opfer des katastrophalen Erdbebens von 1944 in San Juan, bei dem Tausende ums Leben gekommen waren. Sie zögerte nicht, das Herz des Witwers zu erobern und verließ den Wohltätigkeitsball am Arm des mächtigen Mannes.

Nur halb so alt wie der 48-Jährige Perón, war Evita ihrem Mann bei seinem Aufstieg zur Macht eine große Hilfe - in einer Art und Weise, die sogar die Vorstellungskraft der gewieftesten Politiker überstieg. Als Perón Minister für Arbeit und Soziales wurde, überzeugte ihn Evita, daß seine wirkliche Machtbasis die bisher ignorierten Arbeitermassen waren, die in den elenden *Villas Miserias* (Slums) lebten, die noch heute ringförmig um die Hauptstadt liegen. Mit einer Flut von Erlassen aus seinem Ministerium setzte er ein Mindesteinkommen durch, bessere Lebensbedingungen, Gehaltserhöhungen und Schutz gegenüber dem Arbeitgeber. Zum ersten Mal in der Geschichte Argentiniens flossen ein Teil der von den Arbeitern erwirtschafteten Profite zu ihnen zurück. Darüberhinaus führte und kräftigte Perón äußerst geschickt die riesige Confederación del Trabajo (CGT oder Allgemeiner Arbeiterbund), die viele Gewerkschaften in sich vereinigte. Dabei wurden unbotmäßige Arbeiterführer verhaftet und in patagonische Gefängnisse gesteckt.

Kurze Zeit später holte Evita Peróns Wählerschaft, die *Descamisados* (die Hemdlosen) zu seiner Hilfe. Ein Militärputsch war fast schon geglückt, als Evita ihre Wechsel einlöste. Mehr als 200.000 Descamisados strömten in die Hauptstadt und verlangten Perón als Präsidenten. Perón trat das vom argentinischen Volk erhaltene Mandat an.

Evita, jetzt Peróns Ehefrau, zementierte ihre Bindungen an die Arbeiterklasse durch die Einrichtung der Sozialhilfestiftung. Mit Hilfe dieser Wohltätigkeitsinstitution wurden Krankenhäuser und Hunderte von Schulen gebaut, Krankenschwestern ausgebildet und

Geld an die Ärmsten der Armen verteilt. Evita trat auch für die Rechte der Frauen ein und gründete die erste Frauenpartei, die Peronistisch-Feministische Partei. Obwohl allmählich ein Kult um ihre Person entstand, sagte sie den Menschen in ihren zahllosen Ansprachen immer, daß jeglicher Dank ihrem Mann gebühre und daß sie jederzeit freudig ihr Leben für ihn geben würde, wie sie es auch tun sollten.

Vielleicht war Evitas größtes Erlebnis ihre lange Reise durch Europa, wo sie mit Franco, dem Diktator von Spanien, Papst Pius XII. sowie dem italienischen und dem französischen Außenminister zusammentraf.

Sie verblüffte das Nachkriegseuropa mit ihren Juwelen und eleganten Roben. Ihre Geschichte, von

Die Heldin des Volkes starb 1952 an Unterleibskrebs, aber bis zum Schluß behielt sie ihren vollgepackten Arbeitstag bei. Bei ihrer letzten Rede zum 1. Mai an die Descamisados mußte ihr Mann sie stützen.

Der Tod Evitas am 26.Juli 1952 brachte das Land zum Stillstand. Ihr Körper wurde einbalsamiert, und Tausende hielten bei ihr Totenwache.

1955 verschwand Evitas Leiche. Sie wurde nach Peróns Sturz von den Militärs gestohlen und erst nach Deutschland und später nach Italien gebracht, wo sie 16 Jahre lang unter einem anderen Namen beerdigt lag. Nach längeren Verhandlungen, wurde sie schließlich ihrem in Spanien lebenden Mann zurückgegeben. Evitas Odyssee fand ein Ende, als Perón im Jahre 1974

tiefer Armut zu strahlendem Glanz, wurde in der Presse immer wieder erzählt, einmal schmückte sie sogar das Titelbild des *Time Magazine* .

Ihre negative Seite war, daß sie keine Kritik an ihrem Mann duldete. Dann wurden Zeitungen verboten, Karrieren zerstört und Opponenten auf unwahre Beschuldigungen hin eingesperrt. Sie konnte äußerst nachtragend sein und vergaß eine Kränkung nie, auch wenn sie Jahre zurücklag. Familienmitglieder und Freunde wurden mit hohen Posten bedacht, auch wenn diese weit über ihren Fähigkeiten lagen.

Links: Die bezaubernde First Lady. Oben: Die Peróns mit ihren beiden Pudeln.

in Argentinien starb. Ihr Sarg wurde aus Spanien überführt und neben denjenigen plaziert, für den sie bereit gewesen war, zu sterben.

Obwohl Bemühungen um ihre Heiligsprechung in Rom auf höfliche Ablehnung stießen, wird Evita in Argentinien immer noch fast wie eine Heilige verehrt. Graffitti mit der Aussage *Evita Vive!* (Evita lebt) sieht man überall. An der Duarte-Familiengruft auf dem Friedhof in Recoleta legen Verehrer immer noch Blumen hin, und es ist ständig eine Wache anwesend, um Vandalismus zu verhindern. Ihre Grabschrift "Weine nicht um mich, Argentinien, denn ich bleibe Dir ganz nah!", klingt auch Jahrzehnte nach ihrem frühen Tod noch immer echt, was sich Andrew Lloyd Webber für sein Musical *Evita* zu Nutze gemacht hat.

Mittelschicht-Revolte

1955 bildete sich eine Dreier-Allianz aus Mittelschichtgruppen, um Perón zu entmachten. Die Studenten lehnten die totale peronistische Kontrolle über ihre Institutionen ab, und die Kirche fühlte ihre Positionen bedroht von Peróns weltlichen Ansichten bezüglich Erziehung, Scheidung und Prostitution. Die Armee, die nun nicht mehr im Zentrum der Aufmerksamkeit stand, befürchtete einen Machtverlust. Eine von der Kirche initiierte Demonstration zog 100.000 Menschen ins Zentrum von Buenos Aires; es folgte die Bombardierung der Casa Rosada und der Plaza de Mayo durch die rebellierende Luftwaffe sowie der Gegenangriff der Armee. Der peronistische Mob steckte Kirchen in Brand.

Als dann die Marine zusammen mit einigen Einheiten des Heeres rebellierte, gerieten die Dinge völlig außer Kontrolle. Perón brach sein Versprechen, die Arbeiter zu bewaffnen. Stattdessen floh er nach Paraguay und ersparte so seinem Land ein großes Blutvergießen.

Die folgende Zwischenregierung bis zu Peróns triumphaler Rückkehr dauerte 18 Jahre. Während dieser Zeitspanne ertrug Argentinien neun Führer, von denen keiner die ökonomischen Dämonen zähmen konnte, die an der Gesundheit des Landes nagten.

Es fällt schwer, diese Zeit in einem positiven Licht zu sehen. Die Militärs mischten sich ständig in die Politik ein, stürzten gewählte Präsidenten und setzten Generäle ein, wenn sie meinten, die Berufspolitiker regierten das Land nicht in der richtigen Art und Weise. Peróns Nachfolger wurden abwechselnd verfolgt oder durften eine Zeitlang regieren. Obwohl Perón im Exil lebte, war sein Einfluß spürbar. Keine Gruppierung, weder die Militärs noch die politischen Parteien, wie die UCRP (Radikale Bürger-Union) und die UCRI (Unversöhnliche Radikale Bürger-Union), konnten den starken Mann oder seine Arbeiter-Partei völlig ignorieren.

Der erste frei gewählte Präsident nach Perón war Arturo Frondizi im Februar 1958, und seine Amtszeit war gekennzeichnet von Schwunglosigkeit, wirtschaftlichem Rückgang und vielen (35) Putschversuchen. Seine Entscheidung, den Peronisten die Teilnahme an den Kongreßwahlen von 1962 zu gestatten, brachte ihn zu Fall; Frondizis Versuche, den Peronisten entgegenzukommen, störte das argentinische Militär. Sie befahlen ihm, das Wahlergebnis zu annullieren, und als er sich weigerte, alle peronistischen Voten für illegal zu erklären, schritt die Armee ein.

Arturo Illia erging es nicht viel besser, als er die Präsidentschaftswahlen von 1963 gewann. Während die Wirtschaft stärker als unter Frondizi war, nahm die Inflation bedrückende Formen an. Illias Minderheitsregierung hatte wenig Überlebenschancen. Das Militär war über des Präsidenten Unfähigkeit besorgt, die immer beliebtere Volksunion, wie sich die peronistische Partei jetzt nannte, in Schach zu halten.

Der nächste in der Reihe derjenigen, die sich als Regierungschefs in Argentinien versuchten, war General Juan Carlos Onganía, der Anführer des 1966 durchgeführten Staatsstreichs gegen Illia. Onganía führte in eine extrem repressive Epoche. Politische Parteien wurden abgeschafft, der Kongreß aufgelöst und Demonstrationen verboten. Die Wirtschaft erreichte einen neuen Tiefstand. 1969 waren die Unternehmen zu 59% in ausländischer Hand, und das Realeinkommen der Arbeiter sank gewaltig.

Der berüchtigte *Cordobazo* (Coup von Córdoba) im Jahre 1969 stürzte Onganía. Die zweitgrößte Stadt Argentiniens war der Brennpunkt der regierungsfeindlichen Aktivitäten, getragen von einer neuen Allianz zwischen Studenten, Arbeitern und Geschäftsleuten, die alle unter Onganías Politik schwer zu leiden hatten. Für zwei Tage wurde Córdoba zum Kriegsgebiet, da die Soldaten gegen die Demonstranten kämpften. Über 100 Menschen wurden im Straßenkampf verwundet oder getötet.

Onganía wurde von General Lanusse und anderen Militärs ersetzt. Ein obskurer General wurde Präsident und blieb nur 9 Monate im Amt. Danach übernahm Lanusse selbst die Regierungsgeschäfte und bereitete die Nation auf die für 1973 geplanten Wahlen vor. Die fortwährende Einmischung und die Repressionen der Militärs begünstigte das Entstehen von Guerillagruppen in Argentinien, von denen die wichtigsten die Montoneros und die Revolutionäre Volksarmee (ERP) waren. Die Anwendug von Folter und Mord durch Lanusse führte auf beiden Seiten in eine neue Spirale der Gewalt. Über 2.000 politische Gefangene schmachteten in den Gefängnissen, aufgrund der weitgefaßten, von Lanusse geschaffenen Subversionsgesetze.

In diesem Klima fanden 1973 die Präsidentschaftswahlen statt. Perón wählte Héctor Cámpora als seinen Stellvertreter im Vorsitz der peronistischen Partei. Mit den bekannten Themen des nationalen Wiederaufbaus gewann Cámpora fast die Hälfte aller Stimmen. Die Peronisten hatten ein starkes Comeback, und somit war das Exil ihres Anführers beendet.

Zweite Runde

Peróns Rückkehr nach Argentinien stand unter einem ungünstigen Stern. Zwei Millionen Menschen waren am Flughafen, um den alternden Mann zu begrüßen, von dem sie hofften, daß er die Wirtschaftsordnung und die Würde der Arbeiter wiederherstellen könnte. Krawalle unter den verschiedenen Demonstrantengruppen und der Sicherheitspolizei weiteten sich zu regelrechten Gefechten aus, und hunderte starben auf dem Flughafengelände. Héctor Cámpora trat zurück, und Perón ging bei den neuen Präsidentschaftswahlen klar als Sieger hervor. Nach dem früheren Muster wurde Peróns neuer Frau politische Macht übertragen, diesmal als Vize-Präsidentin.

allem Übel stützte sich Isabel auch noch auf den Rat von José López Rega, einer der bizarrsten und finstersten Gestalten Argentiniens. Dieser Rasputin-Typ hatte große Macht und gründete die berüchtigte rechte Terrorgruppe *Alianza Argentina Anticomunista*. Man erzählte, daß sich Isabel unter López Regas Einfluß in Belangen der nationalen Politik sogar auf astrologische Wahrsagerei verließ.

Isabel Peróns Unfähigkeit, die chronischen Wirtschaftsprobleme Argentiniens in den Griff zu bekommen sowie den wachsenden Terrorismus einzudämmen, ließ das Militär erneut einschreiten. In einer Aktion, die von vielen erwartet und erhofft wurde, entfernte das Militär am 24. März 1976 die letzte Perón aus der Casa Rosada.

Die ersten Bemühungen zur nationalen Befriedung schienen zu greifen, aber wieder kollabierte die Wirtschaft, und mit ihr die zerbrechliche, von Perón erreichte Einheit.

Der plötzliche Tod Juan Domingo Peróns am 1. Juli 1974 brachte Isabel an die Macht, aber ihre Administration war für das Land ein einziges Desaster. Sie war keine Evita und hatte Argentinien außer dem Namen ihres Mannes nichts zu bieten. Ihre Regierung war geprägt von Ultrakonservatismus, Korruption und Repression. Zu

Links: Präsident Ongania bespricht sich mit General Lanusse, 1967. Rechts: Peróns dritte Frau Isabel.

Der Proceso

Obwohl sich das Militär nie als besser erwiesen hatte, die Probleme des Landes zu lösen, schien sich jedoch mit dieser Gruppe von uniformierten Männern an der Spitze die Einstellung geändert zu haben. Jede der vier folgenden Juntas legte besonderen Wert auf die Koordinierung der verschiedenen Armeezweige. Die erste Junta versuchte, sich durch einen Verfassungszusatz zu legitimieren. Dieser Zusatz, das Statut zum Prozeß der nationalen Reorganisation, berief die Junta und beauftragte sie mit der Verantwortung über die Exekutive als auch die Legislative. Basierend auf diesem Verfassungszusatz erhielt die Zeitspanne der Militärherrschaft von 1977 - 1983 den Namen *Proceso*.

Als erster Präsident wurde General Videla eingesetzt, und er packte das Problem der linken Guerilla an mit einer Kampagne, dem sogenannten "Schmutzigen Krieg". Während Videlas Amtzeit gab es die meisten *Desaparecidos* (Verschwundene). Jeder, der regierungsfeindlicher Aktivitäten verdächtigt wurde, konnte verschleppt werden. Nonnen, Priester, Schulkinder und ganze Familien wurden gekidnappt, vergewaltigt, gefoltert und dann von einem ruchlosen Trio von Barbaren (Militär, Polizei und rechtsgerichteten Todesschwadronen) im Namen des Christentums und der Demokratie ermordet. Die geschätzten *Desaparecidos*, auch bekannt unter

zu erlangen, wurden als subversiv angesehen, und die Universitäten wurden geräumt. Zudem lastete die Zensur schwer auf dem Land.

Die internationale Ächtung, Bittbriefe von Menschenrechtsgruppen und das Engagement der "Mütter der Verschwundenen" - der Mütter der Plaza de Mayo, die seit dem Spätjahr 1970 jeden Donnerstag mit dem Ziel demonstrieren, den Verbleib ihrer Kinder zu erfahren - haben den staatlich geförderten Terrorismus nicht mindern können.

Videlas Nachfolger war General Viola, der später des Amtes enthoben und von General Galtieri ersetzt wurde. In der Wirtschaft erging es dem Militär nicht besser als in der Politik. Die Auslandsverschuldung stieg auf 45 Milliarden,

der Bezeichnung N.N.'s (no nomes = Namenlose), reichen von 10.000 bis 40.000 Menschen, einschließlich einer unbekannten Zahl von Terroristen, die das Militär durch Entführungen und Bomben provoziert hatten. Das Militär entschloß sich, die Guerillas und Terroristen nicht durch ordentliche Gerichtsverfahren zu besiegen, sondern der Krieg wurde im Gegenteil heimlich geführt und die Entführungen fanden oft nachts statt. Mit diesem schmutzigen Krieg verlor das Militär jeglichen Anspruch, den so oft zitierten europäischen Verhaltenskodex zu repräsentieren, den die Argentinier glauben, aufrechtzuerhalten.

Versuche von Universitätsprofessoren und Studenten, mehr Kontrolle über ihre Institutionen

während die Inflation vom Regen in die Traufe geriet. Die Arbeitslosigkeit stieg und der Peso wurde ständig abgewertet. Da entschlossen sich General Galtieri und seine Junta, etwas Neues zu versuchen.

Der Malvinenkonflikt

Es ist reine Ironie, daß das argentinische Militär, nachdem es seinen schmutzigen Krieg gegen das eigene Volk gewonnen hatte, von seinem Machtstreben gezwungen wurde, sich seinem eigentlichen Zweck zu widmen, nämlich einen Kampf im üblichen Sinn zu führen. General Galtieri hoffte, die Aufmerksamkeit des

Volkes von der sich ständig verschlechternden Lage des Landes abzulenken, und zwar mit der altbewährten Methode, seine Augen auf ausländisches Geschehen zu lenken, in diesem Fall auf die von den Briten besetzten Malvinischen (Falkland) Inseln.

Der nun folgende Krieg im Südatlantik war ein ziemlich kurzes, abstoßendes Unternehmen, das am 2. April 1982 mit der Invasion der Argentinier auf den Inseln begann und am 14. Juni mit ihrer Kapitulation in Port Stanley endete. Der Zankapfel Malvinen/Falklands schien für Galtieri das perfekte Angriffsziel: Die Inseln lagen über 13.000 km von England entfernt und ihre Bevölkerung war weit kleiner als die Anzahl der Schafe. Galtieri und die anderen militärischen

Befehlshaber hatten nicht damit gerechnet, daß Großbritannien um seine Ansprüche auf die Inseln kämpfen würde. Diese völlige Fehleinschätzung war nur eine von vielen, die der argentinischen Junta in den nächsten noch Wochen unterlaufen sollten.

Die einberufene Armee war schlecht auf den Kampf gegen gutausgebildete Berufssoldaten vorbereitet und zeigte keinen großen Kampf-

Links: Demonstration der Mütter der Plaza de Mayo. Oben: Mit der Vereidigung von Alfonsín am 10. Dezember 1983 kehrte die Demokratie zurück.

geist. Obwohl ein britisches Unterseeboot am 2. Mai den großen Kreuzer *General Belgrano* versenkte, blieb die argentinische Marine in den Häfen. Vielleicht wurde die befleckte Ehre des Landes ein wenig von dem couragierten und brillianten Einsatz seiner Luftwaffe gerettet, die das unabwendbare Ende hinauszögerte.

Unterstützten die meisten Argentinier zu Beginn dieses militärische Abenteuer mit feurigem Enthusiasmus, so ließ die Euphorie jedoch sehr bald nach. Die Menschen mußten bald erkennen, daß ihre Regierung ständig Geschichten über Erfolge in Umlauf brachte, daß aber anstatt der glorreichen Rückeroberung dessen, was alle Argentinier als ihr Eigentum betrachten, das Land eine peinliche Niederlage erleiden mußte.

General Galtieri trat 3 Tage nach der Kapitulation Argentiniens zurück und wurde eine Woche später von Reynaldo Bignone, einem General im Ruhestand ersetzt. Bignones Versuch, die 1983 auf 433 Prozent geschnellte Inflationsrate zu senken, scheiterte. Darüberhinaus kam die Junta unter wachsenden Druck, den Belagerungszustand ihres Landes zu beenden und Wahlen für eine Zivilregierung abzuhalten. Massive Demonstrationen auf der Plaza de Mayo trugen ebenfalls dazu bei, daß die Regierung endlich ihre Versprechen einlösen mußte.

Wohl wissend, daß die Tage ihrer politischen Macht gezählt waren, versuchten die Militärs, sich vor Strafverfolgung wegen Menschenrechtsverletzungen zu schützen, indem sie selbst eine Studie herausgaben, den *Schlußbericht der Militär-Junta über den Krieg gegen die Subversion und den Terrorismus*. Dieses nichtssagende Papier lobte den Kampf der Streitkräfte gegen den Terrorismus und leugnete jegliche Verstrickung in die während dieses schmutzigen Krieges begangenen barbarischen Untaten. Als zusätzliche Schutzmaßname erließ die Regierung eine General-Amnestie für alle, die an den "extralegalen" Bemühungen zur Zerschlagung der Opposition mitgewirkt hatten.

Die Wahlkampagne von 1983 steckte voller Überraschungen. Viele Beobachter erwarteten eine Rückkehr der Peronisten an die Macht oder vielleicht eine Koalitionsregierung. Die Mehrzahl der Wähler jedoch wählte Raúl Alfonsín und seine Radikale Partei, um die Nation aus der jahrelangen Repression und dem wirtschaftlichen Tief herauszuführen. Alfonsín wurde am 10. Dezember 1983 als Präsident vereidigt, einen Tag nachdem sich die Militärjunta aufgelöst hatte. Ein neues Kapitel in der Geschichte Argentiniens konnte aufgeschlagen werden.

ARGENTINIEN HEUTE

Nach der Vereidigung des Präsidenten Raúl Alfonsín tanzten die Menschen in Buenos Aires auf den Straßen, denn fast acht Jahre Militärdiktatur waren nun zu Ende. Die letzten Juntamitglieder schlichen sich durch die Seitenausgänge aus der Casa Rosada, begleitet von Pfiffen und Buhrufen der Menge. Die Argentinier feierten tagelang, denn sie waren überzeugt, daß die nun anbrechende demokratische Ära soziale Gerechtigkeit und wirtschaftlichen Wohlstand bringen würde. Diese hochgeschraubten Hoffnungen

Leben wieder auf das normale Niveau an, mit den üblichen Verkehrsstaus in Buenos Aires durch demonstrierende Gewerkschaftler und Studenten mit ihren dumpfen Trommeln und Protestsongs. An der Ecke der Florída- und der Lavalle-Straße stehen immer gestikulierende Männer, die über Politik diskutieren, und jede neugegründete Organisation wirft unbekümmert mit dem Wort "demokratisch" um sich.

Die Atmosphäre im Land ist durch die Reaktion auf die konservativen Moralvorstellungen

sind angesichts der ernsten wirtschaftlichen und politischen Probleme des Landes inzwischen sehr gedämpft. Die Zivil-Regierung brachte zwar neue Freiheiten und Augenblicke der Euphorie, aber auch Enttäuschungen.

Ausbruch

Die Rückkehr zur Demokratie ermöglichte ein Aufatmen nach den erstickenden Restriktionen der Diktatur. Die Argentinier verstecken sich nicht mehr bei jedem vorbeifahrenden Ford *Falcon* und sind untereinander nicht mehr so mißtrauisch. Nach dem Ende der Militär-Repressionen stieg die Teilnahme am öffentlichen

der Militärs und der Kirche völlig verändert. Die strenge Zensur unter der Diktatur wurde aufgegeben, und einstigen Tabu-Themen wie Verhütungsmittel und Abtreibung werden heute offen im Radio und im Fernsehen diskutiert.

Die Aufhebung der Zensur hat eine neue Kreativität hervorgebracht, die im Exil lebende argentinische Künstler ins Land zurücklockt. Dutzende verbotener Bücher wurden erneut freigegeben, und neue literarische Werke erscheinen in kleinen Literaturmagazinen. Auch das argentinische Kino sowie das Theater erleben nach Jahren der Stagnation einen neuen Aufschwung. Heute kann man auch in Argentinien Filmklassiker wie *Der letzte Tango* genießen.

In den Augen der Welt

Die internationale Presse hat die Wiederherstellung der Demokratie in Argentinien genau mitverfolgt und ursprünglich als mutige, aber zum Scheitern verurteilte Unternehmung angesehen. Der Rolle der Paria-Nation müde, sind die Argentinier sehr auf Anerkennung erpicht, und sie klammern sich an jedes Anzeichen eines nationalen Fortschritts.

Präsident Alfonsíns herzliches Lächeln ist in den Zeitungen und Fernsehreportagen der ganzen Welt ein bekanntes Bild, und ausländische Regierungen haben ihn mit Menschenrechtspreisen und Solidaritätsgrüßen überschüttet. Alfonsín ging daran, das Image Argentiniens als dem Land

viele Preise eingeheimst. Der Regisseur Luis Puenzo gewann 1985 mit *La Historia Official* den Academy Award für den besten ausländischen Film. Er handelt von einer Frau, die entdeckt, daß ihre Adoptiv-Tochter das Kind eines "Verschwundenen" ist.

Wirtschaftsbewältigung

Das Abschiedsgeschenk der Militär-Regierung an die junge Demokratie war eine dahinsiechende Wirtschaft. Die Inflation spielte verrückt, die Auslandsverschuldung erreichte astronomische Höhen, die Arbeitslosigkeit stieg und jeder, der etwas Geld hatte, schickte es lieber ins Ausland, als es in Argentinien zu investieren.

der prüden und irrationalen Nationalisten zu verändern, indem er den jungen, enthusiastischen Dante Caputo zum Außenminister berief.

Ein Vertrag mit Chile über den Beagle-Kanal wurde von der Bevölkerung mit großer Mehrheit angenommen, und Argentinien hat bewiesen, daß es seine Ansprüche auf die Falkland-Inseln nur noch mit friedlichen Mitteln verfolgen will.

Der argentinische Schriftsteller Jorge Luis Borges ist zwar gestorben, ohne den Nobelpreis erhalten zu haben; aber dafür hat das argentinische Kino bei internationalen Filmfestspielen

Links: Zeitungsstand in Buenos Aires. Oben: Mitglieder einer Ortsgruppe der Radikalen Partei.

Zu Beginn hoffte die Radikale Partei, daß Alfonsíns gütige und väterliche Versicherungen in seinen Fernsehansprachen das Vertrauen wieder herstellen würden. Das geschah aber nicht, die Inflation kletterte auf über 1000 % im Jahr. Die Argentinier gewöhnten sich daran, daß die Busfahrt zur Arbeit täglich teurer wurde, und daran, ihre Löhne auszugeben, bevor das Geld an Wert verlor. Es geht der Witz um von dem Supermarkt-Angestellten, der die Kunden von den Regalen wegscheuchte, um schnell noch die Preise zu erhöhen.

Bevor Alfonsín sich entschied, die vom Internationalen Währungsfonds vorgeschlagenen Maßnahmen zu akzeptieren, sprach Alfonsín mit europäischen Sozialdemokraten vom eher rechten Flügel. Der neue Wirtschaftsminister Jean Sourrouille erklärte der Nation kühl hinter einer Sonnenbrille hervor, daß harte Zeiten bevorstünden. Schließlich wurde ein überraschender neuer Plan bekanntgegeben. Der Peso-Wert wurde um drei Nullen erleichtert und damit eine neue Währung - der Austral - eingeführt. Alle Preise und Löhne wurden eingefroren und die Regierungsausgaben drastisch beschnitten.

Der erwartete Proteststurm blieb überraschenderweise aus, die meisten Argentinier akzeptierten diese Maßnahmen. Die Regierung war von ihrer eigenen Kühnheit überrascht, die Inflation im wahrsten Sinne des Wortes nur per Dekret beendet zu haben.

deschwemme konfrontiert zu werden, und die Erdöl-Industrie erlitt einen Einbruch der Weltpreise. Unterdessen verzehren die Argentinier 90% des im Land produzierten Fleisches selbst, trotz der Versuche der Regierung, vegetarische Restaurants zu subventionieren, und der Warnungen vor Magenkrebs.

Die sich ausweitende Wirtschaftskrise brachte erneut die peronistische Partei auf den Plan, die sich allmählich von dem Schock erholte, 1983 zum ersten Mal in ihrer Geschichte eine Wahl verloren zu haben. Diese Niederlage gab Anlaß zu einer Reihe erbitterter Flügelkämpfe innerhalb der Partei, sowie zu heute noch zeitungfüllenden Auseinandersetzungen mit ihrer Gewerkschaftsbasis. Trotzdem gelang es den Peronisten, bei

Leider waren die Radikalen unsicher, was nun zu tun sei. Sie wiederholten sich, wenn auch in modifizierter Form, brachten es aber nicht fertig, die Wirtschaft anzukurbeln, so daß die Löhne ins Rutschen kamen. Alle politischen Parteien kritisieren die Bürokratie, während sie gleichzeitig hilflos zusehen, wie sie Geldmittel verschlingt. Die Industrie stagnierte, und eine Umverteilung des Reichtums fand kaum statt. Der Binnenmarkt war zu klein, um die Entwicklung anzukurbeln, und international war Argentinien außerstande, mit den Wirtschaftsriesen aus dem Norden ernsthaft zu konkurrieren.

Die Landwirtschaft konnte zunächst ihre Produktion steigern, um dann mit einer Welt-Getrei-

den Herbstwahlen 1987 den Radikalen die Kontrolle über den Kongreß zu entreißen.

Abrechnung mit dem Militär

Als der letzte Juntaführer die blaue Präsidentenschärpe an Alfonsín abgegeben hatte, war das Ansehen des Militärs in den Augen des Volkes auf einem Tiefstand. Alfonsíns erste Amtshandlung war die Annullierung der Amnestie, die sich die Offiziere vor ihrem Verlassen der Casa Rosada so großzügig selbst ausgestellt hatten. Innerhalb einer Woche wurde eine Kommission zur Untersuchung des Schicksals der während der Diktatur "verschwundenen" Menschen gegründet, deren Vorsitz der angesehene Autor Ernesto Sábato hatte. Der Ruf des neuen Präsidenten als Ritter der Menschenrechte ließ Hunderte erneut hoffen, als nun Gerichtsverfahren gegen die vom Militär in ihrem "schmutzigen Krieg" begangenen Verbrechen eröffnet wurden. Aber die Dinge bewegten sich viel langsamer als erhofft.

Als klar wurde, daß sich die Militärs nicht selbst richten würden, wurden die neun Mitglieder der ersten drei Juntas vor ein Zivilgericht gestellt. Die Verhandlungen der Generäle wurde zur 5-monatigen Obsession des Landes. Die Non-stop-Berichterstattung zwang viele vorher skeptische Argentinier, die Korrektheit von Berichten anzuerkennen, die sie vorher als Übertreibungen abgetan hatten.

Verfahren einzustellen. Am Osterwochenende 1987 verbarrikadierten sich Soldaten in ihren Baracken und rebellierten gegen die Strafverfolgung. Alfonsín inszenierte einen dramatischen Blitzbesuch bei den Rebellen und drängte sie, aufzugeben, während im ganzen Land Demonstrationen für die Demokratie stattfanden. Aber nur wenige protestierten, als ein paar Wochen später beinahe alle Gerichtsverhandlungen gegen die Offiziere eingestellt wurden.

In die Zukunft

Das heutige Argentinien hat zweifellos mit vielen Problemen zu kämpfen. Die Wirtschaft ist immer noch in Bedrängnis, Frauen sind vom öf-

Zum ersten Mal in der Geschichte Lateinamerikas gab es ein Gerichtsverfahren, das eine Militär-Regierung für ihre Taten im Amt zur Verantwortung zog. Jedoch waren für viele Argentinier die Konsequenzen zu milde. Unter Massendemonstrationen draußen vor dem Justizpalast erfolgte die Urteilsverkündung: Lebenslänglich für Ex-Präsident Videla und Admiral Massero, kürzere Strafen für drei andere und Freispruch für die restlichen vier. Die Regierung versuchte allerdings, die vielen anderen noch anhängigen

Links: Argentiniens eindeutige Botschaft. Oben: Der Internationale Währungsfond, dargestellt als Blutsauger.

fentlichen Leben weitgehend ausgeschlossen, und nicht nur zwischen Buenos Aires und dem Inland besteht ein großes Gefälle, sondern auch zwischen dem glitzernden Reichtum der nördlichen Vorstädte der Hauptstadt und den Elendsvierteln am Stadtrand, die oft nur eine Busstation entfernt liegen.

Argentinien ist eben, wie viele andere Länder der Dritten Welt auch, ein Land extremer Gegensätze. Aber selbst wenn die Argentinier weiterhin mit großem Eifer die Regierung sowie sich selbst untereinander kritisieren, herrscht zur Zeit in einer Sache Einigkeit: Die Demokratie ist trotz ihrer vielen Mängel allemal der Zwangsjacke einer Militärherrschaft vorzuziehen.

WIRTSCHAFT, POLITIK UND ARBEIT

Im Jahre 1937, am Ende der bis damals schwierigsten Dekade Argentiniens, betrug das monatliche Pro-Kopf-Einkommen 510 Dollar, und Argentinien rangierte damit neben Österreich und nur knapp hinter Frankreich unter den reichsten Nationen der Welt. Im Jahre 1973 jedoch gehörte Argentinien zur Gruppe der Entwicklungsländer mit einem weit zurückgefallenen Pro-Kopf- Einkommen, während sich das österreichische verdoppelt und das fränzösische verdreifacht hatte. Diese harte Tatsache zeigt das Drama Argentiniens, des vielleicht einzigen Landes in der Welt, das im 20. Jahrhundert einen solch rapiden Abstieg vom Reichtum zur Armut durchgemacht hat.

Der sagenhafte Reichtum Argentiniens, der das Paris des Fin de Siècle den Satz "reich wie ein Argentinier" prägen ließ, gründete sich auf die Viehzucht. Von den frühesten Tagen der Kolonialisierung bis zur großen Depression zehrte die Wirtschaft vom Vieh- oder Fleischexport. Von ungefähr 1600 bis 1750 lebten die rückständigen und unwichtigen Außenposten entlang des Río de la Plata vom Export der Häute der in den riesigen freien Ebenen der Pampa wildlebenden Rinder und Pferde. Fast die gesamte Kultur basierte auf dem Leder, das für alles, von Schutzbis zu Kleidungszwecken, verwendet wurde. Der Überschuß ging hauptsächlich nach Ober-Peru zur Herstellung von Behältern für die spanischen Minen.

Im Laufe des 18. Jahrhunderts ersetzten dann die halbzahmen Tiere allmählich die Wildherden, und die Landwirtschaft begann sich stetig zu entwickeln.

Das Hauptcharakteristikum der ländlichen Wirtschaftsform ist die extensive Landnutzung. Dieser Großgrundbesitz und die darauf entstehende Herdenwirtschaft waren die Vorläufer der heutigen *Estancias*.

Die tiefgreifendsten Veränderungen, die den Grundstein für Argentiniens Goldenes Zeitalter legten, waren die Entwicklung der Kühl- und Gefriermethoden von Fleisch, Neuerungen in der Schiffahrt, die den Export von lebenden Rindern möglich machten, sowie der Bau eines Eisenbahnnetzes, das eine Intensivierung des Farm- und Ranchwesens ermöglichte. Die Ergebnisse waren beeindruckend: Die Landkultivierung erhöhte sich von 1872 bis 1895 um das 15-fache, während die Getreideexporte von 1870 bis 1900 immens zunahmen. Hinter diesem beschleunigten Wirtschaftswachstum stand der erhöhte Nahrungsmittelbedarf der britischen nahrungsmittelverarbeitenden Industrie, und England blieb bis zum Zweiten Weltkrieg Argentiniens wichtigster Handelspartner.

Die neue Fleisch- und Getreideverarbeitungsindustrie benötigte Arbeitskräfte, und ab 1890 kamen Tausende von Einwanderern meist italienischer und spanischer Abstammung ins Land. Die Bevölkerung wuchs von 1,8 Millionen im Jahr 1869 auf über vier Millionen bis 1895, mit zusätzlich 50.000 Wanderarbeitern pro Jahr, die zur Erntezeit ins Land kamen. Da das Land schon unter den großen *Estancieros* aufgeteilt war, siedelten die Einwanderer in wenigen aufstrebenden Städten (Rosario, Santa Fé, Bahia Blanca), aber die Mehrzahl ließ sich in Buenos Aires nieder.

Der enorme Zustrom von Europäern - 1910 waren drei von vier Einwohnern von Buenos Aires in Europa geboren - zusammen mit dem kontinentalen Geschmack der reichen Elite machte die Hauptstadt zu einem der großen kosmopolitischen Zentren in der leichtlebigen Zeit vor dem Ersten Weltkrieg.

Der Krieg in Europa war für die argentinische Wirtschaft in zweierlei Hinsicht äußerst stimulierend. Erstens stieg der Bedarf an Nahrungsmitteln der kriegführenden Länder ins Unermeßliche, und zweitens förderte das Versiegen des europäischen Handelsflusses mit Fertigprodukten die lokale Produktion. Das bisher schwache städtische Handwerk deckte allmählich den Heimbedarf, da die Importe um 50 % fielen. Diese unvorhergesehene Konjunktur enthüllte die Schwachstellen der argentinischen Wirtschaft, wie die Abhängigkeit von importierten Rohstoffen, die mangelhafte Entwicklung eigener Energie-Ressourcen und das Fehlen eines Produktionsgütersektors, was später in der großen Depression noch deutlicher wurde, als das Land wieder ausschließlich auf die örtliche Industrie angewiesen war.

Das beginnende Wachstum des industriellen Sektors verstärkte auch die sozialen Belastungen einer Gesellschaft, die kaum damit begonnen hatte, die vielen Einwanderer zu integrieren. Arbeitsniederlegungen und Massenproteste gegen die schlechten Lebensbedingungen erinnerten in aller Schärfe daran, daß die Einwanderer das anarchistische, sozialistische und gewerkschaftliche Gedankengut der europäischen Arbeiterklasse mitgebracht hatten.

Diese Unruhen führten zu nativistischen Reaktionen, als 1919 die Angst vor der russischen Revolution und Vorurteile gegen Neuankömmlinge eine Mittel- und Oberschichtminderheit dazu brachte, Wächterkomitees zu bilden, die Arbeiter und Juden während der später sogenannten "Semana Trágica" (tragische Woche) hemmungslos terrorisierten.

Die Konsequenz aus den wirtschaftlichen und sozialen Veränderungen der späten 80iger Jahre bis zum Ende des Ersten Weltkrieges war der Aufstieg von Hipolito Yrigoyen, Argentiniens erstem modernen populistischen Führer. Von 1916 bis 1922 Präsident und 1922 wiedergewählt, war er auch der erste Präsident, der 1930 von den Militärs gestürzt wurde.

Mit diesem Militärputsch begann in Argentinien die lange Agonie der politischen und wirtschaftlichen Instabilität. Die Depression und der Zweite Weltkrieg verstärkten den Trend zur einheimischen Industrieentwicklung, was die Zahl der Groß-Unternehmen und damit die der Arbeiter erhöhte. In den frühen 40-er Jahren schufen die ungleiche Einkommensverteilung und die fehlende politische Fairness in der unteren Mittelklasse und der Arbeiterklasse ein Gefühl der Frustration, während der kriegsbedingte wirtschaftliche Boom einen Sinn für das nationale Schicksal weckte. In dieser Atmosphäre betrat Argentiniens markanteste und umstrittenste politische Figur, Juan Domingo Perón, die Szene.

Unter Perón, der 1946 und noch einmal 1951 zum Präsidenten gewählt wurde, durchlief Argentinien eine Periode intensiver Industrialisierung, basierend auf den Exporten der Landwirtschaft. Mit Hilfe der staatlichen Macht organisierte Perón die unterprivilegierten Arbeiter, besonders die der größten Industriezweige, und baute sich so eine solide Basis von Gefolgsleuten auf, die ihm auch durch die Jahre der politischen Zensur und seine 17 Exiljahre die Treue hielt.

Gesellschaftlich basierte der Peronismus auf den Gewerkschaften. In den drei Jahren vor seiner Präsidentschaft leitete Perón das neugegründete Arbeitsministerium, und kraft seines Amtes förderte er die Politisierung der Arbeiter, die bis dato gewerkschaftlich kaum organisiert waren. Nach der Vertreibung Peróns waren schätzungsweise über 50 % der im Arbeitsprozeß stehenden Bevölkerung gewerkschaftlich organisiert. Die heutige Gewerkschaftsbewegung ist nach wie vor äußerst politisch und mit dem Peronismus verknüpft. Wegen ihrer Größe und ihrer Verbundenheit mit dieser politischen Kraft, spielen die Gewerkschaften in der heutigen Politik natürlich eine besondere Rolle.

Wirtschaftlich gesehen, hinterließ der Peronismus ein umstrittenes Erbe, das bis heute auf den Bemühungen um Modernisierung, Rationalisierung und Reibungslosigkeit des gesamten Produktionsapparates lastet. Durch strenge Einfuhrkontrollen wuchs die heimische Industrie, aber sie ist nicht wettbewerbsfähig und erreicht keine stetigen Zuwachsraten. Die fortbestehende Abhängigkeit von importierten Rohstoffen und Produktionsgütern sowie von den Weltmarktpreisen für landwirtschaftliche Produkte und die Bürde eines staatlichen Sektors, der einen hohen Beschäftigungsgrad und soziale Fürsorge garantieren soll, führten am Ende der 50-er Jahre zu einer Reihe von Bilanz- und Zahlungskrisen.

Peróns Rückkehr zur Macht und die darauffolgenden Bemühungen, das Wirtschaftsmodell von 1940 neu zu beleben, verschärfte die Krise nur noch, die in Verbindung mit einer militanten Arbeiteroffensive und den Aktionen einer Stadtguerilla Argentinien im Chaos zu versenken drohte.

Heute hat Argentinien wieder eine demokratische Zivilregierung. Die neue, im September 1983 gewählte Regierung handelt auf der Grundlage der Verfassung von 1853, die sich an die nordamerikanische Verfassung anlehnt (Gewaltenteilung).

In Argentinien gibt es zwei große politische Parteien: Die Radikale Bürgerunion (Unión Cívica Radical) und die Gerechtigkeits-Partei (Peronisten), die in den letzten drei Wahlen 80% der Stimmen unter sich aufteilten. Eine Gruppe von Mitte-Rechts-Parteien, mit der Demokratischen Zentrumsunion und verschiedenen Provinz-Parteien, repräsentieren eine viel kleinere, wenn auch wachsende Kraft, die in den Zwischenwahlen 1985 sieben Prozent erreichte. Es gibt auch eine Reihe von linken Parteien, von denen die "Unversöhnliche Partei" die größte ist.

AUF DER SUCHE NACH DER NATIONALEN IDENTITÄT

Der sprachkundige Besucher, der durch die Straßen von Buenos Aires schlendert, könnte meinen, er höre ständig Leute italienisch sprechen. Vom Aussehen einiger Straßen der Stadt her könnte er ebenfalls vergessen, daß er sich in Südamerika befindet und meinen, er sei in Europa. Diese Illusion zeugt von Argentiniens Gesellschaftsmixtur.

Wer sind die Argentinier? Den Volkscharakter definieren zu wollen, kann eine vertrackte Aufgabe sein. Befragt man hierüber einen Argentinier, wird man wohl einen Stoßseufzer als Antwort bekommen. Viele Argentinier sind schnell bereit, eine nationale Identitätskrise zuzugeben und zu sagen: " Wir wisssen bis heute noch nicht, ob wir Europäer oder Lateinamerikaner sind."

Es gibt viele Witze über den verwirrten Zustand der argentinischen Volksseele, z.B., daß ein Argentinier ein Italiener sei, der spanisch spreche, in einem französischen Haus wohne und denke, er sei ein Brite. Die Unsicherheit rührt von der Tatsache her, daß Argentinien eine Nation von Einwanderern ist. In vielen anderen Ländern gibt es diesen kulturellen Misch-Masch ebenfalls, aber hier hatte der Zustrom eine andere Dynamik. Das Schmelztiegel-Phänomen, das sich in den Vereinigten Staaten über lange Zeit hinweg entwickeln konnte, fand hier nicht statt. Zu viele Menschen kamen in zu kurzer Zeit an, und das Land versucht immer noch, einen identitätsfähigen Zusammenhalt herzustellen.

Am Anfang war alles viel einfacher. Die Ureinwohner Argentiniens setzten sich aus vielen verschiedenen Stämmen zusammen, aber es waren nur wenige Menschen, die sich in der Weite des Landes verstreuten. Die ersten europäischen Siedler im 16. Jahrhundert waren fast alle Spanier, so wie die der nächsten 300 Jahre. Eine Minderheit von Mestizen (Mischung aus Indianern und Spaniern) entstand schon früh.

Eine große Zahl von Afrikanern wurde als Sklaven ins Land gebracht, und zur Bevölkerung kamen Mulatten (Mischung aus Schwarzen und Weißen) und Mischlinge aus der indianischen

und der schwarzen Rasse hinzu. Aber das war es dann auch schon.

Im 19. Jahrhundert veränderte sich das ethnische Bild Argentiniens völlig. Durch eine konzertierte Aktion der argentinischen Armee wurde der größte Teil der indianischen Bevölkerung vernichtet und ihr Gebiet von Europäern besiedelt. Außerdem verschwand nach der Abschaffung der Sklaverei die schwarze Bevölkerung von der Bildfläche (siehe: "Der Fall der Afro-Argentinier").

Neue Helfer

Diese Veränderungen fielen zusammen mit dem Beginn der massiven Einwanderung aus Europa. Inspiriert vom europäischen Liberalismus, wollte Argentinien seine Wirtschaft entwickeln und zu einer Nation werden, und so wurde die Einwanderung von der Regierung gefördert. Argentinien galt als Land der Möglichkeiten, und die Europäer kamen in Scharen. Zwischen 1857 und 1939 wuchs die Bevölkerung um 3,5 Millionen Arbeiter. Die Neuankömmlinge waren in erster Linie Italiener (ca. 45%) und Spanier (ca.30%), andere kamen aus Frankreich, Polen, Rußland, der Schweiz, aus Wales, Dänemark,

Vorhergehende Seiten: Porteño-Familie im Park. Links: Ein Standpunkt wird vertreten. Rechts: Kind aus dem Nordwesten.

Deutschland, England etc. In den frühen 20-er Jahren kamen auch viele Menschen aus Syrien und Armenien.

Im Jahre 1914 waren 30% der Gesamtbevölkerung im Ausland geboren, und in einigen größeren Städten überwogen sogar die Ausländer. Die neuen Gruppen stellten die fehlenden Arbeitskräfte in der wachsenden landwirtschaftlichen Industrie, in der Viehzucht und der Fleischverarbeitung und in den sich entwickelnden städtischen Industrien.

Mit der Depression kam der Zustrom zum Stehen. Nach dem Zweiten Weltkrieg kamen wieder mehr ins Land, aber nun überwiegend aus den benachbarten Ländern, in denen die Arbeit knapp war.

In den letzten Jahren wanderten nicht mehr viele vom Ausland zu, sondern die Migration erfolgte innerhalb des Landes. Wo immer sich Industrie in den verschiedenen Landesteilen ansiedelt, ziehen die Menschen nach, um die Arbeitsplätze zu besetzen. Als die ländliche Wirtschaft ins Schwanken geriet, gab es eine große Migrationswelle Arbeitsuchender in die Städte. Die städtische Wirtschaft konnte mit dem wachsenden Ansturm nicht fertigwerden, und so entstanden die *Villas Miserias* (Slums) außerhalb der größeren Industrieviertel. Obwohl sich Argentinien heute insgesamt eines relativ hohen Lebensstandards erfreut, verschlechtern sich die Bedingungen in den Slums zusehends, und diese Situation muß von denjenigen angepackt werden, die das Land regieren wollen.

Qual der Wahl

Das geschilderte Kommen und Gehen ist die Ursache für die große argentinische Indentitätskrise. Ungeachtet ihres Jammerns über ein fehlendes kulturelles Zentrum leben die Argentinier ihr Leben auf unverwechselbar argentinische Weise. Es ist zum Teil gerade diese Malaise, die die Argentinier von ihren Nachbarn unterscheidet. Die Peruaner und Brasilianer wenden nicht so viel Zeit für diese Art Seelensuche auf. Doch die Argentinier versuchen immer noch herauszufinden, ob sie Europäer oder Lateinamerikaner sind, und sie sind in Südamerika bekannt dafür, daß sie sich noch nicht entschieden haben.

Die demographischen Faktoren haben sich in den letzten Jahren etwas stabilisiert. Die Bevölkerungszahl liegt nun bei ca. 31 Millionen. Davon leben über 10 Millionen im Großraum Buenos Aires. Über 80 % der Gesamtbevölkerung lebt in Städten. Ungefähr 85 % sind europä-

ischer Abstammung, und der Rest unterteilt sich in kleine Gruppen von Indianern, Mestizen und in nicht-europäische Einwanderer, wie Araber und Asiaten.

Die offizielle Landessprache ist Spanisch, das aber meist mit einem italienischen Sing-Sang gesprochen wird. Für die meisten Besucher ist der Akzent schwer zu verstehen, aber man hört sich schnell ein. Es gibt darüberhinaus verschiedene regionale Dialekte. Trotz der durch Heirat erfolgten allmählichen Nationalitätenmischung sind manche Gruppen doch unter sich geblieben. Es gibt Gemeinden, die versucht haben, ihre ethnische Reinheit zu erhalten, wie z.B. die kleinen walisischen Enklaven in Patagonien und die deutschen und ost-europäischen Dörfer im

Norden. Viele Gemeinden unterhalten ihre eigenen Sozialeinrichtungen wie Krankenhäuser, Schulen und Sportvereine. Zeitungen erscheinen in den verschiedensten Sprachen.

Mutter England

Eine relativ kleine, aber geschlossene Gruppe ist die der Anglo-Argentinier. Die argentinische Eisenbahn und das Bankensystem wurden in der zweiten Hälfte des 19. Jahrhunderts größtenteils mit dem Kapital der Briten errichtet. Durch ihr Geld wurde auch die Viehindustrie mit modernen Kühl-, Verpackungs- und Transportsystemen weiterentwickelt.

Britische Viehzüchtungen wurden importiert, um die nationale Zucht zu veredeln. Engländer kauften riesige Landflächen im Süden, um Schafe zu züchten, und ihre wirtschaftliche und gesellschaftliche Monopolstellung schien Süd-Patagonien zeitweise zu einer Außenstelle des British Empire werden zu lassen. Die ersten englischen Siedler kamen, um den Aufbau der industriellen Infrastruktur zu leiten, und ihre Dienste trugen dazu bei, Argentinien zu Beginn des 20. Jahrhunderts zu einem der 10 reichsten Länder der Welt zu machen. Dieser Rang ging verloren, aber der Stolz der Anglo-Argentinier über ihren Beitrag für die Nation dauert an.

Auch heute gebärdet sich diese Gemeinde ziemlich cliquenhaft. Söhne und Töchter werden

Stammesriten

Von der ursprünglichen indianischen Bevölkerung ist nicht viel übrig geblieben, aber im äußersten Norden und Süden gibt es noch einige Enklaven. Die Bevölkerungszahlen sind umstritten, Schätzungen belaufen sich von 100.000 bis 600.000. Diese statistische Ungenauigkeit spiegelt das Problem wider, ethnische Reinheit festzustellen.

Die argentinische Regierung schuf für bestimmte Gruppen Reservate, aber das zugeteilte Land war größtenteils unfruchtbar, und daher herrscht in diesen Gebieten große Armut. Einige Stämme praktizieren selbst heute noch ihre traditionelle Lebensweise, und gewisse Zeremonien

nach dem englischen Modell in Schulen mit Namen wie St. Andrew's und St. George's erzogen, und es werden sogar Profi-Rugby-Trainer aus England eingestellt. Auf den gepflegten Rasenflächen des exklusiven Hurlingham Clubs außerhalb von Buenos Aires spielt man am Wochenende Polo und Cricket. Dennoch sind die Anglo-Argentinier - zumindest in Konfliktfällen - loyale Argentinier, und der Krieg mit Mutter England um die Falkland-Inseln erlegte ihnen die schwere gesellschaftliche Last auf, dies auch zu demonstrieren.

Links und oben: Einwanderer aus Rußland und Holland in den frühen 30-er Jahren.

haben sich erfreulicherweise erhalten. Einige sprechen als erste oder zweite Sprache noch ihren uralten indianischen Dialekt. *Ketchua* , das der Einheimischensprache in Bolivien und Peru ähnelt, wird im Nordwesten von den Colla, der größten indianischen Gruppe, gesprochen. Sprachen wie Chiriguan, Choroti, Mataco, Mocovi und Toba werden vor allem in der Chaco-Ebene gesprochen; die Chirigua-Indianer sind der Hauptstamm von Mesopotamien. Die Araucano-Mapuches und die Tehuelche sind die wichtigsten Gruppen von Patagonien und in den Pampas. In Feuerland leben nur sehr kleine, demnächst wohl leider aussterbende Gruppen von Yamana-, Ona- und Shelnam-Indianern.

Stadt contra Land

Wenn man von Argentiniern spricht, sollte man klar unterscheiden zwischen den *Porteños* (Einwohner von Buenos Aires) und der übrigen Bevölkerung des Landes. Dieses Schisma ist so alt wie Argentinien selbst, und auf dieser Unterscheidung bestehen die Menschen auf beiden Seiten.

Die *Porteños* behaupten, nur halb im Spaß, daß es außer ihnen keine richtigen Argentinier gäbe. Buenos Aires sei schließlich der Sitz des nationalen Kulturerbes, oder etwa nicht? Die übrige Bevölkerung scheint sich in einer Mischung aus Mitleid und Ablehnung mit dieser egozentrischen Festlegung abgefunden zu haben.

daß eine einzige Stadt gegen den Rest des Landes antritt. Natürlich gibt es noch andere Städte in Argentinien, aber keine von ihnen kann als größeres kosmopolitisches Zentrum angesehen werden. Dann und wann fallen die Provinzler in die Hauptstadt ein, aber nach ein paar Tagen mit Kinobesuchen, glitzernden Lichtern und überfüllten Straßen sind sie froh, wieder in die Ruhe und saubere Luft ihres Heimatortes zurückkehren zu können.

Die *Porteños* jedoch machen sich selten auf, um den Rest ihres Landes zu sehen. Viele Familien der Mittelschicht haben ein Wochenendhäuschen in den Außenbezirken von Buenos Aires, und die Oberschichtfamilien besitzen *Estancias* oder "Camps", die sie besuchen. Auch fährt man

Die Menschen im Inland haben ihre eigene Art, und sie brauchen die Hilfe der *Porteños* nicht. Hier ein kurzer Überblick über die den konkurrierenden Seiten zugeschriebenen Eigenschaften: Die *Porteños* denken, sie seien feinsinnig, charmant und kultiviert, während die Landbevölkerung grobschlächtig, häßlich, abergläubisch und dumm sei. Die Leute aus dem Inland halten sich für bescheiden, mit gesundem Menschenverstand begabt, eher landverbunden, und sehen die *Porteños* als agressiv, eingebildet, hochgestochen und ignorant an.

Diese Urteile lassen sich im Rahmen des Standard-Konflikts zwischen Stadt- und Landbevölkerung erklären. Der Unterschied hier ist nur,

gelegentlich Ski im Westen; aber damit ist das Abenteuer auch schon beendet.

Keine Berührungsängste

Abgesehen von dem geographisch bedingten "Parteigeist", gibt es noch einige Eigenschaften, die - grob verallgemeinert - von allen Argentiniern geteilt werden. Mit den anderen romanischen Völkern gemein haben sie den entspannten Umgang mit Lebens- und Zeiträumen. Was heute nicht getan wird, wird eben morgen getan. Bei einer Verabredung mit einem Argentinier, sei es zum Kaffee oder zu einer Geschäftsbesprechung, sollte man Unpünktlichkeit einkalkulieren.

Bei allen Argentiniern findet man einen sentimentalen Zug, der in der Melancholie des Tango eingefangen ist. Das zeigt sich oft an der Wärme der persönlichen Kontakte und der großen Berührungsfreudigkeit. Bei einer Unterhaltung fassen sich die Leute ständig leicht am Arm oder klopfen einander auf die Schultern. Fast jeder wird mit dem familiären umgangssprachlichen *vos* statt mit dem formellen *usted* angesprochen.

Die Begrüßungen und Verabschiedungen gehen immer mit vielen Umarmungen und Küßchen vor sich. Besucher sollten stets auf diese Begrüßungsrituale achten. Außer bei äußerst formellen Gelegenheiten sind sogar bei einem ersten Treffen Küsse auf die Wange an der Tagesordnung. Frauen küssen Frauen, und

ihrer Heimatstadt studieren; das ist hier also nicht der Anlaß zum großen Aufbruch wie in anderen Ländern. Argentinier sehen die anderswo so häufig geübte Praxis als reichlich herzlos an, die Kinder im zarten Alter von 18 Jahren zum Studium wegzuschicken. Familiensinn wird groß geschrieben, und die Kinder wachsen oft im besten Einvernehmen zusammen mit ihren Vettern auf. Diese Nähe bleibt oft bis ins Erwachsenenalter erhalten, und durch Wochenendtreffen des Clans zum *Asado* (Grill-Picknick) bleiben alle miteinander in Kontakt.

Gewohnheitstiere

Was die Lebensgewohnheiten angeht, sind die

Frauen küssen selbstverständlich Männer; nur Männer untereinander küssen sich nicht, aber sobald die Freundschaft wächst, fällt auch diese letzte Schranke.

Der Familienzusammenhalt ist meist sehr groß. Für junge Leute ist es nicht ungewöhnlich, bis zur Heirat zu Hause zu wohnen, und auch dann ziehen sie nur wenige Blocks weiter weg. Studenten verlassen bei Eintritt in die Universität gewöhnlich nicht ihr Elternhaus, da sie oft in

Ganz links: Araukanerin. Rechts: Fruchtbarkeitstanz der Chirimuskis. Oben: Chic in Leder von Le Fauve.

Argentinier eher konservativ. Sie probieren nicht gern etwas Neues aus, z. B. neues Essen. Es gibt Tag für Tag gegrilltes Rindfleisch, zum Mittag- und zum Abendessen, und niemand scheint es über zu bekommen. Pro Jahr beträgt der Rindfleischverzehr 220 Pfund pro Kopf, im Gegensatz zu 78 Pfund in den USA. Es gibt nicht viele ausländische Restaurants, und diese gehen auf Nummer Sicher und servieren französische oder deutsche Küche. Scharfe und exotische Speisen sind nicht so gefragt, und für *Sashimi* wird sich wohl niemand so recht begeistern. Solange jedoch in den Restaurants Rindfleisch zu haben ist, gehen die Argentinier für ihr Leben gern essen. Man sagt, daß Buenos Aires nach Paris und Tokio die meisten Restaurantbesucher hat.

Auch die Trinkgewohnheiten des Landes sind eher konservativ. Trotz des vielen hier angebauten Weins hält sich sein Konsum in Grenzen. Bier wird zusehends beliebter, aber hauptsächlich zum Stillen des Sommerdurstes getrunken. Die meisten der zuvor erwähnten Steaks werden gern mit einer großen Flasche Mineralwasser heruntergespült.

Es tanzt auch niemand auf dem Tisch, und diese weitverbreitete Reserviertheit des Verhaltens läßt eine Fahrt zum Stadtteil La Boca um so vergnüglicher werden. Denn dort kann man nahezu jeden Tag erleben, wie die Argentinier zu feiern verstehen. Gutgelaunte Menschenmengen mischen sich unter die Matrosen im Hafen, um

nächstes Jahr die Wale bei der Valdés-Halbinsel an oder die Gletscher des Lago Argentino", aber wahrscheinlich wird er es doch nicht tun.

Die Regierung startete eine großangelegte Kampagne mit dem Slogan *"Argentina te quiero"* (Argentinien, ich liebe Dich), um die Bevölkerung zu ermuntern, ihr eigenes Land zu bereisen. Einer der Gründe dafür war, das Geld der Leute, die sich Auslandsreisen leisten können, im Land zu halten.

Starke Überzeugungen

Es gibt zwei Themen, die in der Öffentlichkeit heiß diskutiert werden: erstens der Sport und zweitens die Politik.

zu trinken, zu tanzen und Spektakel zu machen. Aber das ist nicht der Regelfall. Im allgemeinen hassen es Argentinier, die Aufmerksamkeit auf sich zu lenken. Lautes und auffallendes Betragen in der Öffentlichkeit ist verpönt.

Selbst im Urlaub sind die Argentinier Gewohnheitstiere. Obwohl ihr Land wie kein zweites die abwechslungsreichsten Reiseziele bietet, fahren die Menschen Jahr für Jahr in den Ferien wieder zum selben Ort. Ausländer sehen selbst auf einer kurzen Reise durch das Land oft mehr, als ein Argentinier während seines ganzen Lebens. Wenn der Argentinier hört, welche Abenteuer da draußen warten, wird er seufzen und sagen; "Ach ja, vielleicht schaue ich mir

Fußball oder American Football sind die großen nationalen Sportarten mit dauerhafter Teamtreue. Schon in einem recht frühen Alter entscheiden sich die meisten Argentinier für ein Team. Die Spiele ziehen große Menschenmassen an, und der Enthusiasmus der Fans ist in den letzten Jahren ziemlich ausgeufert.

Die Argentinier sind ein ziemlich dogmatischer Haufen, und zum Thema Politik hat jeder eine feste Meinung. Es ist die am stärksten politisierte Nation ganz Südamerikas. Jeder wird sofort erzählen, welcher Partei er angehört und warum, welche Partei er zuletzt gewählt hat und warum, um schließlich die Streitfragen aufzutischen. Das Bescheidwissen in nationalen und internationalen Fragen ist beeindruckend. Die harte Realität der vergangenen Jahre hat jeden zum Wirtschaftsexperten gemacht. Jedermann auf der Straße wird freimütig erzählen, was er von der Regierungspolitik bezüglich des Internationalen Währungsfonds hält.

Eines der Verdienste von Präsident Raúl Alfonsín ist, daß er Argentinien sowohl in die interamerikanische Politik als auch in die blockfreie Bewegung eingebracht hat.

In Argentinien besteht Wahlpflicht, aber niemanden scheint diese Verpflichtung zu stören. Auch wenn dieses Gesetz abgeschafft würde, bliebe die Wahlbeteiligung sehr hoch. Die Menschen hier finden die weitgehende Apathie der Wähler in anderen Ländern schrecklich. Sie

logisch gesehen eher einen vollständigen Kreis als eine lineare Progression zu bilden; die beiden Extreme weisen in manchen Punkten große Ähnlichkeiten auf.

Es gibt tiefe Spaltungen, auch innerhalb einzelner Parteien, wie am deutlichsten bei der Gerechtigkeits-Partei (Peronisten) zu sehen ist. Die meisten Parteien haben Jugendorganisationen, die jungen Leuten die Gelegenheit zum Engagement geben. Daher stammen einige witzige Namen, wovon wohl der beste "Unnachgiebige Jugend" ist.

Ungeachtet ihrer Parteizugehörigkeit werden die meisten schließlich ihre Ansichten über den Peronismus erklären. Die Auswirkungen dieser Ideologie waren so durchdringend, daß sie zum

können die niedrige Wahlbeteiligung z.B. in den USA kaum glauben, wenn so viel von einer einzigen Wahl abhängen kann. Generell hält man den Urnengang für nötig, um wenigstens gegen eine Partei zu wählen, die im Amt unpopuläre Maßnahmen ergriffen hat. Das Phänomen der Bestrafungswahl kommt häufig vor.

Es gibt in Argentinien ein breites Spektrum an Parteien, einschließlich regionaler und Provinzparteien. Sie reichen von den Ultra-konservativen bis zur äußersten Linken und scheinen ideo-

Links: Begegnung der Generationen. Oben: Zwei Gesichter der Porteño-Jugend.

Bezugspunkt für alles andere wurde. Man mag die Peronisten lieben oder hassen, aber jedweder Standpunkt wird durch sie definiert.

Evita Duarte Perón nimmt im politischen Denken Argentiniens einen besonderen Platz ein. Sogar die Gegner des Peronismus würdigen noch heute ihre persönliche Initiative, die einige bedeutende Entwicklungen des Landes in Gang gesetzt hat. Die Feministinnen halten sie in hohen Ehren und weisen darauf hin, daß sie es war, die hinter den Bemühungen ihres Mannes steckte, z.B. den Frauen das Wahlrecht zu geben, die Rechte der Arbeitnehmerinnen zu schützen und die Scheidung zu legalisieren. (Letzteres wurde schon bald nach dem Sturz ihres Mannes

1955 wieder außer Kraft gesetzt, und das Recht auf Scheidung wurde erst 1987 wieder eingeführt.) Evita wird oft als die erste argentinische Feministin angesehen, und viele schöpfen aus ihrem Beispiel Kraft.

Befolgte Riten

Die Verfassung garantiert die Religionsfreiheit, aber der Katholizismus ist Staatsreligion. Es ist festgelegt, daß der Staatspräsident katholisch sein muß, obwohl im Kongreß immer wieder mal ein Anlauf unternommen wird, um diesen Passus abzuschaffen.

Nominell sind zwar 90 % der Bevölkerung katholisch, aber im Alltag spielt das keine sonder-

galisierung der Scheidung war jahrelang ein äußerst kontroverses Thema. Sie wurde nach wiederholten Abstimmungen und harten Debatten im Kongreß 1987 durchgezogen, aber viele Paare, die mit zweiten oder dritten Partnern in eheähnlicher Gemeinschaft leben, finden die juristische Entflechtung des ursprünglichen Ehevertrags zu kompliziert und zu teuer, um sich damit auseinanderzusetzen. Also bleiben sie lieber, wenngleich oft nur formell, im heiligen Stand der Ehe.

Ein Gesetz verlangt, daß alle in Argentinien geborenen Kinder mit einem christlichen Namen angemeldet werden. Das kann für Einwanderer, die das ethnische Erbe ihres Heimatlandes bewahren wollen, zum Problem werden. Gibt es für

lich große Rolle - die Kirche wird eher als Institution angesehen, und ihre Lehren werden eher unregelmäßig als tagtäglich befolgt.

Jährliche Pilgerfahrten wie z.B. zu dem heiligen Ort Luján ziehen Tausende von Teilnehmern an, und besondere Gelegenheiten, wie der Papstbesuch 1987, bringen das Land fast zum Stillstand. Jedoch ist der wöchentliche Messebesuch für viele nicht so wichtig.

Seit langer Zeit hat der Einfluß der Kirche allmählich nachgelassen. Gegen Ende des 19. Jahrhunderts wurden die Schulen sowie die Beerdigungs- und Heiratszeremonien säkularisiert. Jedoch spielen Elemente des Glaubens in der Politik immer noch eine gewisse Rolle. Die Le-

den gewählten Namen eine spanische Übersetzung, so muß diese zumindest bei öffentlichen Anlässen angegeben werden. Die Anwendung dieses Gesetzes liegt im Ermessen des vorsitzenden Richters. Wenn es ihm nichts ausmacht, daß der gewünschte Name nicht der eines wirklichen Heiligen ist, hat man keine Probleme. Ist ein neuer Name erst einmal in den Akten, können ihn auch andere verwenden. Man sagt, daß die Liste der neuen Namen natürlich in Buenos Aires am längsten sei.

Bei einer Fahrt mit dem Stadtbus wird der Besucher oft sehen, daß Mitfahrende sich bekreuzigen, wenn man an einer Kirche vorbeikommt. In manchen Stadtteilen geschieht das alle paar

Blocks. Ein gotisches profanes Gebäude in Buenos Aires, das einer Kirche ähnelt, wird von Auswärtigen denn auch fälschlicherweise stets mit dem frommen Gruß bedacht.

Je weiter man sich von Buenos Aires entfernt, desto mehr nimmt der Katholizismus Züge einer Volksreligion an. Es werden Pilgerfahrten unternommen und inoffiziellen Heiligen in örtlichen Schreinen Gaben dargebracht. Wunder werden bezeugt, die an allen möglichen abgelegenen Orten stattgefunden haben sollen. Ein nahezu religiöser Kult ist um die Person Evita Peróns entstanden; täglich werden Blumen auf ihrem Grab niedergelegt. Im Nordwest-Gebiet finden Feste, darunter ein Karneval, statt, deren Elemente von ihrem Ursprung her nicht rein christlich sind.

Stadtviertel trägt wegen des hohen Doktoren-Anteils den Spitznamen "Villa Freud". Klienten kommen aus allen gesellschaftlichen Schichten.

Ein Teil der vom Peronismus geschaffenen weitreichenden sozialen Einrichtungen für die Arbeiter sind die von vielen Fabriken errichteten psychiatrischen Kliniken. Erklärungen für dieses Phänomen basieren meist auf der vielzitierten nationalen Identitätskrise. Durch Analysen wurden reale oder eingebildete Ängste aufgrund eines mangelnden Zugehörigkeitsgefühls zu einem größeren Ganzen gemildert. Doch als der Lebensstandard sank, fühlten sich die Menschen verwirrter als je zuvor.

In den Jahren des *Proceso* wurde das Studium und die Praxis der Psychologie stark unterdrückt.

Villa Freud

Die Popularität der Psycho-Analyse ist so groß, daß sie zu einer Art säkularen Religion geworden ist. Eine kleine Gruppe ergebener Freudianer bekam Auftrieb von in Europa ausgebildeten Psychologen, die in den 30-er und 40-er Jahren dieses Jahrhunderts nach Argentinien auswanderten. Seit damals wurde die Psycho-Analyse immer beliebter. Man sagt, daß es in Buenos Aires mehr Psychiater pro Einwohner gebe, als im ganzen Staat New York, und ein

Links: Après-Ski in Bariloche. Oben: Der argentinische Rockmusiker Charly García.

Die Militärbehörde sah dieses Wissensgebiet als subversiv an, und alle psychologischen Bücher wurden aus den öffentlichen und privaten Regalen entfernt. Die Fachbereiche an den Universitäten wurden drastisch eingeschränkt oder ganz geschlossen. Seit 1983 erlebt dieses Fach wieder einen starken Boom, und das Psychologiestudium scheint die große Mode zu sein. In Zukunft wird der Bevölkerungsanteil der Psychologen also noch stärker steigen.

Tee-Zeremonie

Junge Argentinienbesucher fragen oft, wo sie Argentinier ihres Alters treffen können. Ein Café wäre für den Anfang nicht schlecht. Dort und in Buchläden versammeln sich junge Intellektuelle, um über Politik und Kunst zu diskutieren. Es gibt auch viele kleine Clubs, in denen ortsansässige Punk-, Rock- oder Jazzbands spielen. Die Zeitung *Clarín* enthält freitags die angebotenen Veranstaltungen. Populäre Rockgruppen sind "Virus", "Los Redonditos de Ricotta", "Hemorrageo Cerebral" und die " Charly García Band".

Einer der besten Wege, die argentinische Jugend kennenzulernen, ist, nach Hause eingeladen zu werden. Zusammenkünfte sind die bevorzugte Form der Unterhaltung und Entspannung. Der Abend wird fast ausschließlich aus Gesprächen bestehen. Die Themen drehen sich meistens um Politik, und so

kann man gleich sein Wissen über die vielen verschiedenen Jugendparteien und -bewegungen vertiefen. Sicherlich hat jemand eine Gitarre und vielleicht auch Bongos oder eine Flöte dabei, und man wird dazu ein wenig singen. Die Lieder sind meistens auch politischen Inhalts. Manche sind altbekannte Loblieder auf Arbeiter oder die Unterdrückten im allgemeinen. Wenn der Abend in den frühen Morgen übergeht, wird der Gastgeber den *Mate-Tee* herumgehen lassen, ein starker Kräutertee, der in einer Kalebasse serviert und durch einen gemeinschaftlichen Strohhalm getrunken wird. Die argentinische Version der Tee-Zeremonie erhöht auf magische Art das Kameradschaftsgefühl in der kleinen Gruppe. Der Be-

sucher sei auf der Hut, denn Unwissenheit über die Feinheiten des Rituals wird unweigerlich viele prüfende Blicke und Heiterkeit seitens der Routiniers hervorrufen.

Die Geschichte der jungen argentinischen Gegenkultur hat ihre eigenen Windungen und Wendungen. Argentinien erlebte wie der Rest der Welt eine Hippie-Epoche, deren Entwicklung aber in den 70-er Jahren von den Militärs unterbunden wurde. Während der Zeit des *Proceso* war es zu gefährlich, offen als links zu gelten. Nun, nach der Rückkehr zur Demokratie, scheinen viele den Faden wiederaufzunehmen. Die Haare junger Männer werden länger, Bärte, Ketten und eine Love-and-Peace-Einstellung erinnern an frühere Zeiten.

Verbindet man dies alles mit der äußerst politisierten Haltung der argentinischen Gesellschaft, so strahlt die Jugend eine ermutigende Energie aus. Die Menschen scheinen aus ihren Panzern herauszukommen, nachdem sie jahrelang ihre Kreativität und öffentlichen Äußerungen im Zaum gehalten haben. Politische Liedermacher sind in vielen Kreisen höchst beliebt. Einer der größten Stars in Lateinamerika ist die argentinische Kommunistin Mercedes Sosa. Seit Jahrzehnten drängen sich begeisterte Menschen in ihren Konzerten.

Gehsteig-Poesie

Frauen, die sich über Zurufe auf den Straßen ärgern, werden es hier schwer haben. Die verbale Beurteilung von Frauen auf der Straße ist praktisch der nationale Männersport, erhöht, so sagen manche, zu einer Kunstform. Es gibt sogar einen Namen dafür: *Piropo*. Es soll sich dabei nicht um ein paar ungehobelte Worte handeln, im Vorbeigehen zugeraunt, sondern um - wenn auch flüchtige, simple - Poesie.

Es wird von der Angesprochenen nicht erwartet, daß sie daruf eingeht. Die meisten dieser Straßen-Casanovas würden wohl mit einer agressiv-positiven Antwort gar nichts anfangen können. Das männliche Ego ist mit dieser einfachen Übung zufrieden und meint, daß der Adressatin dadurch kein Leid zugefügt wurde.

Es gibt natürlich auch Männer, die auf mehr aus sind, aber das gehört nicht zu den Spielregeln des *Piropo*, und mit der Zeit lernt man das zu unterscheiden.

Links: Ein Moment der Unsicherheit. Rechts: Ein Metzger macht Pause.

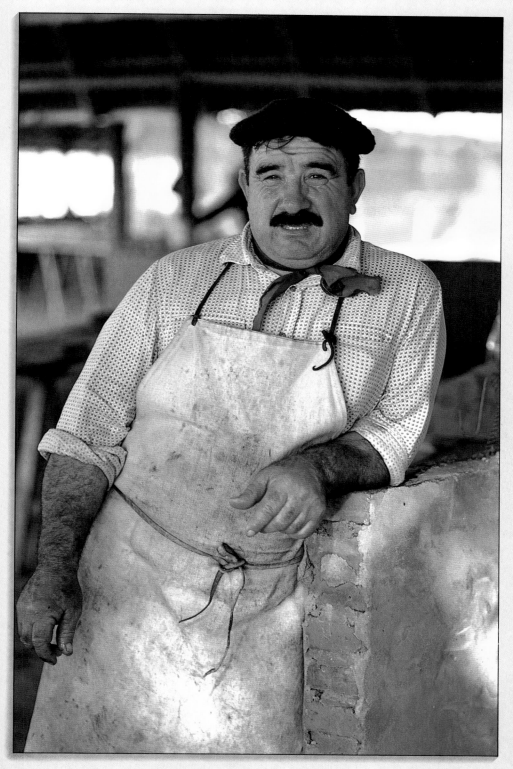

MER

DE

SUD. ou

PACI-

Mer

FICQUE.

DE

CHILI.

MER

LANIC

Tropique du Capricorne

PARTIE

DU

PE

CHA

CO.

PA

AR

PA

TU.

CU.

G

MAN.

Iuries

Diaguitas.

TERRE MA-

GELLA

NIC

Pata

QUE

gons.

TERRE DE

FEU ou ILES MAGEL

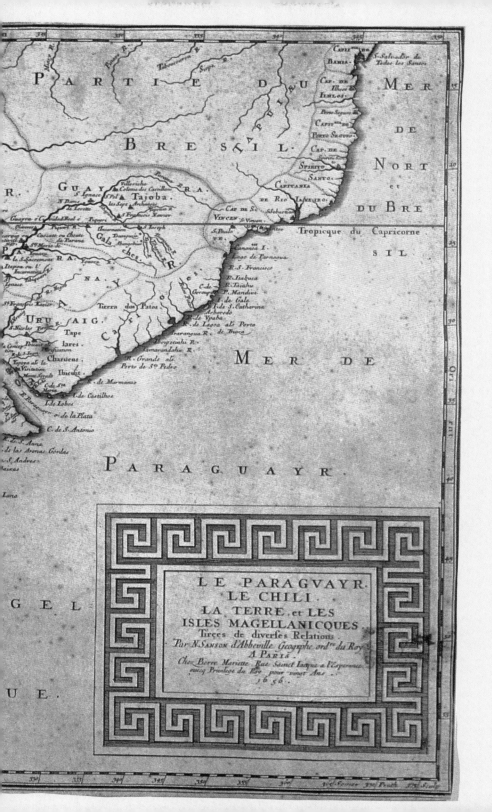

REISEBESCHREIBUNGEN VON ARGENTINIEN 1800-1920

Der heutige Argentinienbesucher wandelt auf den Spuren sehr verschiedener Menschen, die im Lauf der Jahrhunderte dem Land seine Geheimnisse entlockten, jeden Berg erklommen, die wichtigsten Ereignisse seiner Geschichte erlebten und die so vertrauten und doch so fremden Sitten und Gebräuche Argentiniens mit denen ihres Volkes verglichen.

Sind auch Magellan und Darwin die bekanntesten Argentinienbesucher, so drängte es doch eine erstaunliche Anzahl anderer, ihre Reisetagebücher zu veröffentlichen. Vielleicht fühlten sich viele Besucher ermuntert, ihre Erfahrungen mitzuteilen, weil viele in Europa und in den USA neugierig darauf waren, wie es in Patagonien, in Feuerland und bei den wilden Gauchos der Pampa zugehen möge.

Der Leser dieser im 18. und 19. Jahrhundert geschriebenen Reiseliteratur entdeckt viele Züge Argentiniens, die nicht mehr existieren. Diese phantastischen Geschichten müssen mit Vorsicht genossen werden, denn viele der westlichen Reisenden sprachen kein Spanisch und verstanden nicht immer, was vor sich ging. Dessen ungeachtet sind diese Berichte von einer Lebendigkeit, die oft bei wissenschaftlichen Aufzeichnungen fehlt. Darüberhinaus sind ihre Perspektiven bemerkenswert, denn sie vervollständigen das Argentinien-Bild.

Selbstverständlich war der Reisende früher vielen Gefahren ausgesetzt, die im Falle von Argentinien Überfälle von Indianern, Krankheiten wie Gelbfieber und Syphilis, das Fehlen von Nahrungsmitteln und Unterkünften, sowie Transportmühsal miteinschlossen.

Die Gefahren schienen jedoch von den Freuden der Reise aufgewogen zu werden. Unerwartete Gastfreundschaft in den entlegensten Gebieten, Zufallsbekanntschaften am Weg, der Anblick von Tehuelche-Indianern und den Reitkünsten der Gauchos, sowie die Erregung beim Besuch von Orten, die nur wenige zuvor gesehen haben, waren einige der Hochgefühle des reisenden Fremden.

Vorhergehende Seiten: Landkarte des südlichen Konus aus dem 17. Jahrhundert. Links: Morgentee in einem Salon der Oberschicht.

Die Stadt der guten Lüfte

Reisende des 19. Jahrhunderts begannen ihre Reise meistens in Buenos Aires. 1839 beschrieb Charles Darwin die Stadt als "groß, und wie mir scheint, eine der regelmäßigsten Städte der Welt. Jede Straße bildet mit der kreuzenden einen rechten Winkel, und die Parallelstraßen haben alle den gleichen Abstand, die Häuserblocks, genannt *cuadras* , sind quadratisch". Zehn Jahre später schrieb Colonel J. Anthony King, daß "der Marktplatz von Buenos Aires das Zentrum aller öffentlichen Feierlichkeiten, Hinrichtungen und Volksversammlungen" sei. Auf dem Marktplatz ließ Rosas (Diktator im 19. Jahrhundert) viele seiner Opfer aufhängen, oft verspottend geschmückt mit Bändern in der blauen Farbe der Unionisten und mit Schildern mit solch empörenden Texten wie "Rindfleisch, ungehäutet" versehen.

J.P. und W.P. Robertson schrieben eine Reihe von Briefen aus Südamerika, die sie 1843 veröffentlichten. Was sie besonders beeindruckte, waren die Transportmittel in der Stadt. "Nichts fällt bei einem Besuch in Buenos Aires mehr ins Auge, als die Fuhrmänner mit ihren Karren. Das sind Vehikel mit großen hölzernen Achsen und Rädern mit einem Speichendurchmesser von 2 Metern, die über die Pferde und den auf einem Pferd sitzenden Kutscher reichen... Wenn man an Land geht, sind diese Vehikel das erste, was man sieht. Sie fahren wie die vielen Badekarren zu eurem Hotel, ein Dutzend Fuhrmänner, und sie zanken genauso wie bei uns ein Dutzend Träger mit unflätigen Worten um die Rangfolge des Transports der Küstenpassagiere und ihres Gepäcks."

Um die Jahrhundertwende war Buenos Aires zur lautesten und pulsierendsten Stadt in ganz Lateinamerika geworden, denn Reichtum floß ins Land und tiefgekühltes Rindfleisch wurde nach Europa exportiert.

Thomas Turner, der von 1885 bis 1890 in Argentinien lebte, erheiterte sich oft über seine Landsleute, die völlig unvorbereitet die Hauptstadt besuchten und dort einen wilden unzivilisierten Ort erwarteten. Sie waren von dieser "törichten Ansicht so sehr durchdrungen, daß sie eine Ausrüstung mitbrachten, die eher für den australischen Busch oder die kanadischen Wälder geeignet gewesen wäre, als für die Anforderungen des Lebens, das sie in Argentinien erwartete. Wo eher Ausgeh-Anzüge und Tanzschuhe angebracht gewesen wären, brachten sie robuste Kleidung und ein ganzes Verteidigungsarsenal mit."

G.L. Morrill, ein amerikanischer Priester, hatte in seinem Buch, *Zur Hölle und zurück: Meine Reise nach Südamerika* , (1914) folgendes zu der kosmopolitischen Hauptstadt Argentiniens zu sagen: "Bei einem Nachmittagsspaziergang hat die Stadt in der Architektur, den modischen Geschäften und den Straßencafés mit schwatzenden und flirtenden Männern und Frauen viel Ähnlichkeit mit Paris. Es gibt hier Zeitungsstände, und Blumenmädchen verkaufen an den Straßenecken Veilchen. Die Nebenstraßen sind mit

schnell entschlossenen Reise durch die Pampas und die Anden eine der besten Reisebeschreibungen über Lateinamerika ist, war auf die ihn erwartenden Gefahren gut vorbereitet. Head schrieb : "Will man die Pampas durchqueren, so muß man unbedingt bewaffnet sein, da es besonders in der einsamen Gegend von Santa Fé viele Räuber oder *Saltadores* gibt. Diese Leute sind natürlich hinter Geld her, und deshalb ritt ich immer sehr armselig gekleidet, aber umso besser bewaffnet, so daß ich sogar einmal, nur in Begleitung eines Kindes als Postillon, durch sie hindurchritt, und sie mich nicht angriffen, da sie wohl dachten, es würde sich nicht lohnen. Ich trug immer zwei Pistolengürtel und in der Hand ein kurzes doppelläufiges Gewehr. Ich machte es

Autos und Karren verstopft, wie die Hauptstraßen mit Taxis, die in der Mitte warten oder am Rand auf und ab fahren. Nachts leuchtet eine breite weiße Bahn elektrischer Lichter, die den Weg zu den leichtlebigen Cafés und Theatern anstrahlen."

Gefahren

Auf den Reisenden und den Einheimischen lauerten an den Landstraßen viele Gefahren. Francis Bond Head, ein englischer Bergwerksingenieur, der 1825/1826 zwei sehr turbulente Jahre im argentinischen Hinterland verbrachte, und dessen Buch, *Eilige Notizen von einer*

mir zur Gewohnheit, nie auch nur für einen Augenblick ohne meine Waffen zu sein, und sofort den Hahn meines Gewehrs zu spannen, wenn ich irgendwelche Gauchos sah." Wer fühlt sich da nicht an Wildwestfilme erinnert?

Charles Darwin, der friedfertige Wissenschaftler, stimmte darin mit Head überein:"Ein Reisender hat außer seinen Schußwaffen und der Angewohnheit, sie immer bei sich zu tragen, keinen Schutz. Sie sind die beste Sicherung gegen die häufigen Überfälle."

Head, dessen Spitzname "Galoppierender Kopf" war, beschrieb ebenso anschaulich die Gefahren, die von den Indianern ausgingen: "...ein Reiter kann keine Vorsichtsmaßnahmen treffen, sondern muß den Kampf aufnehmen. Wenn er seine Vorteile nutzt, hat er gute Chancen, durchzukommen. Wenn nicht, wird er gefoltert und getötet. Es ist zwar ziemlich unwahrscheinlich, sie unterwegs zu treffen. Aber sie sind sehr schlau, reiten sehr schnell, und das Land ist so unbewohnt, daß man sich keine Informationen einholen kann."

Außer der Gewalt lauerte in dieser Wild-West-Atmosphäre unterwegs noch anderes Reisepech. "Beim letzten Pferdewechsel mußten wir wieder durch Schlamm waten. Mein Tier rutschte aus, und ich war von oben bis unten voll mit schwarzem Schlamm, ein äußerst unerquicklicher Unfall, wenn man keine Kleidung zum Wechseln hat," schrieb Darwin.

Eine allein reisende Frau hatte ein anderes Problem. Die Amerikanerin Katherine S. Drier, beschrieb, was ihr 1918 in Buenos Aires widerfuhr: "Vor meiner Abreise erzählte mir jeder in New York, daß das Plaza Hotel das einzige Hotel in Buenos Aires sei, und daß ich natürlich dort absteigen solle. Aber meine Informationen kamen von Männern, und weder sie noch ich erwarteten, daß das Plaza Hotel Frauen ohne Begleitung ihrer Ehemänner oder vermeintlichen Ehemänner die Aufnahme verweigert. Nicht einmal Frauen in Begleitung ihrer Brüder, oder Ehefrauen, deren Männer eine Reise unternehmen müssen, oder Witwen sind willkommen. Noch viel weniger respektable unverheiratete Damen."

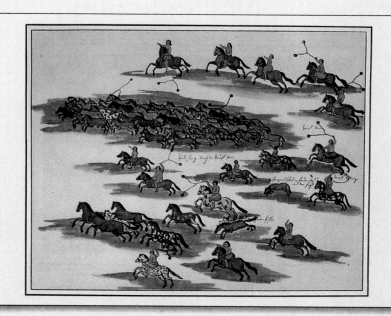

Darwin notierte auch, daß die wilden Tiere der Pampas zum Problem werden können. "Es ist äußerst schwierig, Herden durch die Ebenen zu treiben, denn wenn sich in der Nacht ein Puma oder auch nur ein Fuchs nähert, kann die Pferde nichts davon abhalten, voll Panik in alle Richtungen davonzusprengen. Vor kurzem verließ ein Offizier Buenos Aires mit 500 Pferden, und als er die darauf wartende Armee erreichte, hatte er weniger als 20 übrig."

Links: Spanier auf der Jagd in Puerto Deseado, 1586. Oben: Die *Boleadora* **(Viehpeitsche) schwingende Indianer der Pampa.**

Tehuelche und Puelche

Die Ureinwohner Argentiniens waren für die Reisenden des 18. Jahrhunderts stets interessant, obwohl sie um 1870 immer seltener wurden, da die Kampagne zur Lösung des "Indianerproblems" unaufhaltsam ihren Höhepunkt erreichte. Ein so unerschrockener Mann wie der Jesuit Thomas Falkner lebte ungefähr ab 1730 bis zur Vertreibung seines Ordens 20 Jahre unter den Puelche- und Tehuelche-Stämmen in Südargentinien. Seine Berichte mit dem Titel *Eine Beschreibung Patagoniens* benutzte Darwin ein Jahrhundert später als Führer.

Einen Indianer zu treffen, konnte der Höhepunkt einer Reise sein, wie Lady Florence Dixie in ihrem Buch *Durch Patagonien* (1881) erzählt: "Wir waren noch nicht weit, als wir einen Reiter langsam auf uns zukommen sahen, und in wenigen Minuten sahen wir uns einem echten, patagonischen Indianer gegenüber. Wir verlangsamten den Schritt unserer Pferde, um ihn genau betrachten zu können, und er tat das gleiche. Ein paar Minuten lang starrten wir ihn nach Herzenslust an und wurden von ihm ebenso aufmerksam und gründlich betrachtet." Was wohl im Kopf dieses Indianers abgelaufen sein mag?

Wenn von Indianern die Rede war, erwähnten erstaunlich viele Reisende ihre positiven Eigenschaften, besonders die der dem Untergang geweihten Tehuelche. Julius Beerbohm, der Autor ten Durchschnittsweißen." Um nochmal "Galoppierenden Kopf" zu Wort kommen zu lassen:"Ihr Beruf ist der Krieg, ihre Nahrung einfach, und ihr Körper ist derart gesund, daß sie sich nackt von ihrem Schlafplatz auf dem Erdboden erheben und stolz und unbeeinträchtigt auf ihren vom Frost weiß gezeichneten Körperumriß schauen können. Was bleibt uns verwöhnten Männern da noch zu sagen?"

Landleben

Die Gauchos wurden oft als ebenso wild wie die Indianer erlebt, die aber auch als sehr gastfreundlich galten. Colonel King schreibt, daß "der Reisende, sei er gesund oder krank, jederzeit

von *Streifzüge durch Patagonien, oder das Leben unter Straußjägern* (1879), hatte viel über die Ureinwohner Argentiniens zu sagen. "Die Tehuelches sind insgesamt eher gutaussehend, und ihr Gesichtsausdruck ist meistens offen und freundlich. Ihre Stirn ist ziemlich niedrig, aber nicht fliehend, ihre Nasen sind gebogen, ihr Mund ist groß und breit, aber ihre Zähne sind extrem regelmäßig und strahlend weiß...Mit ihrer Intelligenz, Sanftheit, ihrem keuschen Betragen und umsichtigen Handeln in den sozialen und häuslichen Belangen sind sie nicht nur den anderen südamerikanischen Stämmen haushoch überlegen, sondern auch - unter Berücksichtigung ihrer benachteiligten Lage - dem zivilisier- bei ihnen zu Hause oder in ihren Unterkünften willkommen ist, und es würde ihnen niemals in den Sinn kommen, für ein Glas Wasser, eine ganze Mahlzeit oder eine Übernachtung Geld zu nehmen."

Darwin war ebenfalls von den Cowboys, die er traf, sehr beeindruckt. "Die Gauchos oder Landmänner sind den Städtern in jeder Beziehung überlegen. Sie sind alle äußerst hilfsbereit, höflich und gastfreundlich." Als Darwin einmal nachfragte, ob denn genug zu essen da sei, um an dem Mahl teilnehmen zu können, antwortete man ihm: "In diesem Land haben wir sogar Fleisch für die Hunde und deshalb werden wir doch nicht ausgerechnet bei einem Christenmenschen knausern." Gegen dieses Argument konnte selbst ein gläubiger Chistenmensch wie Darwin nichts mehr einwenden.

Das Hinterland zu bereisen, war jedoch eine ziemlich unbequeme Angelegenheit. "Galoppierender Kopf" gibt eine Beschreibung seiner nächtlichen Unterkünfte: "Wir kamen eine Stunde nach Sonnenuntergang an - es war ein befestigter Außenposten - suchten im Dunkeln die Küche - regiert von einem schlecht gelaunten Koch - , der Kurier gab uns sein Abendessen - Hütten mit wild aussehenden Leuten - drei Frauen und ein Mädchen, fast nackt ("sie sind wild wie Esel", sagte einer der Leute aus Cornwall grinsend und fügte dann ernst hinzu: "Und eine Beobachtung habe ich gemacht, Sir, je

Auf dem Land, weit weg von Ärzten und Krankenhäusern, verließen sich die Menschen damals noch auf althergebrachte Hausmittel. Darwin war von den Heilmethoden der Eingeborenen abgestoßen und erwähnte nur das folgende: " Eines der noch am wenigsten widerlichen ist, zwei Hundejunge aufzuschlitzen und auf je eine Seite eines Knochenbruchs zu binden. Es besteht eine große Nachfrage nach kleinen haarlosen Hunden, die auf den Füßen von Invaliden schlafen."

Viele Leute waren von den Fähigkeiten der Gauchos beeindruckt, mit Pferden zu arbeiten, Strauße zu erlegen oder das Vieh mit dem Lasso einzufangen. Darwin erwähnte eine Szene, bei der er Zeuge war: "An diesem Tag unterhielt

weiter wir herauskommen, um so wilder wird's") - unsere Hütte - ein alter unbeweglicher Mann - eine Maria- oder Mariquita Figur - kleiner Bastardjunge - drei oder vier andere Personen. Dach ist von windschiefen Posten abgestützt - Löcher im Dach und in den Wänden - Lehmwände, rissig und gespalten... Acht hungrige Tagelöhner stehen bei Mondlicht mit ihren Messern über ein Schaf gebeugt und schauen auf ihre Beute wie unbarmherzige Tiger."

Links: Indianersiedlung in der Nähe der Sierra de la Ventana. Oben: Darwins Forschungsschiff, die _H.M.S. Beagle_ .

mich die Taktik eines Gauchos, mit der er sein widerstrebendes Pferd zwang, einen Fluß zu durchqueren. Er zog seine Kleider aus, sprang auf den Rücken des Pferdes und ritt in den Fluß hinein, bis das Pferd nicht mehr stehen konnte, rutschte dann über die Kruppe hinunter und hielt sich am Schweif fest. Jedesmal wenn das Pferd umzukehren versuchte, scheuchte er es zurück, indem er ihm Wasser ins Gesicht spritzte. Sobald das Pferd auf der anderen Seite Boden unter den Füßen hatte, saß der Gaucho wieder wie festgeschraubt auf dem Pferderücken und hielt das Zaumzeug in der Hand. Ein nackter Mann auf einem nackten Pferd ist ein schöner Anblick, und ich wußte gar nicht, wie gut diese beiden Tiere zusammenpassen. Der Pferdeschweif ist wirklich ein nützlicher Fortsatz."

Himmel und Erde

Durch die Größe des Landes und seine holperigen Wege dauerten die Reisen besonders lang. E.E. Vidal, ein Reisender des frühen 19. Jahrhunderts, zitiert den unbekannten Autor von *Briefe aus Paraguay*, der seinen Trip von Buenos Aires nach Mendoza als 22-tägige Reise in einem großen Ochsenkarren beschreibt.

"Wir zogen jeden Nachmittag um zwei Uhr los, manchmal auch erst drei Stunden vor Sonnenuntergang, und hielten erst wieder ungefähr eine Stunde nach Sonnenaufgang." Eines der größten Hindernisse dieser Reise war die Wasserknappheit. "Wir mußten an einer Stelle anhalten, wo das Gras bis zu den Wurzeln verbrannt war, und soweit das Auge reichte, sah man nur ausgetrocknetes, ödes Land...Wir hatten nur noch einen kleinen Behälter mit Wasser übrig, und unser Durst wurde mit jedem Augenblick größer."

Da griff wie durch ein Wunder die Natur ein, und ein Gewitter brach über das Camp herein. "Schau die Ochsen an, sie riechen Wasser, sagte einer. Wir drehten uns alle zu den armen keuchenden Tieren um und sahen, wie sie die Hälse nach Westen reckten und gierig die Luft einsogen ... Aber am Himmel war kein einziges Wölkchen zu sehen, und es ging auch kein Luftzug. Ein paar Minuten später fing das Vieh an, wie verrückt, wie besessen herumzuspringen, und dann drängte es sich immer enger zusammen. Bevor wir uns einen Reim darauf machen konnten, brach der größte Gewittersturm los, den ich in meinem Leben je erlebt habe. Es goß in Strömen, als ob sich alle Himmelsschleusen auf einmal geöffnet hätten."

Auch viele andere Argentinien-Reisende kommentierten die flache und schier endlos scheinende Pampa in ihren Berichten. W. J. Holland, ein amerikanischer Wissenschaftler, beschrieb 1912 das Bild vom Zug aus. "Ich habe die Prairien von Minnesota und Dakota durchquert, von Kansas und Nebraska, von Manitoba und Alberta. Ich bin durch die Steppen Rußlands gereist, aber noch nie habe ich ein solches, absolut plattes Land gesehen wie das zwischen Rosario und Irigoyen. Der Horizont ist unbegrenzt wie der eines Ozeans, eine hochstehende Erdscholle zieht schon die Blicke auf sich, eine Hütte sieht aus wie ein Haus, und ein Baum erscheint so hoch wie ein Berg."

Essen und Politik

Die Sitten und Bräuche der Argentinier wurden immer gerne notiert. Thomas Turner beschrieb ein Abendessen bei einer reichen und bekannten Familie um 1880. "Es ist unmöglich, die häuslichen Tischsitten der Argentinier *en famille* ansprechend zu nennen. Ihre Tischmanieren sind ultra-Bohemien. Sie lesen die Zeitung, brüllen sich herzhaft etwas zu, flegeln sich unter und auf dem Tisch, verschlucken halb das Messer, spucken mit echter Yankee-Freiheit auf den Teppich, gestikulieren wild und lehnen sich in der Hitze der Debatte weit über den Tisch. Sie rauchen zwischen den einzelnen Gängen, ja selbst während ein Gang serviert wird, den einige auslassen. Das beruhigt, stimuliert das Ausspucken und setzt erneut die Diskussion in Gang. Sie benutzen für jeden Gang, sei es Fisch, Vorspeise oder Nachtisch, dasselbe Besteck. Mit einem Wort, das einstudierte Verhalten auf der Straße wird zu Hause gegen rauhe Wirtshausmanieren eingetauscht."

Turner war äußerst überrascht, wie sehr die Politik die Diskussion beherrschte, was bis heute so geblieben ist. "Obwohl Tabuthemen von beiden Geschlechtern freizügig diskutiert werden, ist das Hauptthema der Unterhaltungen die Politik. Jeder redet über Politik...Sogar Kinder reden über Politik und diskutieren die Verdienste dieses oder jenes Staatsmannes mit papageienhafter Meinungsfreiheit und gesundem Urteilsvermögen."

Viele Reiseberichte sind gefärbt von Rassismus und einem kulturellen Überlegensheitsgefühl der Autoren gegenüber argentinischer Geschichte und Kultur. So findet man Kommentare wie diese: "Fast die gesamte Korruption im öffentlichen Leben geht auf das Konto der hierlebenden Ausländer, hauptsächlich der Italiener." - "Der Argentinier ist noch nicht reif genug, um Sinn für Humor entwickelt zu haben" - oder: "Ich gewöhne mich langsam an die freundliche Art, wie die Stadt Werke voller Yankee-Phobie druckt, die dann in ganz Südamerika gegen Nordamerika wettern, dessen Monroe-Doktrin, Geld, Mentalität und Moral Argentinien in der Vergangenheit geholfen haben und die einzige Hoffnung für die Zukunft sind." Andererseits muß fairerweise gesagt werden, daß diese Reisenden und Entdecker vieles überliefert haben, was sonst vielleicht verloren gegangen wäre.

Rechts: Ein Gutsbesitzer aus dem 19. Jahrhundert.

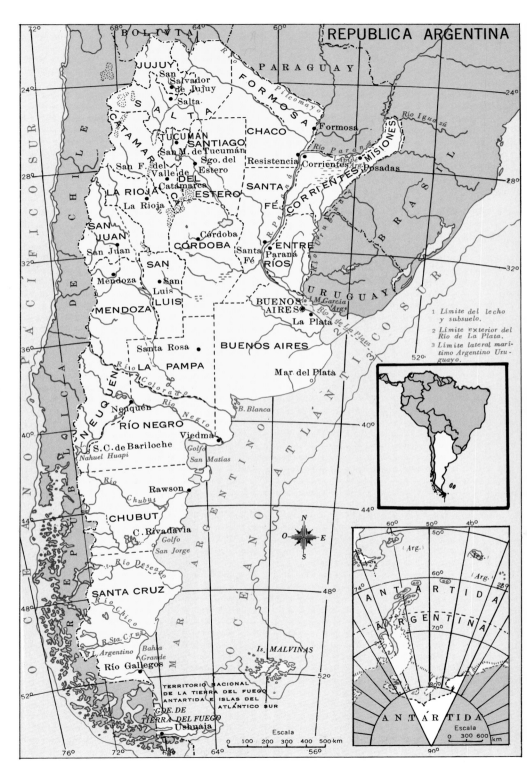

REPUBLICA ARGENTINA

86

DAS MOSAIK NIMMT FORMEN AN -
EINE ARGENTINISCHE REISEROUTE

Man kann natürlich Pauschalreisen nach Argentinien buchen, aber das ist nur die bequemste Art, das Land zu bereisen. Der Individualreisende kann sich mit den Sehenswürdigkeiten in den nachfolgenden Kapiteln vertraut machen und dann seine Reiseroute zusammenstellen. Planung ist dringend anzuraten, denn Argentinien ist ein riesiges Land und die Reiseziele liegen oft weit auseinander. Es bedarf schon einer durchdachten Organisation, um von den Wüsten im Nordwesten zu der patagonischen Küstenwildnis vorzudringen, und ob man alles in einen einzigen Besuch hineinpacken kann, hängt natürlich davon ab, wieviel Zeit man mitbringt.

Glücklicherweise verfügt Argentinien über eine solide und Tourismuserprobte Infrastruktur. Gemütliche Hotels gibt es an allen populären Orten, und sogar an den abgelegensten Punkten findet man meist zumindest eine Art Campingplatz. Flugzeuge, Züge und Busse verkehren regelmäßig und Autos können gemietet werden. Manche Gegenden wird man vielleicht lieber zu Fuß oder zu Pferd durchstreifen. Rundtickets der nationalen Fluggesellschaften ermöglichen es, große Entfernungen zu ermäßigten Preisen zurückzulegen.

In den folgenden Kapiteln wurde das Land in Gebiete unterteilt, die in sich als Einheiten angesehen werden können: Buenos Aires, die Urlaubsküste, die zentralgelegenen Sierras, der Nordosten, der Nordwesten, das westliche Weinland, Patagonien und Feuerland. Wo immer Ihr Startpunkt auch sein mag, von den Anden aus Chile kommend, mit dem Bus aus Brasilien oder vom Flughafen in Buenos Aires, man kann in jedem Fall von Punkt A nach Punkt B gelangen. Wie groß dabei das Abenteuer sein soll, hängt von Ihnen ab.

Beim Pläneschmieden sollte man auch an die Jahreszeit des Besuchs denken. Während der argentinischen Hochsaison wird es z. B. schwierig sein, Reservierungen zu bekommen! Winterregenfälle können die Parks unpassierbar machen; die Anwesenheit wildlebender Tiere an bestimmten Stellen hängt von deren Wanderungen ab. Die folgenden Kapitel werden Ihnen helfen zu entscheiden, ob Sie an den Stränden von Mar del Plata im Januar Sonnenbaden, in den Anden im August Skilaufen oder zu jeder beliebigen Jahreszeit in Buenos Aires eine *bife de chorrizo* essen wollen.

MEIN GELIEBTES BUENOS AIRES

Für manche Leute ist Buenos Aires eine Stadt von 11 Millionen verrückten Autofahrern (frühere Berichte sprachen von einer Stadt mit 5 Millionen verrückten Autofahrern). Befragen sie einen *Porteño* über die ortsüblichen Fahrgewohnheiten, so wird er sagen; "Schnell ja, aber gekonnt. Nicht so wie die Brasilianer, die nur schnell und verrückt fahren." Der Verkehr in der Stadt wird als einziger großer Grand Prix angesehen, der mit Machismo und einer gesunden Portion Humor gemeistert wird.

Der Besucher hat wahrscheinlich kein Auto dabei und sieht sich also völlig dem Fahrstil anderer ausgeliefert. Dies sollte man als Abenteuer einkalkulieren.

Trotz der Ausdehnung von Buenos Aires findet man sich leicht zurecht. Die Straßen verlaufen nach einem logischen Gittermuster mit fortlaufender Nummerierung. Das ausgedehnte Busnetz ist effektiv, und je nach dem Wechselkurs sind die Taxipreise annehmbar bis lächerlich niedrig. Aber am schönsten ist es, Buenos Aires zu erlaufen. Dann stößt man auf Parks und entdeckt "die interessanten Löcher in der Wand." Das Terrain ist für Fußgänger sehr angenehm, denn es ist so flach wie der berühmte *Panqueque*. Über lange Strecken sind die einzigen zu überwindenden Höhen die Abwässerkanäle an den Kreuzungen. Bei einem Bummel müssen Sie daran denken, daß in dieser Stadt Fußgängern nicht allzuviele Rechte eingeräumt werden. *Suerte* !

Vorhergehende Seiten: Am frühen Morgen in der Straße des 9. Juli in Buenos Aires. Links: Wache vor der Casa Rosada.

STADT DER GEGENSÄTZE

Buenos Aires, das ist weit mehr als nur schicke Einkaufszentren, gute Restaurants, hochentwickelte Kultur und attraktive, europäisch aussehende Menschen. Diese Stadt begann als Schmuggelzentrum, und die Tradition des Untergrundlebens ist auch heute noch ungebrochen. Die meisten Dinge haben in Buenos Aires zwei völlig gegensätzliche Seiten, und nicht immer sind sie miteinander vereinbar.

Die *Porteños* (Hafenleute) schauen schon seit Jahrhunderten nicht mehr nach draußen zum Hafen. Sie sind viel zu sehr mit sich selbst beschäftigt. Eine der ersten Fragen an den Besucher ist, was man denn von Argentinien halte. Oft beklagt sich ein Bewohner bitterlich über die Stadt, und gleichzeitig verteidigt er sie temperamentvoll gegen die Kritik eines Fremden. Genauso schauen die *Porteños* nach Paris wegen der Modetrends und bewundern die europäische Lebensweise, aber nur wenige würden irgendwo anders leben wollen als in Buenos Aires.

Feste Meinungen zu allen möglichen Themen werden in Buenos Aires mit aller Entschiedenheit vertreten. Jede Geschichte hat mindestens zwei Versionen, außer vielleicht einer - alle sind sich nämlich darüber einig, daß die Falkland-Inseln zu Argentinien gehören. Fragt man einen *Porteño*, wer Rosas war, oder warum die Massen 1955 gleich fünf Kolonialkirchen niederbrannten, so bekommt man mit Sicherheit eine Kostprobe der in dieser Stadt schwelenden Leidenschaftlichkeit.

Die Geschichte ist in Buenos Aires noch immer höchst lebendig. Nicht nur, daß vor 200 Jahren gestorbene Männer noch immer Gegenstand recht lautstarker Auseinandersetzungen sind, auch die Architektur und Straßennamen, Statuen und die vielen Museen bringen die Geschichte dieser Stadt ständig in Erinnerung. Der berühmte argentinische Dichter Jorge Luis Borges nannte sie die Stadt der Nostalgie und schrieb: "Es erscheint mir wie ein Märchen, daß Buenos Aires irgendwann einmal begonnen haben soll, zu existieren - für mich ist es so ewig wie Wasser und Luft."

Gründung und Besiedlung

Es gab natürlich doch einen Anfang, auch wenn sich die Historiker noch um das Datum streiten. Sicher ist, daß 1516 Juan de Solís bei seiner Suche des Seeweges nach Indien hier an Land ging. Buenos Aires liegt an der Mündung eines der längsten Flüsse der Welt, und Solís nannte sie Mar Dulce (Süßes Meer). Das Westufer führt direkt in die Pampas hinein, einem extrem flachen, baumlosen Land mit einer äußerst fruchtbaren schwarzen Erde, ideal für Feldbau. Solís gab dem Fluß noch einen anderen Namen, nämlich Löwen-Meer, wegen seiner Größe und braunen Farbe. Erst später erhielt dieses Mündungsgebiet den Namen Río de la Plata.

Als nächster Europäer landete hier Pedro de Mendoza. 1536 gründete er unter spanischer Schirmherrschaft die erste Siedlung. Er entdeckte die fruchtbare Pampa und stieß auf feindlich gesinnte Indianer. Nach fünf Jahren ständiger Indianerüberfälle zog seine Gruppe flußaufwärts nach Asunción in Paraguay. Mendoza hinterließ zwei wichtige Erbschaften: Den Namen der

Altes und Neues.

92

Stadt, Nuestra Señora de Santa Maria del Buen Aire, und Hunderte von Pferden und Kühen, die sich wild vermehrten und später die Grundlage der argentinischen Wirtschaft wurden.

Im Jahre 1586 kehrte Juan de Garay, ein Mestize, aus Asunción mit 70 Männern zurück und errichtete eine dauerhafte Siedlung. Zum Fluß hin wurde ein Fort gebaut, und der zentrale Platz der Stadt, die Plaza de Mayo, wurde im Westen abgegrenzt. An deren äußersten Ende errichteten sie das *Cabildo* (Rathaus) und an der nördlichen Ecke eine kleine Kapelle. Obwohl auf den Ruinen neue Gebäude entstanden sind, ist die Grundstruktur des Platzes erhalten geblieben, und er ist immer noch das Zentrum der Stadt.

Buenos Aires war die letzte große Stadt, die in Lateinamerika gegründet wurde. Geographisch von den schon entwickelteren Handelsrouten abgeschnitten, waren unter dem spanischen Gesetz ihre Häfen auch für Importe aus Europa und für Exporte von Edelmetallen aus Potosi und Lima gesperrt. Natürlich nutzten die Engländer, Portugiesen und Franzosen die

Unbeküm-mertes Ne-beneinander.

mangelnde Präsenz der Spanier am Río de la Plata aus, und die illegalen Handelsbeziehungen blühten.

Fertigwaren wurden getauscht gegen Silber aus den Minengebieten im Norden und gegen Kuhhäute und Talg. Baumaterialien wurden allmählich ebenfalls importiert, da es in den Pampas weder Bäume noch Steine gab. Ursprünglich wurden die Häuser aus Lehm und Stroh gebaut.

Konfrontiert mit der Präsenz anderer europäischer Länder in dieser Region, erklärte Spanien 1776 das heutige Gebiet von Argentinien, Uruguay, Bolivien, Paraguay und den Nordteil Chiles zum Vizekönigreich. Buenos Aires wurde der Sitz der Zentral-Regierung und begann sich als regionale Macht zu entfalten. Es kamen Funktionäre, Rechtsanwälte, Priester, Militärpersonal, Handwerker und Sklaven, und die kleine Stadt verwandelte sich allmählich in eine kosmopolitische Metropole. In ganz Lateinamerika übertrafen nur Lima und Mexiko-Stadt die damalige wirtschaftliche Entwicklung von Buenos Aires.

Die *Porteños* waren eine gewisse wirtschaftliche und politische Unabhängigkeit von Spanien gewöhnt. Als sie 1806 und 1807, auf sich selbst gestellt, zwei britische Invasionen zurückschlagen konnten, war der Stolz auf das militärische Heldentum der Stadt groß.

Unabhängigkeit und Entwicklung

Im Jahre 1810 nutzten die Einwohner der Stadt Spaniens Ablenkung durch Napoleon und gewannen ein gutes Stück Autonomie für sich. Aber erst 1816 wurde die Unabhängigkeit für das ganze Land erklärt.

Die folgenden Jahrzehnte rieb sich die Regierung von Buenos Aires im Kampf um die Vorherrschaft über das restliche Landesgebiet auf. Die Föderalisten, vertreten durch Juan Manuel Rosas, 1829 bis 1852 Gouverneur von Buenos Aires, waren der Überzeugung, daß jede Provinz große Machtbefugnisse und Unabhängigkeit behalten sollte. Die Zentralisten, die an die Macht kamen, als General Urquiza General Rosas stürzte, unterstützten die Vorherrschaft von Buenos Aires. Die Spannungen zwischen den Bewohnern des Inlandes und den *Porteños* bestehen noch heute, aber eher auf sozialer als auf politischer Ebene.

Schließlich wurde der Disput 1880 durch eine Straßenschlacht beendet. Die Stadt wurde zu einem Bundesdistrikt und war damit nicht nur Hauptstadt der Provinz Buenos Aires. In diesem Jahrzehnt machte die Stadt ebenfalls große Veränderungen durch. Unter Präsident Julio Rocas orientierte sich der Bürgermeister der Stadt an Europa und besonders an Paris als Modell. Hunderte von Bauwerken wurden den neuesten Pariser Stilrichtungen nachgebaut. Für die Reichen wurden im Norden der Stadt in Retiro, Recoleta und Palermo große Flußgebiete trockengelegt und neue Geschäfte und Wohnviertel geschaffen.

In den 80-er Jahren begann auch die massive Einwanderung aus Europa, zuerst aus Italien und Spanien, dann aus Deutschland, Polen, England sowie aus dem Libanon und Syrien, später auch aus Rußland. Im Jahre 1910 hatte Buenos Aires schon 1.300.000 Einwohner, und die entsprechende Infrastruktur war im Aufbau. Die Literatur der Stadt, die Oper, das Theater und andere Kunstrichtungen erlangten Weltruhm. Plötzlich war Buenos Aires das Paris Lateinamerikas, in dem sich Oberschicht-Europäer und Touristen aus den USA tummelten.

In den letzten 20 Jahren hat die Stadt den Anschluß an die Entwicklung anderer Metropolen verloren. Die Auswirkungen der politischen und wirtschaftlichen Instabilität sind an den alten Autos, verwahrlosten Gebäuden und der mangelnden Bautätigkeit abzulesen. Wo neue Gebäude hochgezogen wurden, hat man sich wenig um den Erhalt der Schönheiten der Altstadt gekümmert, und es gibt keine Stadtplanung.

Die daraus resultierende architektonische Disharmonie einiger Stadtteile mag manchen enttäuschen. Aber Buenos Aires ist eine authentische Stadt, eine Stadt in der Krise mit einer unsicheren Zukunft und zugleich eine Stadt, die den besonderen Charakter ihrer Bewohner widerspiegelt.

Mischung aus Alt und Neu

Um Buenos Aires zu verstehen, muß man sich über die City hinauswagen. Man sollte durch Wohnviertel laufen, mit dem Bus fahren, in Cafés sitzen, Parrilladas und Pizzas essen, und vor allem mit den Leuten

Blick vom Hafen.

reden. Ihre widersprüchliche und emotionale Einstellung gegenüber der Stadt und dem ganzen Land ist ansteckend.

Buenos Aires ist als Bevölkerungsagglomeration nicht nur im Vergleich zum übrigen Land riesig, sondern auch eine der größten Städte Lateinamerikas. Der Bundesdistrikt erstreckt sich über 200 km^2, der Großraum Buenos Aires über 2.915 km^2. Circa 10 Millionen Menschen (ein Drittel der Landesbevölkerung) wohnen in der Stadt und Umgebung. Drei Millionen leben im Bundesdistrikt. Buenos Aires wird nach Norden und Osten vom Río de la Plata begrenzt, und an einem klaren Tag kann man über den schlammfarbenen Fluß bis zur Küste von Uruguay sehen. Zum Süden hin ist die Stadtgrenze durch den Riochuelo markiert, einem flachen Kanal, der einen Zugang zu den großen Häfen bildet.

Das Stadtbild ist kontrastreich. Es gibt breite Boulevards und schmale Kopfsteinplasterstraßen. Die City reizt mit zauberhaften Boutiquen, Straßencafés, einfachen, aber eleganten Restaurants und prächtigen alten Kinos und Theatern. In den Wohngebieten stehen alte, verschnörkelte Miets-häuser mit Jalousientüren, die auf bepflanzte Balkone führen, neben modernen sechs- bis achtstöckigen Gebäuden, deren Balkone durch gläserne Schiebetüren betreten werden. Platanen und Tipuanabäume stehen an den Straßen und spenden den Fußball spielenden Jungen Schatten. Es gibt unzählige Parks und Plätze, wo man im Sommer gut Joggen oder einfach still neben den alten Männern sitzen kann, die Truco oder Schach spielen.

Eine Stadt der Barrios

Es gibt in Buenos Aires 46 *Barrios* (Stadtviertel), und jedes hat seinen eigenen Charakter und seine eigene Geschichte. Mit wenigen Ausnahmen sind sie nach dem römischen Schachbrettmuster gebaut, das einen zentralen Platz mit einer Kirche umschließt. Die meisten Barrios haben eine Haupt- Einkaufsstraße mit einem zweigeschossigen Einkaufszentrum, einer Metzgerei, Bäckerei und einem Früchte- und Gemüsestand. Zu einem typischen Barrio gehören auch ein Sportverein, ein Kino, eine Pizzeria und eine Eisdiele.

Vater und Sohn genießen einen Nachmittagskaffee.

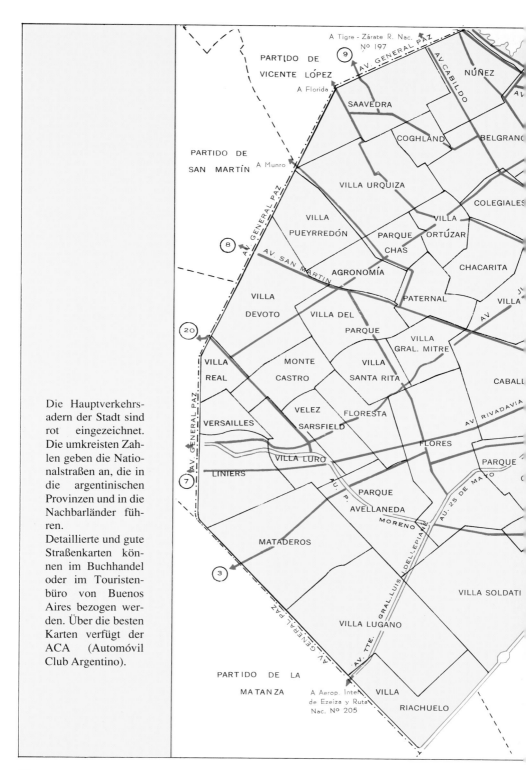

Die Hauptverkehrs-
adern der Stadt sind
rot eingezeichnet.
Die umkreisten Zah-
len geben die Natio-
nalstraßen an, die in
die argentinischen
Provinzen und in die
Nachbarländer füh-
ren.
Detaillierte und gute
Straßenkarten kön-
nen im Buchhandel
oder im Touristen-
büro von Buenos
Aires bezogen wer-
den. Über die besten
Karten verfügt der
ACA (Automóvil
Club Argentino).

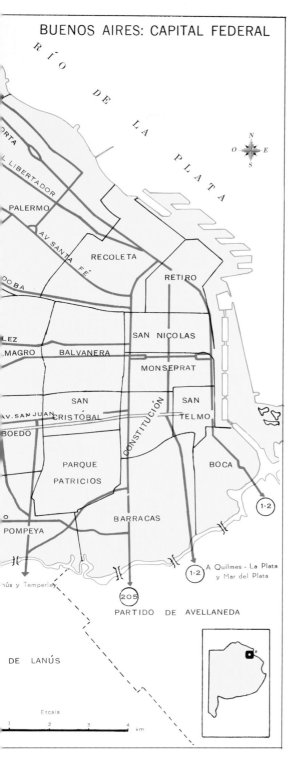

BUENOS AIRES: CAPITAL FEDERAL

Natürlich ist die Atmosphäre in diesen *Barrios* viel gemütlicher als in der geschäftigen City, wo es die Fußgänger immer eilig haben und kaum stehenbleiben, um jemandem die Uhrzeit zu sagen. Einem Fremden, der sich in einem *Barrio* verirrt hat, wird von den hilfsbereiten und interessierten Bewohnern gern geholfen.

Wer in einem *Barrio* aufgewachsen ist, hat eine besondere Beziehung dazu. Die Fußballteams der Clubs konkurrieren in der Nationalliga miteinander, was natürlich zwischen den verschiedenen *Barrios* Rivalitäten hervorruft.

Um einen Überblick von Buenos Aires zu bekommen, ist die Einteilung in große Blöcke hilfreich.

Von der Plaza de Mayo aus erstrecken sich zwei große diagonale Straßen nach Nord- und Südwesten. Das Gebiet dazwischen hat die größte Bevölkerungsdichte der Stadt. Nach Süden liegt die Altstadt mit San Telmo und La Boca, wo viele Arbeiter und Teile des Mittelstandes wohnen. Im Norden liegen die Barrios Retiro, Recoleta und Palermo, wohin sich die Reichen zurückzogen, als 1870 das Gelbfieber im Südteil der Stadt wütete.

Eine vierte Zone liegt im Westen. Mit dem Bau zweier Eisenbahnlinien - der Linie Once entlang der Avenida Rivadera und der Retiro-Linie entlang dem Flußlauf in nordwestlicher Richtung - schossen neue Barrios aus dem Boden.

Das Zentrum von Buenos Aires

Die City von Buenos Aires ist tatsächlich auch sein Zentrum, und obwohl die meisten *Porteños* in den äußeren Barrios wohnen, kommt jeder zum Arbeiten, zum Essen oder zur Unterhaltung in die City. Jedes Wohnviertel hat sein eigenes kleines Geschäftszentrum, so daß viele *Porteños* außer um Freunde zu besuchen die Stadt niemals durchqueren und nur den Weg in die City kennen.

Wie in jeder Großstadt gibt es im Zentrum von Buenos Aires gut gekleidete, gehetzte Geschäftsleute, aber es gibt auch Argentinier hier, die die Buchläden genießen, sowie die Kinos, das Theater, die Stammtisch-Diskussionen über jedes nur erdenkliche Thema, sowie die Plätze, den Einkaufsbummel und das politische und

97

kulturelle Leben auf der Straße. Manche Straßen, wie z. B. die Florída, die Corrientes und die Lavalle sind zum Bummeln da, und sie sind voll mit Spaziergängern, die sehen und gesehen werden wollen.

Ein zweistündiger Gang von der Plaza de Mayo aus, entlang der Avenida de Mayo und zurück durch die Straßen Corrientes und Lavalle in die Florída, vermittelt einen schnellen Eindruck von den Regierungsgebäuden und den Geschäfts-, Finanz- und Vergnügungsvierteln.

Plaza-Politik

Der Anfang von Buenos Aires war die **Plaza de Mayo**, ein heute auffallend schöner Platz mit hohen Palmen, gepflegten Blumenbeeten und dem zentralen Denkmal, sowie den einrahmenden kolonialen Gebäuden. Die Plaza war und ist das pulsierende Zentrum des Landes. Seit ihrem Bau im Jahre 1580 als Plaza del Tuerte (Festungsplatz) haben sich viele der wichtigsten historischen Ereignisse hier abgespielt.

Das auffallendste Gebäude des Platzes ist die **Casa Rosada** (rosa Haus), der Sitz der Regierung. Flankiert wird es von der Bank von Argentinien, der Kathedrale, dem Stadtrat und dem Cabildo (altes Rathaus).

Die Casa Rosada war ursprünglich eine Festung und überblickt die heutige **Plaza Colon**, die damals noch Flußufer war. Als die Indianerangriffe nachließen, wurde dieser Ort zur **Plaza del Mercado** (Marktplatz) und zum gesellschaftlichen Zentrum. Der Name und die Funktion des Platzes wechselten wieder mit den Invasionen der Briten 1806 und 1807, als er zur **Plaza de la Victoria** wurde. Schließlich nach der Unabhängigkeitserklärung bekam die Plaza ihren heutigen Namen zu Ehren des Monats Mai des Jahres 1810, als sich die Stadt von Spanien lossagte.

Später strömten die Argentinier auf die Plaza de Mayo, um zu protestieren oder zu feiern. Die politischen Parteien, Regierungen, ja sogar Gewerkschaften und die Kirche rufen die Menschen auf die Plaza, um symbolische Macht zu demonstrieren.

Herausragende Ereignisse in der Geschichte der Plaza de Mayo waren die 1945

Unten links: Die Casa Rosada. Rechts: Die Mischung der Baustile an der Plaza de Mayo.

von Eva Perón organisierte Arbeiterdemonstration als Protest gegen die Verhaftung ihres Mannes. Zehn Jahre später bombardierte die Luftwaffe die Plaza, während Hunderttausende von Peronisten versammelt waren, um die gewählte Regierung gegen den drohenden Militärputsch zu verteidigen. 1982 strömten die Argentinier wieder in Massen zur Plaza, um General Galtieris Invasion der Falkland-Inseln zu feiern. Wenige Monate später waren sie erneut dort und drohten den Militärführer zu töten, weil er das Land über die Gewinnchancen gegen die Engländer belogen hatte.

Am Ostersonntag 1987 beantwortete die Bevölkerung Präsident Alfonsíns Aufruf, die Demokratie zu verteidigen, mit einem Aufmarsch von mehr als 800.000.

Aber die bekanntesten Versammlungen waren die der "Mütter der Plaza de Mayo", die noch heute jeden Donnerstag-Nachmittag demonstrieren für die Aufdeckung des Schicksals ihrer "verschwundenen" Kinder und die Bestrafung der für diese Entführungen Verantwortlichen. Ihre Anwesenheit auf der Plaza ist vielleicht die beste Veran- schaulichung dessen, was es hier bedeutet, "Stellung zu beziehen". Während der letzten Jahre des Militärregimes riefen Jugendliche, die die Mütter begleiteten, den drohenden Armee- und Polizeieinheiten zu: "Feiglinge, dieser Platz gehört den Müttern!"

Das rosa Haus

Die Führer des Landes wenden sich traditionsgemäß vom Balkon der **Casa Rosada** aus an die Massen. Das Gebäude wurde 1894 auf den Grundmauern früherer Bauten errichtet. 16 Jahre zuvor hatte Präsident Sarmiento diese Stelle für den neuen Regierungssitz ausgewählt. Es gibt verschiedene Theorien darüber, warum er es rosa anstreichen ließ, und die wahrscheinlichste ist, daß es damals die einzige Alternative zu weiß war. Der besondere Farbton wurde durch eine Mischung aus Rinderfett, Blut und Kalk erzielt. Einige meinen, daß Sarmiento Rosa wählte, um das Gebäude vom Weißen Haus in Washington zu unterscheiden. Andere behaupten, daß Rosa einen Kompromiß zwischen den beiden

Das anmuti-ge *Cabildo* der Stadt.

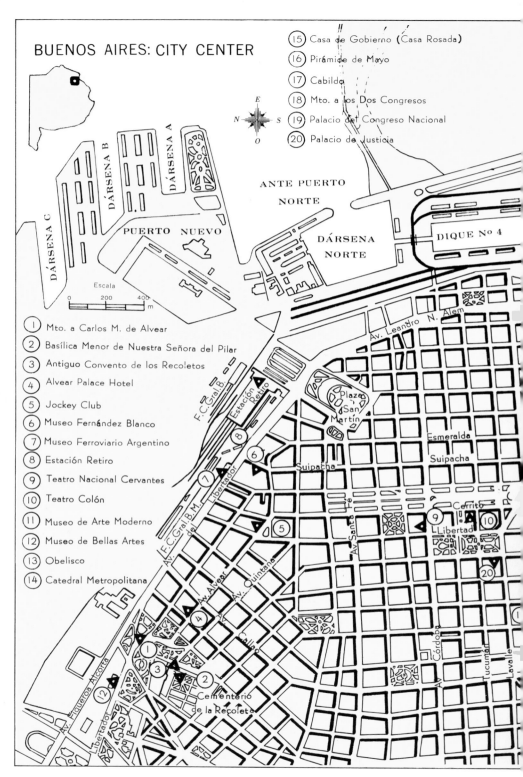

BUENOS AIRES: CITY CENTER

15 Casa de Gobierno (Casa Rosada)
16 Pirámide de Mayo
17 Cabildo
18 Mto. a los Dos Congresos
19 Palacio del Congreso Nacional
20 Palacio de Justicia

1 Mto. a Carlos M. de Alvear
2 Basílica Menor de Nuestra Señora del Pilar
3 Antiguo Convento de los Recoletos
4 Alvear Palace Hotel
5 Jockey Club
6 Museo Fernández Blanco
7 Museo Ferroviario Argentino
8 Estación Retiro
9 Teatro Nacional Cervantes
10 Teatro Colón
11 Museo de Arte Moderno
12 Museo de Bellas Artes
13 Obelisco
14 Catedral Metropolitana

ANTE PUERTO NORTE

DÁRSENA NORTE

DIQUE Nº 4

PUERTO NUEVO

DÁRSENA C
DÁRSENA B
DÁRSENA A

Escala
0   200   400
m

N E S O

Av. Leandro N. Alem

Plaza San Martín

Esmeralda
Suipacha
Suipacha

Cerrito
Libertad

Cerrito

Av. Santa Fe

Estación Retiro
F.C.Gral.B.

F.C.Gral.B.M.

Av. del Libertador

Av. Alvear
Av. Quintana

Callao

Av. Figueroa Alcorta

Libertador

Cementerio de la Recoleta

Av. Córdoba
Tucumán
Lavalle

21 Iglesia Parroquial San Ignacio de Loyola
22 Antigua "Manzana de las Luces"
23 Iglesia de Santo Domingo
24 Museo Histórico Nacional

POLITIK AUF DER STRASSE

Buenos Aires, Ostersonntag 1987. Für Hunderttausende der Stadtbewohner fiel heute das traditionelle Mittagessen aus. Ein Teil des Militärs hatte eine Rebellion angezettelt, und als Antwort darauf überfluteten die *Porteños* die Plaza de Mayo, um symbolisch die Demokratie zu verteidigen. Präsident Raúl Alfonsín sprach zu den Massen. Er wies sie an, auf ihn zu warten, während er in die Militärbaracken ging, um durch Verhandlungen eine Lösung zu erzielen. Man hörte Trommelwirbel, Pfeifenbläser, es wehten politische Banner und die argentinische Fahne. Die Menge sang im Takt hochhüpfend "El que no salta es un militar." (Wer nicht springt, gehört zum Militär). Ein anderes Lied endete so: "Diesen Nachmittag ist das Volk auf den Straßen." An jenem Nachmittag gaben die Rebellen auf, und nur wenige zweifeln daran, daß die Massenversammlung in Buenos Aires der Hauptgrund dafür war.

Das war nicht die erste und wird auch nicht die letzte Massendemonstration in Buenos Aires gewesen sein. Ein großer Teil der Politik spielt sich auf der Straße ab. Versammlungen, Aufmärsche oder einfach Bürger, die in der Florída-Straße zusammenstehen und dort die aktuellen

Themen diskutieren, sind ein Teil der argentinischen Tradition. Die Ausmaße des besetzten Raumes, die Plazierung der jeweiligen Fahne, die gewählten Slogans - all das gehört zur Sprache der Protestierenden, um unter sich und sogar mit den nicht Anwesenden zu kommunizieren. Eine Gruppe mag in etwa rufen: "Lieber Raúl, das Volk ist mit Dir", während eine andere zurückruft: "La gloriosa jotape" (Lied der peronistischen Jugend). Eine dritte Gruppe versucht, die beiden auszusöhnen mit "Ein geeintes Volk ist unbesiegbar."

Spätestens seit dem Regierungsantritt Peróns im Jahre 1945 haben die meisten historischen Ereignisse ihren Widerhall auf den Straßen gefunden. Ein wichtiges Datum für dieses Phänomen war der 17. Oktober 1945, als Evita die Arbeiter auf die Plaza de Mayo rief, um gegen die Verhaftung ihres Mannes zu protestieren. Zigtausende marschierten damals von Süden her über die Brücken, was die Historiker heute rückblickend als Geburtsstunde der politischen Arbeiterklasse Argentiniens betrachten.

Später institutionalisierte Perón diese Praxis mit unzähligen Versammlungen, bei denen er vom Balkon der Casa Rosada aus zu den Massen sprach. Diese sangen ihre Antwort, begleitet von großen Kesseltrommeln. In einem Land, in dem es lange kein garantiertes Wahlrecht gab, und in dem Verhandlungen in der Regel hinter verschlossenen Türen stattfanden, war der Straßenprotest für viele die Hauptausdrucksform all dessen, was sie dachten und wollten. Während der auf Peróns Sturz folgenden Militär-Regierung wurde den Demonstrationen oft mit Repressalien begegnet. Aber in anderen Zeiten hatten die Aufmärsche festlichen Charakter.

Als es für Versammlungen zu gefährlich wurde, nahmen die Graffiti ihren Platz ein. Insbesondere während der Exilzeit Peróns rückten Gruppen junger Leute an, mit Autos, Pinsel und Farbe, Führern und sogar Rechtsanwälte, für den Fall der Verhaftung.

Seit damals sind Graffiti ein Teil des politischen Lebens geworden. Während der Militär-Regierung wurden Slogans wie "Nieder mit der Diktatur" oder "Wo sind die Verschwundenen?" mit paramilitärischen Phrasen wie "Tod der Subversion" gekontert. Heute variieren die Graffiti von "Internationaler Währungsfonds, raus aus Argentinien" bis "Familie ja, Scheidung nein".

Um ein Gefühl dafür zu bekommen, was in Argentinien passiert, kann man natürlich die lokale Zeitung oder Zeitschriften lesen. Aber eine ebenso effektive Art und Weise, sich auf das momentane politische Klima und die aktuellen Themen einzustimmen, ist das Lesen der Graffiti an den Wänden von Buenos Aires oder jeder anderen argentinischen Stadt.

sich bekämpfenden Parteien darstellte, deren Farben Weiß bzw. Rot waren.

Im Keller des Regierungsgebäudes befindet sich ein kleines Museum mit Gegenständen aus dem Leben der verschiedenen Volkshelden.

Soldaten des Grenadier-Regiments bewachen die Casa Rosada und den Präsidenten. Diese Elite-Einheit der Armee wurde während der Unabhängigkeitskriege von San Martín gegründet, und ihre Soldaten tragen auch heute noch die rotblauen Uniformen. Jeden Tag um 19.00 Uhr holen die Soldaten die Fahne vor dem Regierungsgebäude ein. An nationalen Feiertagen paradieren die Grenadiere oft zu Pferde, und sie begleiten den Präsidenten bei all seinen öffentlichen Auftritten.

Das zweitwichtigste historische Gebäude auf der Plaza de Mayo ist das am westlichen Ende der Plaza gelegene *Cabildo* Rathaus. Es ist wahrscheinlich die größte patriotische Attraktion Argentiniens. Schulkinder fahren dorthin und hören, wie ihre Ahnen hier im Cabildo die Unabhängigkeit des Landes planten.

Seit der Stadtgründung 1580 steht das Rathaus schon an der selben Stelle, jedoch wurde das heutige Gebäude erst 1751 gebaut. Ursprünglich überspannte es den ganzen Platz mit fünf großen Bögen auf jeder Seite. 1880 wurde beim Bau der Avenida de Mayo ein Teil des Gebäudes abgerissen, und 1932 wurde das Cabildo auf seine endgültige Größe reduziert, mit zwei Bögen auf jeder Seite der Mittelbalkone.

Das Cabildo enthält außerdem noch ein historisches Museum, das Möbel und Zeugnisse aus der kolonialen Zeit ausstellt. Zu bestimmten Jahreszeiten veranstaltet der Stadtrat ein Freilufttheater im Innenhof.

Über die Avenida de Mayo gen Norden befindet sich die Stadtverwaltung in einem dekorativen alten Gebäude, das für seine riesige pentagonförmige Turmuhr berühmt geworden ist.

Kirche und Staat

Das nächste historische Gebäude der Plaza ist die **Kathedrale**. Sie ist der Sitz des Erzbistums Buenos Aires und liegt an der Nordwest-Ecke des Platzes. Ihr Standpunkt an diesem höchst politischen Ort ist angebracht. Die katholische Kirche war immer eine Säule der argentinischen Gesellschaft, und seit der Stadtgründung war die Kirche Teil der Plaza de Mayo. Auf einem Wandgemälde am Nordende der Avenida 9 de Julio ist die Stadtgründung durch zwei Symbole dargestellt: Ein Geistlicher und ein Spaten, der für das Militär steht.

Der Bau der Kathedrale zog sich über mehrere Jahrzehnte hin und war 1827 beendet. Sie wurde wie das Cabildo und die Casa Rosada auf den Fundamenten früherer Versionen gebaut. Am Portal der Kathedrale stehen 12 strenge klassizistische Säulen, die die 12 Apostel darstellen sollen. Das Relief im Tympanon gibt das Treffen von Joseph mit seinem Vater Jakob wieder. Man nimmt an, daß es das Werk von Architekten ist. Einer Überlieferung nach wurde diese Arbeit jedoch von einem Gefangenen geschaffen, der nachher zum Dank freigelassen wurde. Die fünf Kirchenschiffe beherbergen wertvolle Kunstschätze. Die Ölgemälde an den Wänden werden Rubens zugeschrieben. Bewundernswert sind auch die Holzschnitzereien des Portugiesen Manuel de Coyte.

Für die Argentinier ist das wichtigste an der Kathedrale das Grab von General José de San Martín, dem Befreier von Argentinien, Chile, Peru, Bolivien und Uruguay. San Martín, der während seines selbstauferlegten Exils in Frankreich starb, ist einer der wenigen Nationalhelden, der von Argentiniern aller Couleurs verehrt wird.

An der Nordost-Ecke der Plaza de Mayo liegt die **Banco de la Nación Argentina** (Argentinische National-Bank). Hier war früher das Colón-Theater, bevor es 1908 an der Plaza Lavalle wiedereröffnet wurde. Die imposante, aus Marmor erbaute Bank wurde 1888 eingeweiht.

Im Zentrum der Plaza de Mayo steht eine Pyramide, die zum 100. Geburtstag der Unabhängigkeit der Stadt errichtet wurde. Unter anderem dient sie als Mittelpunkt der wöchentlichen Demonstration der "Mütter der Plaza de Mayo."

Mittagspause in alter Pracht

Der Blick von der Plaza de Mayo die **Avenida de Mayo** hinunter zum Kongreßgebäude ist spektakulär, und der Gang dorthin (15 Blocks), ist eine ausgezeichnete Einführung zum Kennenlernen der Stadt. Die Straße wurde 1894 als Verbindung zwischen der Exekutive und dem Kongreß begonnen und war 1906 fertig. Ursprünglich war sie entworfen wie eine spanische Avenida mit breiten Trottoirs, vergoldeten Straßenlaternen, Schokolade- und Modegeschäften, sowie altertümlichen Zarzuela-Theatern. Heute jedoch findet man hier die verschiedensten Architektur-Imitationen mit lokalen Anpassungen, die eine Sitzordnung sehr komplizieren. Wie auch anderswo in der Stadt können die Begriffe "klassizistisch", "französisch", "italienisch" und "Jugendstil" die besondere Kombination der hier zu sehenden Einflüsse nur ungenau beschreiben.

Unterwegs stößt man auf einige bekannte Restaurants. Eines der ältesten ist das **Pedemonte**, das um die Jahrhundertwende entstand. Es ist das bevorzugte Mittagslokal von Regierungsbeamten und Politikern.

Weiter unten, schon in den 800-er Nummern ist das **Café Tortoni**, ein historischer Treffpunkt für Schriftsteller und Intellektuelle. Abgesehen von den berühmten

Links: Der Obelisk steht im Zentrum des Nachtlebens der Stadt. Rechts: Das Leben imitiert die Kunst.

104

Gästen, die hier schon gewesen sein sollen, ist das Innendekor wenigstens einen schnellen Blick wert. Marmortische, rote Ledersitze, Bronzestatuen und verzierte Spiegel schaffen eine fast königliche Atmosphäre. Abends spielt in einem Hinterzimmer eine Jazzband. Traditionelle spanische Restaurants sind ebenfalls ein Markenzeichen der Avenida de Mayo. Bei Nr. 1200 befindet sich einen Block nach links eines der besten, das **El Globo**, das für seine *Paella Valenciana* und den *Pachero* (Eintopf) berühmt ist. Ähnliche Restaurants findet man auch einen Block weiter nach rechts in Richtung Straße Rivadavia.

Die breiteste Avenue der Welt

Die **Avenida 9 de Julio**, nach Aussage der Argentinier angeblich die breiteste Straße der Welt, kann man nicht verfehlen. Sie ist von Trottoir zu Trottoir 140 m breit, und alles an ihr ist gigantisch - die Reklametafeln, die Gebäude, die *Palo Borracho* ("betrunkene Bäume") mit den rosafarbenen Blüten im Sommer und natürlich der Obelisk.

Um diese Straße zu bauen, ließ die Militär-Regierung 1936 ganze Reihen schöner alter Villen im französischen Stil niederreißen. Ein großer Teil des Mittelblocks ist nun Parkfläche. Die einzige Villa, die stehenblieb, ist die **Französische Botschaft** . Ihre Angestellten weigerten sich umzuziehen, mit der Begründung, daß die Botschaft ausländisches Territorium sei. Ihre nackten weißen Wände zum Stadtzentrum hin zeugen von dem tragischen Verschwinden der Nachbarschaft.

Der **Obelisk**, der die Kreuzung mit der Nord-Diagonalen, der Corrientes-Straße und der 9 de Julio markiert, wurde 1936 zum Gedenken an den 400. Jahrestag der ersten Stadtgründung errichtet. Wahrscheinlich wegen seiner phallischen Form ist er der Anlaß zu vielen Witzen.

Drei Jahre nach seiner Errichtung stimmte der Stadtrat mit 23 zu 3 Stimmen dafür, ihn niederzureißen. Aber scheinbar wurde selbst diese Anordnung nicht ernstgenommen, denn er steht immer noch. Die Avenida de Mayo endet an der Plaza Lorca, nur zwei Blocks von dem Kongreßgebäude entfernt.

Geselligkeit im Café.

ESSENGEHEN IN BUENOS AIRES

In Buenos Aires essen zu gehen, ist nicht einfach, vor allem dann nicht, wenn man ein ordnungsliebender, vertrauensseliger Mensch ist. Denn vieles, was man sieht oder erwartet, stellt sich als etwas anderes heraus oder ist gemessen an den Versprechungen enttäuschend. Die Stadt ist voll mit Lokalen, von den raffiniertesten bis zu den einfachsten Schnell-Imbiss-Kneipen; aber falls man nicht unbedingt rein argentinisch essen will, wird sich früher oder später Verwirrung breit machen.

Es gibt zwei Arten, in Buenos Aires essen zu gehen: argentinisch oder international. Die erste Küche ist einfach, verlangt aber harte Ausdauer. Dem unbedarften Besucher fällt es nicht leicht, einer Diät zuzusprechen, die Tag für Tag ausschließlich aus Rindfleisch besteht. Man weiß von Touristen zu berichten, die außer sich gerieten und mit Selbstmord drohten, wenn noch ein einziges Stück Asado aufgetischt würde, und dabei verzweifelt um ein Stück Obst oder frisches Gemüse flehten.

Sich der internationalen Küche zuzuwenden, ist auch nicht unbedingt die ideale Alternative. An lokalen Maßstäben gemessen sind die Restaurants exzellent, aber diese Maßstäbe haben nicht viel mit denen gemeinsam, die man in New York, San Francisco, Brüssel oder Lyon anlegt. Man muß bedenken, daß französische Küche in Buenos Aires französische Küche auf argentinisch ist, sehr wohlschmeckend vielleicht, aber eben ganz anders als in Frankreich. Das gleiche gilt für das hier zubereitete italienische, spanische, chinesische Essen, sowie für die Küchen anderer Länder. Wenn man etwa die *Porteño*-Version der Sauce Bearnaise akzeptiert, wird man gut zurecht kommen- es sei denn, Sie beschweren sich nicht darüber, daß der Estragon auf Ihrem Hähnchen kein echter, sondern russischer Estragon ist. Hervorragend dinieren kann man in den wenigen zuverlässigen Restaurants in der Stadt, wie **Montmartre**, **Tomo Uno**, **Francis Mallman** oder **El Gato Que Pesca**, die wirklich ungeheure Anstrengungen unternehmen, um den Gast zufriedenzustellen.

Als Besucher in Argentinien wird man natürlich zuerst die normale argentinische Küche probieren wollen. Diese basiert auf Rindfleisch in allen möglichen Varianten: gegrillt, geschmort, gebraten oder gekocht, aber fast immer ist es Rindfleisch. Mindestens einmal, oft auch zweimal am Tag. Rindfleisch gibt es überall, fast in jedem Block der Stadt gibt es wenigstens ein Restaurant, und die Wette gilt zehn zu eins, daß

es über eine *Parilla* (Grill) verfügt. Direkt vom Grill kann man sich ein Kotelett, ein Rumpsteak, ein Rippchen oder eine andere Rindfleischvariation aussuchen. Es gibt auch eine umfangreiche Auswahl von Würsten und Innereien, die wohl in einem respektablen europäischen oder amerikanischen Menue selten oder nie vorkommen. Lassen Sie sich nicht den Appetit verderben, viele sind köstlich.

Eine kurze Einführung in das typische Vokabular kann für Sie von großem Nutzen sein: Ein *Bife* ist ein Steak, aber es kann sehr verschiedenartig sein. Das üblichste ist das Bife de Costilla und das Bife de Chorizo. Ersteres ist ein T-Bone Steak, und das zweite hat nichts mit der ortsüblichen würzigen Wurst (*Chorizo*) zu tun, sondern ist ein dickes Filetsteak. *Asado* ist ein allgemeiner Begriff für gebraten, wird aber meistens im Sinn eines Grills im Freien gebraucht. Tira de Asado ist ein gegrillter dünner Rippenstreifen, aber am *Asador* (Bratspieß) zubereitet ist es viel dicker und enthält einen größeren Knochen.

Chorizo ist eine scharfe Wurst, *Salchicha* eine lange dünne, weniger gewürzte Wurst und *Morcilla* ist eine Blutwurst. Eine *Parrillada Mixta* ist ein gemischter Grillteller, der meist auch *Riñones* (Nieren) enthält, sowie *Mollejas* (Kalbsbries), *Chinchulin* (unteres Darmstück, das, wenn es schön knusprig ist, köstlich schmeckt), *Ubre* (Euter) und *Higado* (Leber). Huhn gehört oft auch dazu. Eine Parillada Mixta reicht gewöhnlich für zwei Argentinier oder für vier bis fünf arglose Touristen.

Außer Rindfleisch bietet die Speisekarte in vielen der besseren *Parrillas* (Steak-Haus) auch Huhn, Lamm und Fleisch von jungen Ziegen an. Die üblichen Beilagen sind Pommes Frites und Salate. Kaum zu schlagen ist die Kombination von Rindfleisch mit dem hiesigen Rotwein. Falls Sie auf die Idee kommen sollten, anschließend einen Kaffee zu bestellen, werden Sie dies sehr nachdrücklich und mehrmals tun müssen, denn hierzulande gilt selbiges als eine Art Sakrileg.

Desserts sind nicht gerade die Stärke der Argentinier, trotz der nationalen Vorliebe für Süßes. Dulce de Leche ist ein Milchkonfekt und umwerfend süß, aber prima, wenn man derartige Kalorienbomben mag. Dazu wird manchmal ein *Flan* (Pudding in Karamel-Sauce) serviert. Queso y Membrillo (oder Batata) ist eine Kombination aus Käse mit Quitten-Brot (dt. Bezeichnung) und kann sehr lecker schmecken. Obstsalat und Pfirsiche aus der Dose sind fast auf jeder Speisekarte zu finden, und das war es dann auch schon. Eines muß unbedingt noch erwähnt werden: die *Empanadas*, Teigtaschen, entweder gebraten oder gebacken mit den verschiedensten (meist auf Rindfleisch basierenden) Füllungen, meist als Vor- oder Hauptspeise serviert.

Tauben, Pizza und Politik

Den nächsten Block nimmt die *Plaza de los dos Congresos* (Platz der zwei Kongresse) ein. Hier befindet sich die Null-Kilometer-Marke für die argentinischen Landkarten. An warmen Sommerabenden ist die Plaza ein herrlicher Ort, um Leute zu beobachten. Jung und Alt essen auf Bänken zwischen den Tauben Pizza und Eiscreme und genießen die friedliche Stimmung.

Dort steht ein dramatischer Springbrunnen mit galoppierenden Pferden und kleinen Cherubinen, und nachts ertönt hier klassische Musik. Oberhalb der Fontäne befindet sich ein Monument, das "zwei Kongresse" ehrt, nämlich die Versammlung von 1813 zur Abschaffung der Sklaverei und den Kongreß von 1816 in Tucumán, der die Unabhängigkeit des Landes erklärte.

Das **Kongreßgebäude** beherbergt auf der Südseite den Senat und auf der Nordseite (Eingang Rivadavia-Straße) das Repräsentantenhaus. Die Sitzungen sind für Leute mit Presseausweisen oder mit Passierscheinen zugänglich. Das Innere ist mit angemessenem Pomp ausgestattet: große Gemälde, Bronze- und Marmorstatuen, luxuriöse rote Teppiche, Seidenvorhänge und Holzvertäfelungen. Das Gebäude rühmt sich auch einer umfangreichen Bibliothek.

Auf der anderen Seite der Rivadavia-Straße liegt ein neuer moderner Flügel des **Repräsentantenhauses**. Der Bau wurde 1973 begonnen, kam aber mit dem Militärputsch von 1976 ins Stocken. Mit der Rückkehr zur Demokratie 1986 wurde der Bau dann wieder aufgenommen und 1983 eingeweiht.

An der Ecke der Rivadavia und der Callao-Straße steht das alte Jugendstil-**Café Molinas**. Das Gebäude stammt aus dem Jahre 1912, und seit damals gilt es als bekannter Treffpunkt für Abgeordnete und ihre Mitarbeiter.

Die **Rivadavia** ist eine der Achsenstraßen von Buenos Aires. Sie teilt die Stadt in zwei Teile, Straßennamen ändern sich an ihren Kreuzungen, und die Numerierung beginnt hier. Die *Porteños* behaupten, mit der 9 de Julio nicht nur die breiteste, sondern mit der Rivadavia, die nach

Das Portobello, eines der vielen Restaurants in Buenos Aires

107

Westen aufs Land in Richtung Lujan hinausführt, auch die längste Straße der Welt zu besitzen.

Das Viertel, das etwa 12 Blocks von der Rivadavia entfernt liegt, heißt **Once**. Hier befinden sich die billigsten Läden der Stadt, insbesondere für Kleidung und Elektro-Artikel.

Ein Restaurant nahe dem Kongreß ist das direkt dahinter gelegene **Quorum** in der Riobamba-Straße, in dem die Kongreßabgeordneten gerne essen. Ein weiteres berühmtes Restaurant in diesem Bezirk ist **La Cabaña** (Entre Ríos 436). La Cabaña gilt leider als eines der besten Fleischlokale der Stadt und ist deshalb etwas überteuert und touristisch. Dort kann man ausgezeichnete Salate und Kalbfleisch essen.

Die nie schlafende Straße

Vier Blocks die Callao-Straße (die Verlängerung der Entre Ríos) hinunter liegt die **Avenida Corrientes**, eine für den *Porteño* ebenfalls wichtige Straße. Sie wird dem Ausländer oft als "die Straße, die niemals schläft" oder der "Broadway von Buenos Aires" vorgestellt. Und tatsächlich, es gibt dort Neonlichter, Schnellimbiss-Restaurants und Kinos. Aber die Atmosphäre ist hochgradig intellektuell und nicht so protzig wie am New Yorker Broadway. Man findet dort überall kleine Buchläden und Kioske mit einer großen Auswahl an Zeitungen, Zeitschriften und Taschenbüchern. In den alten Cafés treffen sich Freunde zu langen Gesprächen. Die Auswahl internationaler und nationaler Filme zeigt das ernsthafte Interesse der Kinogänger von Buenos Aires.

Die Buchläden sind eine der traditionellen Attraktionen der Corrientes. Sie bestehen aus einem zur Straße hin offenen Raum und verkaufen sowohl neue als auch antiquarische Bücher. Manch einer kommt hierher, um stundenlang nach alten Schätzen zu stöbern oder auch nur, um nach dem neuesten Bestseller zu fragen.

Für andere wiederum ist der Buchladen ein beliebter Treffpunkt. Die Läden bleiben bis weit nach Mitternacht geöffnet, und anders als bei vielen sonstigen Geschäften kann man ungestört von Verkäufern ein- und ausgehen.

Das Kongreß-gebäude.

Kaffeetrinken

Eine weitere reizvolle Seite der Corrientes und angrenzender Straßen sind die vielen Cafés mit den hohen Holzrahmenfenstern, die an warmen Tagen offenstehen. Ein kleiner Tisch am Fenster erlaubt dem einsamen Denker, das Leben auf der Straße zu beobachten, in einer entspannten Atmosphäre zu schreiben oder zu lesen. Das Kaffeetrinken ist in Buenos Aires aber auch ein geselliger Treff. Selbst wenn man dann einen *Licuado* (Früchte-Milkshake) nimmt, bezeichnet "Kaffeetrinken", einen vertrauten Plausch mit einem Freund. Zweifellos ist das schönste an dieser Kaffeepause, daß man vom Kellner nie zur Eile angehalten wird. Ein traditionelles Café für junge Intellektuelle ist das **La Paz**, an der Ecke Montevideo Corrientes.

Kostenlose Kultur

Eine der ersten Sehenswürdigkeiten bei einem Gang auf der Corrientes in Richtung Osten ist das **Städtische Theater San Martín**. Dieses eindrucksvolle Chrom-Glas-Gebäude wurde 1960 eingeweiht. Es ist mit fünf Bühnen und einem Publikum von einer halben Million im Jahr das größte Theater in Argentinien. Dort wird ein pausenloser Spielplan von kostenlosen Konzerten, Theater- und Filmvorführungen, Lesungen und Musikveranstaltungen angeboten. Unweigerlich gesellen sich die Passanten zu den Menschentrauben, die vor dem Theater die Vorschau durchlesen.

Im Block hinter dem Theater (Sarmiento 1500) befindet sich das **Kultur-Zentrum San Martín**, das ebensoviele kulturelle Aktivitäten entfaltet. Im 5. Stock sitzt das **Tourismus- Büro**, wo man Tickets für kostenlose Stadtrundfahrten bekommt.

Die Tradition der kostenlosen kulturellen Angebote ist einer der beeindruckendsten Aspekte des Lebens in Buenos Aires. Trotz der Wirtschaftskrise haben die kulturellen Aktivitäten in den letzten Jahren Auftrieb erhalten, denn sie haben von den neuen Freiheiten der Demokratie profitiert. Diese beiden Zentren vermitteln dem Besucher einen idealen Einstieg in die aktuelle Kulturszene von Buenos Aires.

Auf der Jagd nach guten Gelegenheiten entlang der Corrientes.

Die Plaza Lavalle ist in dieser Gegend ein weiterer pulsierender Pol. Der Platz befindet sich zwei Blocks nördlich der Corrientes am Block 1300. Der **Bundesgerichtshof** liegt am einen Ende der historischen Plaza, das berühmte Colón-Theater am anderen. Die Plaza diente ursprünglich als Müllhalde für Fleischabfälle. Im späten 19. Jahrhundert entstand hier der erste Bahnhof der Stadt, der später weiter nach Osten verlegt wurde.

Die Colón-Oper

Das **Teatro Colón** , die Oper von Buenos Aires, nimmt den ganzen Block zwischen Viamonte, Lavalle, Libertad und Cerrito-Straße (Teil der 9 de Julio) ein. Es ist das Symbol der hochentwickelten Kultur der Stadt, das dazu beitrug, daß Buenos Aires in den 20-er Jahren das "Paris Lateinamerikas" genannt wurde.

Die aufwendige europäische Architektur, die nahezu perfekte Akustik und das Niveau der hier auftretenden Künstler haben die Oper weltberühmt gemacht.

Bis zur endgültigen Fertigstellung im Jahre 1907 waren an dem Bau drei Architekten beteiligt. Die Originalpläne wurden jedoch beibehalten. Das Resultat ist eine Kombination aus italienischer Renaissance, französischen und griechischen Stilen. Im Inneren überraschen große Glaskuppeln und ausladende Kandelaber. Der große Saal ist sieben Stockwerke hoch und faßt bis zu 3500 Zuschauer. Die Maße der Bühne, eine Drehbühne für schnelle Szenenwechsel, betragen 18 x 34 Meter.

Über 1300 Menschen sind am Theater angestellt. Außer der Oper beherbergt das Gebäude das Nationale Symphonie-Orchester und das National-Ballett. Ein erst kürzlich veranlaßter, Millionen von Dollar verschlingender Umbau fügte ein riesiges Kellergeschoß hinzu und schuf Platz für Bühnenbilder, Kostüme und Requisiten sowie für Arbeitsräume der verschiedenen Bereiche. Die Saison des Colón-Theaters dauert von Mai bis Oktober. Während dieser Zeit kann man es auch besichtigen.

Freie Bahn dem Fußgänger

Wenn man die 9 de Julio-Straße über-

Das Café La Paz, Stammlokal der Dichter.

quert, gelangt man in das **Mini-Centro**, eine Zone, wo während der Geschäftsstunden Autos verboten sind, wie auch in den Straßen der Rivadavia, Leandro Alem und Córdoba.

Hier lohnt es sich, zur **Lavalle-Straße** rüberzugehen, da die Corrientes zwischen de Callao und der 9 de Julio am schönsten ist. Die Lavalle wie auch die Florída-Straße weiter unten sind reine Fußgängerstraßen. Nachts wimmelt es hier von jungen Paaren, die ins Kino gehen. Auf einer Länge von nur vier Blocks gibt es 18 Kinos. Außerdem gibt es dort Pizzerias, Cafés und Restaurants wie **La Estancia** und verschiedene Einkaufstraßen mit Modegeschäften.

Die ebenfalls für den Verkehr gesperrte **Avenida Florída**, ist die Hauptgeschäftsstraße der City. Die Promenade ist mit Menschen überfüllt, aber auch mit Kiosken, Folk-Musikern, Pantomimen und anderen, die den Hut herumreichen.

Hier herrscht eher ein Bummeltempo, und wegen der Menschenmassen kommen eilige Passanten nur schlecht voran.

Am meisten Spaß machen die hitzigen politischen Debatten, die ununterbrochen auf dieser Avenue geführt werden. Manchmal werden sie absichtlich von Partei-Aktivisten provoziert, oder sie werden von alten Männern initiiert, die diese Debatten zum Zeitvertreib führen. In anderen Fällen sind es spontane Reaktionen auf die Tagespolitik. In jedem Fall bleiben Passanten stehen, um zu hören, wer die besseren Argumente hat. Es lohnt sich auch für diejenigen, die der Unterhaltung nicht folgen können, stehenzubleiben und diese Episoden zu beobachten, da sie einen wundervollen Einblick in die argentinische Politik gewähren.

Einkaufen auf der Florída-Straße ist etwas teurer als außerhalb der City. Wie überall sind die meisten Geschäfte Boutiquen, die aus einem Raum bestehen, und viele liegen in Passagen, die auf die angrenzenden Straßen führen. Verkauft werden Kleider, Lederwaren, Schmuck, Spielsachen und Geschenke. Für Ausländer sind Lederwaren sehr günstig.

Eine der berühmtesten Passagen ist die **Galería Pacífica**, zwischen der Viamonte und der Córdoba-Straße. Sie gehört zu einem um die Jahrhundertwende errichteten Gebäude im italienischen Stil, das

Die luxuriöse Colón-Oper.

wegen der Fresken in der Kuppel nicht abgerissen wurde. Sie stammen von fünf argentinischen Malern: Urruchua, Bern, Castagnino, Spilimbergo und Colmeiro.

Bücher, Hamburger und Kunst

An der Florída-Straße (Nr. 340) liegt der **Ateneo-Buchladen**, wahrscheinlich der größte des Landes. Es gibt hier auch Cafés; das traditionsreichste unter ihnen ist **Jardín Florída**. Hier treffen sich Geschäftsleute und Politiker zum Kaffee, aber man kann dort auch eine Kleinigkeit essen. An diesem Stück der Florída gibt es außerdem Eisdielen, vegetarische Restaurants und Hamburgerküchen.

Ebenfalls an der Florída, kurz hinter der Paraguay-Straße, liegt **Harrods**, eines der wenigen großen Warenhäuser in Buenos Aires. Die **Lincoln Library der US-Botschaft** befindet sich im nächsten Block. Hier kann man die *New York Times* und die *Washington Post* lesen, aber auch die großen Zeitschriften sowie englischsprachige Bücher. Die letzte Station auf der Florída sollte bei Nr. 1000 in **Ruth Ben-zacars Galerie** sein, diese dient der Förderung der zeitgenössischen argentinischen Künstler.

Unterhalb der Florída im 300. Block der Paraguay-Straße ist das Geschäft **Kelly's** mit dem besten und billigsten Angebot an Kunsthandwerk. Dort werden traditionelle Handwerkswaren aus verschiedenen Provinzen verkauft, wie z.B. Hausschuhe aus Schafsfell, erstaunlich billige, bunte Wollschals, Ledertaschen, Holzteller für Barbecques, Gaucho-Gürtel und Souvenirs.

Südlich zur Plaza de Mayo hin liegt das Bankenviertel mit seinen Hochhäusern in den engen Straßenschluchten. Wochentags wimmelt es hier von eleganten Geschäftsleuten, und die einzigen Fahrzeuge, die sich durch die Menge zwängen, sind gepanzerte Geldtransporte.

An den Wochenenden herrscht hier eine gespenstische Stille, und das geballte Leben spielt sich ein paar Blocks weiter in der Lavalle und der Florída-Straße ab.

Das Südviertel

Die erste Expansion von Buenos Aires

Geschäftige Fußgängerzone in der Avenida Florída.

fand im 17. Jahrhundert im Süden statt und hinterließ die ältesten Wohnviertel in der ganzen Stadt.

Es gibt drei für Touristen interessante Gebiete: 1. Manzana de las Luces (Block der Erleuchtung) 2. San Telmo, ein faszinierendes historisches Barrio, wo heute Künstler und Antiquitätenhändler wohnen, und 3. La Boca am südöstlichen Zipfel der Stadt. Es ist berühmt für seine pastellfarbenen Blechhäuser, in denen früher Hafenarbeiter lebten, und für seine rauhen Gaststätten, in denen argentinische Arbeiter und Touristen eine gute Zeit verbringen.

La Manzana de las Luces ist ein von Jesuiten im frühen 18. Jahrhundert gebauter Komplex. Die Kirche San Ignacio, die alte Jesuitenschule und unterirdische Gänge werden von den Straßen Bolívar, Alsina, Peru und Moreno begrenzt.

Das Gebiet war Ende des 17. Jahrhunderts ursprünglich den Jesuiten geschenkt worden. 1767 machte die spanische Krone angesichts des ihr unheimlichen Machtzuwachses des Ordens, die Schenkung rückgängig. Tatsächlich galt die Hauptsorge der spanischen Krone, wie auch bei allen anderen Jesuitenmissionen in der Welt während dieser Zeit, dem von den Patern praktizierten egalitären Gedankengut.

Trotz der Repressionen gegen die Jesuiten stehen viele ihrer Kirchen noch, und die älteste ist die **Kirche San Ignacio**. Sie ist auch die älteste der sechs kolonialen Kirchen von Buenos Aires, erbaut zwischen 1710 und 1735. Ihre beeindruckende barocke Fassade erhebt sich an der Ecke der Alsina und der Bolívar- Straße. Wenn man auf der Defensa-Straße in Richtung Süden geht, stößt man auf die **Estrella-Apotheke** aus dem 19. Jahrhundert mit phantastischen metaphorischen Krankheits- und Medizindarstellungen an der Decke und an den Wänden.

Im zweiten Stock des Gebäudes befindet sich das **Städtische Museum** mit Wechselausstellungen zur Vergangenheit und Gegenwart der Stadt, mit Architekturfotos und Raritäten-Sammlungen, wie z.B. alten Postkarten der Stadt.

Gegenüber steht die **Basilica San Francisco** und die Kapelle **San Roque**. Die 1745 fertiggestellte Hauptkirche ist das Zentrum des Franziskaner-Ordens. Ein Teil

Holen Sie die Münzen am nächsten Kiosk!

des klassizistischen Gebäudes wurde gegen Ende des 19. Jahrhunders im imitierten deutschen Barock erneuert. Die Kapelle entstand 1762.

Die Basilica San Francisco wurde 1955 wie ein Dutzend anderer Kirchen auch vom wütenden peronistischen Mob schwer beschädigt. Die Gewalt war eine Antwort auf die Opposition der katholischen Kirche gegen die peronistische Regierung und ihre Unterstützung für den drohenden Militärputsch.

Kunst, Architektur und Antikes

San Telmo war wie Greenwich Village in New York ein heruntergekommenes Stadtgebiet, bis die Architektur und die niedrigen Mieten der 60-er Jahre die Aufmerksamkeit der Künstler und Intellektuellen auf sich zog, die die Gegend wieder zum Leben erweckten. Attraktive Studios, Restaurants und Antiquitätenläden ersetzten allmählich die verfallenden Mietshäuser. Ein Sonntags-Flohmarkt zog genug Touristen an, um die neuen Unternehmen rentabel zu machen. Obwohl San Telmo heute eine Touristenattraktion ist, blieb die Authentizität und Vitalität der Umgebung erhalten. Die **Plaza Dorrego** , auf der sonntags der Flohmarkt stattfindet, bestätigt das. An Wochentagen treffen sich hier sich alte Leute, die ihr ganzes Leben in diesem *Barriro* gelebt haben, und von denen viele noch mit italienischen Akzent reden. Sie haben sich immer etwas zu erzählen, spielen Schach oder *Truco* .

San Telmo entstand im 18. Jahrhundert als Rastplatz für Händler unterwegs von der Plaza de Mayo zu den Warenhäusern entlang des Riochuelo. Neben der Plaza Dorrego war eine Handelstation für Waren aus dem Hafen. In den angrenzenden Straßen standen bald *Pulperías* (Lebensmittelgeschäft mit Bar) zu Diensten der Vorüberziehenden.

Außer den Bethlehem-Priestern, die sich in der Kirche San Pedro niedergelassen hatten, waren die ersten Siedler dieses Gebiets Iren, Schwarze und Matrosen aus Genua, deren rauhe Trinkgewohnheiten die *Pulperías* berühmt machten.

Im frühen 19. Jahrhundert bauten die wichtigsten Familien ihre Häuser entlang

Verlockende Alternative zur landesüblichen Rindfleischkost.

der **Defensa-Straße**, die die Plaza de Mayo mit der Plaza Dorrego verbindet. Während dieser Zeit bestand ein typisches Wohnhaus aus drei hintereinander gelegenen Innenhöfen, und nur die Fassaden waren unterschiedlich gestaltet. Sie wurden wegen ihrer langgestreckten Form damals *Chorizo* (Wurst- Häuser) genannt. Am ersten Innenhof lagen die Wohnräume, der zweite war Koch- und Waschplatz und der dritte für die Tiere.

Um 1870 wütete in dieser Gegend das Gelbfieber. Damals glaubte man, daß der Nebel des Riochuelo die Krankheit verbreitete. Wer konnte, floh aus San Telmo und baute neue Häuser etwas weiter westlich der Innenstadt in Richtung des heutigen Congreso und im Norden, heute **Barrio Norte** genannt.

In den 80-er Jahren des 18. Jahrhunderts und in den folgenden drei Jahrzehnten kamen nach San Telmo arme europäische Einwanderer, insbesondere Italiener. Viele der alten Wohnhäuser und der Chorizo-Häuser wurden in *Conventillos* (Ein-Zimmer-Wohnungen, die auf einen gemeinsamen Hof gehen) umgewandelt, um die Flut der neuen Familien so besser beherbergen zu können.

Tango-Bars

Ein Spaziergang durch San Telmo beginnt an der Balcarce - und der Chile-Straße, dem Nordende des Barrios. In der Nähe gibt es verschiedene alte Tango-Bars, wie z.B. **La Casa Rosada** und **La Casa Blanca**; zwei Blocks in Richtung Belgrano-Avenue liegt eine der ältesten, das **Michelangelo**.

Wenn man auf der Höhe der Balcarce-Straße die Chile-Straße überquert, kommt man zu einer Kopfsteinpflasterstraße, der **San Lorenzo**. Zur Rechten stehen schöne alte Häuser. Viele davon sind heute Nachtclubs. Andere Patiohäuser wurden in Appartments, Ateliers und Boutiquen umgebaut. Es stört niemanden, wenn man hineingeht. In der Lorenzo-Straße 317 steht ein solches Gebäude, seine Ziegelwände und Holzdecken sind mindestens 200 Jahre alt.

Am nächsten Block beginnt die Defensa-Straße. Da sie die Hauptroute in die City war, ist sie von vielen alten Villen

gesäumt, von denen einige jetzt ziemlich verfallen sind. Zwei Blocks nach der Ecke Balcarce- und Independencia-Straße liegt die berühmte Tango-Bar **Viejo Almacen**. Das Gebäude ist mindestens 150 Jahre alt, es wurde einst als Britisches Männer-Hospital genutzt.

Die Balcarce-Straße geht nach der Kreuzung mit der Independencia weiter und ist eine der nettesten Straßen zum Bummeln in San Telmo. Am nächsten Block beginnt die **Guifra- Allee**, wo früher viele der alten *Pulperías* waren.

Es folgt die **Carlos Calvo-Straße**, wieder eine enge Kopfsteinpflasterstraße, die wegen der vielen restaurierten Kolonialhäuser besonders reizvoll ist.

Gute Restaurants

Zur Rechten stößt man an der Ecke von Defensa- und Carlos Calvo- Straße auf meh-rere pittoreske Restaurants, wie z.B. das **Comité** und **La Casa de Esteban Lucas**. Den Berg hinunter nach links liegt auf der Carlos Calvo das berühmte teure **El Respecho**. Es ist eines der wenigen kolo-

Die altehrwürdige Apotheke "La Estrella".

nialen Gebäude, das ohne größere Renovierungen funktionsfähig gehalten wurde.

Die schweren kolonialen Möbel und die Wanddekorationen lassen die Atmosphäre des alten Buenos Aires wieder auferstehen. Sogar die Zusammenstellung der Speisekarte ist historisch.

Einen halben Block nach der Carlos Calvo auf der Balcarce-Straße steht das Haus des argentinischen Malers **Castanigno**, dessen Wandgemälde aus den 50-er Jahren an der Decke der Galería Pacífica in der Florída-Straße bewundert werden können. Nach dem Tode des Künstlers hat sein Sohn das Haus in ein Kunstmuseum umgewandelt.

Auf halbem Wege durch den Block steht zur Rechten ein *Conventillo*, das nach seiner Renovierung als Kunstzentrum dient. Beide Stockwerke sind Ateliers mit Blick auf den begrünten Innenhof. Besucher können den Künstlern bei der Arbeit zusehen, am besten am Wochenende.

Der nächste Block beginnt an der **Humberto-Straße 1**. Zur Rechten liegt die alte Kirche **San Pedro González**, erbaut 1770 von den Bethlehem-Priestern.

Gegenüber befindet sich der **Nationale Bildungsrat**. Nebenan weist ein kleines Schild auf das Gebäude einer alten Pulpería hin, die von einer Frau namens Martina Cespedes geführt wurde. Während der britischen Invasion lockte sie mit ihren zahlreichen Töchtern britische Soldaten in ihre Bar, die dann gefesselt der argentinischen Armee übergeben wurden. Obwohl eine ihrer Töchter ein Opfer geheiratet haben soll, wurde ihre Mutter für ihre Tapferkeit mit dem Titel eines Hauptmanns der argentinischen Armee belohnt.

Sonntäglicher Flohmarkt

Schließlich gelangen wir auf die **Plaza Dorrego**. Hier ist jeden Sonntag Markt mit Modeschmuck, Second-Hand-Büchern, Antiquitäten und Kunsthandwerk. Um die Plaza herum liegen Restaurants, Bars und Antiquitätenläden. Einer der schönsten ist im alten Chorizo-Haus **Paisaje de Defenso**, einen Block weiter südlich. Ein reizvolles Geschäftszentrum auf der Defensa-Straße ist die **Galería Sol de French**. Es wurde im Kolonialstil renoviert mit gefliesten Fußböden und schmalen Holztüren. Vogelkäfige und Pflanzen hängen an schmiedeeisernen Haken im Patio.

Wer Lebensmittelmärkte im Freien mag, kann einen Block hinter der Plaza auf der Carlos Calvo einen großen städtischen Markt besuchen.

Der **Lezama Park** liegt nur vier Blocks südlich der Plaza Dorrego an der Defensa. Viele Leute halten diesen kleinen Hügel für den Ort der ersten Stadtgründung. Später war dort die Residenz von Gregorio Lezama, der sie in einen öffentlichen Park umwandelte. Ende des 19. Jahrhunderts war dies ein gesellschaftlicher Treffpunkt mit einem Restaurant, einem Zirkus, einem Boxring und einem Theater. Heute ist der Park etwas heruntergekommen, und der Blick ist wegen der umliegenden Gebäude und dem starken Verkehr nicht mehr reizvoll. Jedoch birgt die alte Villa, heute ein historisches Museum, immer noch nostalgische Erinnerungen.

La Boca

Das Arbeiter-Wohnviertel **La Boca** liegt an der Südspitze der Stadt am Kanal

Ein Conventillo-Haus.

Riochuelo. Das Barrio ist wegen seiner bunt gestrichenen Blechhäuser bekannt und wegen seiner Geschichte als Wohnviertel von Genueser Matrosen und Dockarbeitern im 19. Jahrhundert.

La Boca erwachte Mitte des 19. Jahrhunderts zum Leben, als der internationale Handel und damit verbunden der Hafen in Schwung kam. Um 1870 entstanden Pökelanlagen und Warenhäuser, und eine Straßenbahn erleichterte den Zugang. Mit der Expansion der Häfen der Stadt wurde der Riochuelo ausgebaggert, um Hochseeschiffen die Einfahrt zu ermöglichen. Matrosen und Hafenarbeiter meist italienischer Abstammung ließen sich in der Gegend nieder. Die Blechhäuser, die es in La Boca und auf der anderen Kanalseite in Avellaneda immer noch gibt, wurden aus Material gebaut, das aus dem Inneren verlassener Schiffe stammte. Der Stil und die unkonventionellen Farben wurden in La Boca zur Tradition.

Alte und neue Roman-ik.

Einfluß eines Malers

Der berühmte Maler Benito Quinquela Martín beeinflußte ebenfalls die Farbgebung in dieser Gegend. Quinquela war Waise und wurde um die Jahrhundertwende von einer Hafenarbeiterfamilie in La Boca adoptiert. Als Künstler arbeitete er sein Leben lang daran, das Wesen von La Boca einzufangen. Er malte immer wieder dunkle, gebückte Gestalten inmitten der Hafenbetriebsamkeit.

Bei einem Werk (das Mussolini angeblich ohne Erfolg mit einen Blanko-Scheck von ihm zu kaufen versuchte) ist die riesige Leinwand grell-orange, blau und schwarz angelegt und zeigt Männer, die hastig ein brennendes Schiff entladen.

Die Bewohner des Viertels waren stolz auf ihren Künstler und wurden durch seine Interpretation ihres Lebens beeinflußt. Sie wählten für ihre Häuser noch grellere Farben, und so entstand ein einzigartiger Dialog zwischen ihnen und dem Maler.

Quinquela pachtete die Passage **La Caminita**, schmückte sie mit Wandgemälden und Skulpturen und gründete einen Kunstmarkt zur Förderung argentinischer Künstler. Die buntgestrichenen Häuser und die auf den Leinen flatternde Wäsche bilden

DER EROTISCHE TANGO

Eigentlich hat Argentinien zwei National-hymnen, die offizielle, feierliche und die andere, "Mi Buenos Aires Querido" (Mein geliebtes Buenos Aires). Letztere ist ein Tango, die authentischste Musik des Landes. Heute kommen die legendären Clubs und Musikhallen, in denen der Tango entstand, nur noch in Gedichten und in der Erinnerung alter Leute vor, die die verzwickten Schritte im Goldenen Zeitalter vor dem Zweiten Weltkrieg getanzt haben. Der Tango erlebt jedoch gerade eine Renaissance. Das aufsehenerregende Musical *Tango Argentino* , das 1986 in Europa und den Vereinigten Staaten Furore machte, sowie der wachsende Erfolg des Tanguista Astor Piazzola sind nur zwei Anzeichen dafür, daß die Faszination des Tangos wieder im Kommen ist.

Wo liegt der Ursprung dieser sinnlichen und melancholischen Musik, die unbedingt mit Argentinien und seinem zentralen Nervensystem Buenos Aires identifiziert wird? Die Geschichte beginnt Ende des letzten Jahrhunderts. Das gesamte Río de la Plata-Gebiet in Uruguay und Argentinien wurde mit europäischen Einwanderern überschwemmt. Zusätzlich kamen Tausende von Kreolen heim, entlassene Veteranen der 50 Jahre währenden Bürgerkriege, die auf die Unabhängigkeit von Spanien folgten. Die meisten ließen sich in den Hafenvierteln von Buenos Aires und Montevideo nieder. Diese Italiener, Spanier, Ost-Europäer und jüdischen Immigranten vermischten sich über mehrere Generationen hinweg mit der ansässigen Bevölkerung, die selbst eine Mischung aus Spaniern, Schwarzen und Indianern war. Und jede dieser Gruppen hatte ihre eigene unverwechselbare Musik.

In dieser unerbittlichen, von Armut geprägten Welt vorwiegend männlicher Immigranten und kriegsmüder Ex-Soldaten verquickten sich die pulsierenden Rhythmen des *Candomblé* der afrikanischen Sklaven mit den eindringlichen Melodien Andalusiens und Süd-Italiens und den beliebten *Milongas* der Gegend. Irgendwann zwischen 1880 und 1890 verschmolzen alle diese Elemente miteinander, und es entstand etwas Neues: der Tango.

Wann und wo das genau geschah, bleibt im Dunkeln. Aber eines ist sicher, sein Debut fand nicht in "der guten Gesellschaft" statt. Der wichtigste Treffpunkt der unteren Klassen war damals das Bordell. Diese Etablissements in den halbländlichen Gebieten von Buenos Aires um Retiro (das heutige Gebiet der Nord-Bahnhöfe) und Palermo sowie in den Hafengebieten von La Boca und der 25 de Mayo-Straße, wie auch in den Straßen um die Plaza Lavalle waren die kulturellen Schmelztiegel jener Zeit. In den Salons, wo die Kunden warteten, spielten und sangen Musiker suggestive und oft obszöne Lieder, die den Tango schon früh verrufen erscheinen ließen. Die frühe Tangolyrik war eine Gelegenheitsdichtung, von der nur noch Textfragmente erhalten sind, und ihre Autoren sind nicht oder nur mit fantasievollen Spitznamen bekannt. Erst im Jahre 1896 setzte ein Pianist, der Mulatte Rosendo Mendizabal, seinen Namen unter *El Enterriano* und schuf so den ersten namentlich signierten Tango.

Aber die Männer, die nachts in den Bordellen den Tango hörten, lebten tagsüber in den dicht bevölkerten älteren Stadtteilen im Süden von Buenos Aires. Unvermeidlich sickerte der Tango in die Patios, gespielt von Orgeldrehern aus der Nachbarschaft, und wurde allmählich Teil kultureller Ereignisse, wie der beliebten Sainetes-Theaterstücke.

Zu Beginn des neuen Jahrhunderts erreichte der Tango ein zweites Stadium, in dem sein Publikum alle, außer den immer noch ablehnenden

Tanguistas spielen auf der Straße.

obersten Gesellschaftsschichten, umfaßte.

Während dieser frühen Jahre war die Zusammensetzung eines Tango-Orchesters höchst unterschiedlich. Da viele Musiker arm waren, begnügten sie sich meist zwangsläufig mit den Instrumenten, die von den Veranstaltern gestellt oder vermietet wurden. Zu Gitarren, Geigen, Flöten und dem schwer zu transportierenden Klavier kam das speziellste aller Tangoinstrumente, das Bandoneon, ein enger Verwandter des Akkordeons.

In der ersten Dekade dieses Jahrhunderts veränderte sich die Stadt und mit ihr der Tango. Die expandierende Agro-Exportwirtschaft brachte engere Kontakte mit Europa, und reiche Argentinier, die dort die Clubs und Cafés in Europa besucht hatten, suchten nach ähnlicher Unterhaltung zu Hause.

Eine Reihe der alten und berüchtigten Clubs, Bars und Bordelle stellten sich schnell auf den neuen Bedarf ein, und es entstanden im Lauf der Zeit elegante Cabarets.

Eine weitere Veränderung kam durch die Schallplatte. 1913 wurde eine begrenzte Zahl von Platten gepreßt, und 1917 brachte die Plattenfirma Victor das Lied *Mi Noche Triste* heraus, gesungen von dem jungen Carlos Gardel. Das war in vieler Hinsicht das Ende einer Epoche und der Beginn einer neuen.

Carlos Gardel wurde der erste internationale Superstar des Tango. Ein Blick auf seine Karriere zeigt die wichtigsten Entwicklungen dieses Genres in seinen goldenen Tagen. Ungeachtet des Streits unter den Aficionados wurde Gardel höchstwahrscheinlich um 1881 in Uruguay, dem anderen Heimatland des Tango, geboren. Die Plattenaufnahmen, das Radio, die sprechenden und laufenden Bilder des Kinos machten Gardel zum Star und den Tango zu einer Musik mit einem weitreichenden Echo. 1929 ging Gardel nach Frankreich, wo er in Joinville Filme drehte, und 1934 unterschrieb er einen Vertrag mit Paramount für 5 Filme. Als er 1935 bei einem Flugzeugabsturz in Kolumbien starb, war Gardel die Personifizierung des Tangos. Als das Schiff mit seinem Sarg im Hafen von Buenos Aires anlegte, waren Hunderttausende versammelt, um dem "Pibe de Abasto" (Jungen von nebenan aus dem Barrio Abasto, dem Gebiet um den ehemaligen Zentralmarkt) das letzte Geleit zu geben. 1984 wurde sogar die dortige U-Bahn-Station nach Gardel umbenannt.

Die schwankende Beliebtheit des Tango im Lauf der Jahrzehnte war immer an gesellschaftliche Bedingungen geknüpft. In den späten 30-er Jahren nahm sie drastisch ab, um schließlich unter den peronistischen Regierungen 1945 und 1955 wieder neue Höhen zu erreichen, als das Nationalgefühl blühte und das Arbeitereinkommen stieg, so daß neue Clubs und Tanzhallen Hochkonjunktur hatten. Ende der 50-er Jahre steckte der Tango aber erneut in der Krise, einerseits wegen der politischen Niederlage seiner populären Förderer, andererseits wegen dem Ansturm der neuen Musikformen wie dem Rock'n Roll, aber auch wegen dem allmählichen Verschwinden der großen Namen des Tango. Neue Namen und neue Ideen tauchten jedoch schon wenig später wieder auf, wie der Tango zu retten und wiederzubeleben sei. Darüber entbrannten Streitigkeiten, ja sogar Feindseligkeiten zwischen Vertretern der alten Garde und den Jungen. Zweifellos ist heute der wichtigste Neo-Tanguista Astor Piazzola, dessen Ausbildung als klassischer Musiker sowie seine Jazz-Erfahrung eine Reihe gewagter musikalischer Fusionen entstehen ließen, die in den USA und in Europa immer mehr Beifall finden. Astor Piazzola gilt heute, neben Mercedes Sosa, weltweit als eine Art musikalischer Botschafter seines Landes.

Tanzcafé
ot die Tradi-
n.

den Hintergrund zu diesem reizvollen kleinen Durchgang, in dem Künstler an Ständen Aquarelle und andere Werke an Touristen verkaufen.

Der Spaziergang durch La Boca beginnt bei La Caminita. Es lohnt sich, vom Fluß aus in nördlicher Richtung, dann einmal um den Block und wieder zum Fluß zurück zu gehen, um einen Eindruck von einer normalen Wohnstraße zu bekommen. Die Blechhäuser wurden nicht für die Touristen gebaut, es sind vielmehr komfortable, richtige Häuser. Oft führt ein langer Korridor zu den holzvertäfelten Wohnungen. Die Kopfsteinpflasterstraßen werden von großen Platanen beschattet, und hohe Bürgersteige zeugen von ständigen Überschwemmungen.

La Vuelta de Rocha, wo La Caminita beginnt, ist eine kleine dreieckige Plaza mit einem Schiffsmast. Von dort überblickt man die Hafengegend, die vielleicht genauer als Schiffschrottplatz bezeichnet werden sollte. Dort liegen mehr halbgesunkene oder leckgeschlagene als fahrtüchtige Boote. Je nach Windrichtung wehen dem Besucher die strengen Gerüche des Kanals

entgegen, der so verschmutzt ist, daß sein Wasser als tot gilt. Die Anwohner geben die Schuld dafür den alten Schlachthöfen flußaufwärts, die früher ihre Abfälle in den Kanal kippten.

Östlich, an der Pedro de Mendoza, der parallel zum Kanal verlaufenden Straße, liegt das **La-Boca-Kunst-Museum** (Mendoza 1835). Das obere Stockwerk wurde von Quinquela einst als Atelier-Wohnung genutzt. Viele seiner wichtigsten Bilder sind hier ausgestellt, und man kann das bescheidene Appartment seiner letzten Lebensjahre besichtigen. Vom Studio-Fenster aus blickt man direkt auf die von Quinquela so oft in seinen Bildern festgehaltene Hafenszenerie.

Laute Cantinas, rauhbeiniger Fußball

Kurz hinter der Avellaneda-Brücke stößt man auf die **Nicochea-Straße**, wo laute Cantinas einen scharfen Kontrast zu der gedämpften Atmosphäre der Restaurants in anderen Teilen von Buenos Aires bilden. Diese Cantinas waren ursprünglich Kasinos der Seeleute, und die Stimmung

erinnert an die Jazzclubs in New Orleans.

Die bunten Wandgemälde Tango-tanzender Paare, die auf den Bürgersteig hinausgestellten dröhnenden Boxen und die aufdringlichen Türsteher im Kampf um die Touristen sind eher dazu angetan, diese zu vertreiben. Aber auf den zweiten Blick ist alles nur halb so schlimm. Familien aus der Provinz sind hier am feiern Senioren singen ihre Lieblingslieder und tanzen inmitten der Ballons und bunten Bänder. Außerdem ist es für jeden heimkehrenden Seemann Pflicht, abends in der Nicochea-Straße auszugehen. Der größte Betrieb ist auf dem Stück zwischen der Brandson- und der Suárez-Straße.

Zwei Blocks weiter westlich liegt die **Avenida Almirante Brown** , die Haupt-Durchgangsstraße von La Boca. Die Avenida hat außer ihren hervorragenden Pizzastuben keinen besonderen Reiz. Die *Porteños* kommen aus allen Teilen der Stadt, um hier in La Boca eine *Fugaza* , die Käse-Zwiebel- Pizza, oder eine Pizza a la Piedra zu essen: eine Pizza aus dünnem Teig, die in einem gemauerten Ofen gebakken wird. Eine der bekanntesten Pizzerias ist **Rancho Banchero**, an der Ecke der Suárez- und Almirante Brown.

La Boca ist auch für seine Fußballmannschaft berühmt, in der Diego Armando Maradona spielte. Als Argentinien 1986 die Fußball-Weltmeisterschaft gewann, stahl Maradona mit seinen Siegestoren allen die Show. Obwohl er heute in Italien spielt, verfolgen seine Fans aufmerksam seine Karriere, und seine Erfolge in Neapel füllen in Buenos Aires die Schlagzeilen.

Das Nord-Viertel

Das nördliche Gebiet mit den Barrios Retiro, Recoleta und Palermo ist das teuerste Wohn- und Geschäftsviertel der ganzen Stadt. Elegante, um die Jahrhundertwende gebaute Villen erinnern den Besucher unwillkürlich an Paris, obwohl die Baustile von sehr unterschiedlichen Einflüssen geprägt sind.

Bis Ende des 19. Jahrhunderts war diese Gegend, abgesehen von einem Schlachthof, unbebaut. Große Teile des Gebietes lagen unter Wasser. Um 1870, nach der Gelbfieberepidemie, zogen viele der wohl-

Links und rechts: Die bunte Architektur von La Boca.

habenderen Familien vom Süden in den Nordteil der Stadt um.

Als Präsident Rocas nach 1880 Buenos Aires zum Paris Lateinamerikas machen wollte, fanden große Veränderungen statt. Prominente Argentinier reisten nach Paris, und zurück kamen sie höchst beeindruckt und mit Ideen und Materialien für die Umwandlung von Buenos Aires in ein kosmopolitisches Zentrum.

Rocas' Politik war und ist umstritten. Kritiker befürworteten eine eher nationalistische, auf die Entwicklung des Hinterlandes ausgerichtete Politik. Ohne Zweifel gebührt der Generation der 80-er Jahre des letzten Jahrhunderts jedoch die Ehre, Buenos Aires zu einer großen Stadt gemacht zu haben. Eine Rundfahrt beginnt am Ostrand der Stadt, dort wo die Avenida Florída in die Plaza San Martín mündet.

Wenn man oben auf dem Berg der **Plaza San Martín** inmitten der großen, alten Palmen, Jacarandas, Tipus- und Palo Borracho-Bäume steht, hat man einen herrlichen Blick auf das Barrio Retiro. Über die Straße am Fuße des Hügels liegt der alte **Bahnhof von Retiro**. Daneben steht der **Britische Turm**, dessen Platz nach dem Falklandkrieg in Platz der Luftwaffe umgetauft wurde. Das Sheraton Hotel liegt ebenfalls im Blickfeld, und weiter südlich stehen eine Reihe hoher Bürohäuser aus Glas und Chrom, die **Catalinas**. Sie wurden Ende der 70-er Jahre fertiggestellt und sind, abgesehen von wenigen Ausnahmen, wie z.B. dem Rolero, einem hohen Rundbau auf der Avenida Libertador, der einzige größere Komplex, der der City seit den 40-er Jahren hinzugefügt wurde.

Von der Plaza San Martín aus kann man ganz rechts das **Kavanagh-Gebäude** sehen, das 1936 erbaut wurde und angeblich das erste Hochhaus Lateinamerikas war. Gleich nebenan befindet sich das renommierte **Plaza Hotel**, wo solche Berühmtheiten wie Isabel Perón, der Schah von Persien und Fidel Castro logierten. Auf der gegenüberliegenden Seite der Plaza stehen zwei sehenswerte alte Villen. Eine davon ist das 1909 erbaute Herrenhaus der Familie Anchorena.

Später wurde es als Außenministerium genutzt, bis dieses 1984 in die Reconquista-Straße verlegt wurde. Eine weitere

Ein Moment der Ruhe auf der Plaza San Martín.

prächtige Privatvilla aus dem Jahr 1902 findet man an der Ecke Maipú- und Santa Fé. Sie wird heute als Offiziersclub und Waffenmuseum genutzt.

Modische Käufer

Bevor wir uns nach Recoleta aufmachen, möchten Shopping-Fans vielleicht einen Abstecher in die **Avenida Santa Fé** unternehmen, eine der Haupt-Einkaufsstraßen. Die meisten Geschäfte liegen zwischen der Callao und der 9 de Julio. Hier gibt es unzählige Boutiquen, die Kleidung, Schuhe, Schokolade, Lederwaren, Wäsche, Porzellan und Schmuck feilbieten. Die größte Attraktion ist jedoch wahrscheinlich der Anblick der nach der neuesten Mode gekleideten jungen *Porteñas* aus dem Barrio Norte, die dort bummeln.

Recoleta, oft als Barrio Norte bezeichnet, liegt nördlich von Retiro. Der 20-minütige Spaziergang von der Plaza San Martín zum Friedhof in Recoleta vermittelt einen reizvollen Eindruck von einer Szenerie, die manche **Porteños** mit ihren "goldenen Jahren" (1880-1920) assoziieren. Die prunkvollsten Paläste findet man an den Avenidas Tres Arrollos und Alvear.

Die **Französische Botschaft** in der 9 de Julio Alvear kann man kaum verfehlen, nicht nur wegen ihrem luxuriösen Äußeren, sondern auch, weil es das einzige noch vorhandene Gebäude in der Mitte der breiten Staße ist. Zwei Blocks weiter, Alvear 1300, auf der **Plaza Carlos Pellegrini** stehen noch zwei andere großen Villen, die **Brasilianische Botschaft** und der exklusive **Jockey Club**.

Einige der besten und teuersten Geschäfte sind in der **Alvear** zu finden. Nr. 1777 und 1885 sind elegante Geschäftszentren, ideal für einen Schaufensterbummel. Parallel zur Alvear liegt die **Avenida Quintana**, ebenfalls ein teures Einkaufsgebiet.

Die Quintana endet an der **Plaza Ramón Carcano** und dem Friedhof von Recoleta. Hier sollte man im **La Biela** oder in einem der zahlreichen, den Platz überblickenden Straßencafés Croissants mit Kaffee einnehmen.

Im Schatten eines riesigen Gummibaumes kann man zum Eingang des berühmten Friedhofs von Recoleta sehen, auf gepfleg-

te Parks und Gärten und zur hübschen **Basilica Pilar** mit einem Kloster im Stil des amerikanischen Barock, das heute als Kultur-Zentrum genutzt wird.

Die **Plaza Recoleta** ist zweifellos der schickste Platz in der Stadt. Der Kaffee ist doppelt so teuer wie anderswo, aber niemand scheint das zu stören. Studenten treffen sich hier an warmen Sommerabenden, um zu sehen und gesehen zu werden. An sonnigen Nachmittagen erobern Mütter aus der Gegend die Promenade mit Dutzenden von Babies und blonden Kleinkindern. Der Rasen gehört den reinrassigen Hunden und ihren wohlhabenden Besitzern, die sich hier ebenfalls treffen.

Diese zivilisierte Plaza hat ironischerweise eine blutige Vergangenheit. Sie wurde als *Hueco de Cabecitos* genutzt, als Mülhalde für die Köpfe der wegen ihrer Häute geschlachteten Rinder. Wie auch im Falle anderer *Huecos* , führte ein Bach vorbei, in den viele Abfälle geworfen wurden. Das Fleisch wurde nicht gegessen, und angeblich mußten schwarze Frauen die Kadaver wegbringen.

Der Bach wurde um 1770 unter die Erde

Blumenbekränzte Ehrerbietung für den großen Befreier.

verlegt, und die Priester von Recoleta legten einen Obst- und Gemüsegarten an. Bis 1850 floß der Río de la Plata am Rand der Plaza vorbei, wo heute die Avenida Libertador verläuft. Unter Rosas' Regierung wurde mit der Trockenlegung begonnen. Erst um 1870 zog vornehmlich die wohlhabende Bevölkerungsschicht in dieses nördliche Barrio.

Zwischen 1716 und 1732 wurde die **Basilica unserer Lieben Frau von Pilar** gebaut. Spätere Restaurierungen blieben der ursprünglichen Schlichtheit ihrer jesuitischen Erbauer Andrés Blanquí und Juan Primoli treu. Ein großer Teil des Baumaterials, wie die Steine und die schmiedeeisernen Tore, kamen aus Spanien. Da Buenos Aires in der Pampa liegt, gibt es keine Steinbrüche, und erst viel später konnten Steine von einer Insel im Delta herangeschafft werden.

Unter den in der Kirche erhaltenen historischen Schätzen zieht vor allem ein silberbeschlagener Altar die Aufmerksamkeit auf sich, der wahrscheinlich aus Peru stammt. Wie viele andere koloniale Kirchen, wurde auch diese während der britischen Invasion von den Engländern als Lazarett benutzt.

Evitas letzte Ruhestätte

Der **Recoleta-Friedhof** ist die letzte Ruhestätte für Reiche und Berühmte und der teuerste "Landbesitz" Argentiniens. Hat man das Eingangstor passiert, so meint man in einer Miniaturstadt zu sein, und tatsächlich zeigt sich hier die architektonische und künstlerische Geschichte von Buenos Aires seit der Friedhofs-Gründung im Jahre 1882. Die großen Führer des Landes sowie ihre Feinde sind hier beerdigt.

Allerdings wird hier die Spaltung der argentinischen Gesellschaft deutlich, und zwar nicht nur durch die unterschiedlichen Baustile, sondern auch dadurch, wer hier begraben liegt und warum.

Zum Beispiel ist eines der am häufigsten besuchten Gräber das von Evita Perón. Trotzdem leugnete ein Tourismusbeamter beharrlich, daß sie dort begraben sei und erklärte, sie gehöre nicht zu "der Kategorie" von Personen, die in Recoleta beerdigt würden. Tatsächlich liegt sie neun Meter

Die koloniale Anmut der Pilar-Kirche.

tief in der Erde, um ihre Feinde davon abzuhalten, ihre Leiche zu stehlen, wie im Jahr 1955 geschehen.

Parks und Helden

Am Fuß der Anhöhe von Ricoleta liegt die Avenida Libertador, und bevor man auf ihr die Avenida Figueroa Alcorta erreicht, passiert man eine Reihe von Parks und Gärten, allesamt gut geeignet für Jogger, die einmal etwas anderes als die hübschen Felder und Wälder von Palermo sehen wollen. Unten steht eines der schönsten Denkmäler von ganz Buenos Aires, das Reiterstandbild des **General Alvear**. Eine Achterbahn sowie ein Riesenrad vom nahegelegenen Vergnügungspark bilden einen seltsamen Hintergrund zu dieser großartigen Skulptur.

Gegenüber liegt das Kunstmuseum mit hervorragenden Gemälde- und Skulpturensammlungen argentinischer wie ausländischer Künstler. Fast am Ende der Reihe von Plätzen befindet sich die **Chilenische Botschaft**, dahinter eine der schönsten öffentlichen Gartenanlagen dieses Gebiets. In der Nähe steht das rekonstruierte Haus des Unabhängigkeitshelden General San Martín, und davor sind einige seiner Freunde als Statuen verewigt.

Palermo Chico, eine Wohngegend der reichen und berühmten Leute, liegt gerade um die Ecke. Das heißt, um ein Gefühl für diese exklusive Wohngegend zu bekommen, muß man um einige Ecken gehen. Es ist ein romantischer Ort der Paläste, vom Rest der Stadt durch seine gewundenen Straßen abgesetzt, die alle von "draußen" auszuschließen scheinen. Filmstars, berühmte Sportler und Diplomaten bilden diese ungewöhnliche Gemeinde.

Das Viertel wurde um 1880 zusammen mit dem Gebiet Recoleta erbaut. Viele der alten Villen im französischen Stil werden heute als Botschaftsgebäude genutzt, da die ursprünglichen Besitzer ihren luxuriösen Lebensstil nicht aufrecht erhalten konnten. Es gibt dort auch viele neue Holz- und Backsteinhäuser mit roten Ziegeldächern, die aber den Steinpalästen nicht das Wasser reichen können.

Das übrige Palermo ist vor allem für seine Gärten und Parks bekannt. Es um-

Auf dem Friedhof von La Recoleta.

schließt Hunderte von Morgen exotischer Vegetation mit einer seltsamen Gegenüberstellung von Pinien und Palmen, und es bietet ein ebenso eklektisches Angebot von Vergnügungsmöglichkeiten.

Es gibt nur wenige Städte in der Welt mit einer solchen Freizeit-Infrastruktur, und hierin liegt zweifellos ein Schlüssel zum Verständnis der *Porteños*. Hier kann man die Hektik der Stadt vergessen, und die *Porteños* laden sich mit dem Sauerstoff aus der überquellenden Vegetation auf. Man sieht hier zahllose Familien beim Picknick, Männer unter sich, junge Paare im Gras, die den strengen Augen ihrer Eltern entflohen sind - und selbstverständlich viele Babies.

Sport und Snacks

Ein schöner, aber langer Ausflug durch Palermo könnte in Palermo Chico beginnen. Das Herzstück der Parkanlagen, der **Parque 3 de Febrero**, liegt von der Spitze von Palermo Chico sechs Blocks auf der Avenida Figueroa Alcorta entfernt.

Der Park umschließt 400 Hektar Felder,

Wälder und Seenfläche. Es gibt hier viele Sehenswürdigkeiten. In Richtung Avenida Sarmiento auf der Figueroa Alcorta kommt man rechts an der Nationalen Kavallerie vorbei, und daran anschließend liegt das **KDT-Sportgelände**. Eine bescheidene Eintrittsgebühr (gewöhnlich um einen Dollar) verschafft Zugang zu ausgezeichneten Sportanlagen, wie Tennisplätzen, Sprintbahnen, einem Hallenbad, sowie zu einem Café mit einer Aussichts-Terrasse. Viele kommen aber auch nur hierher, um sich auf dem gepflegten Rasen vorzubräunen, ehe sie die Strände von Mar del Plata oder Punta del Este bevölkern.

Auf der anderen Straßenseite liegt der **japanische Botanische Garten**. Die außergewöhnliche Anlage mit von weißen Holzbrücken überspannten Fischteichen macht diesen Garten zu einem der schönsten Spazierorte der Stadt.

Die Kreuzung der Figueroa Alcorta mit der Sarmiento, der breiten, den Park durchquerenden Avenida, ist durch eine riesige Statue des **Generals Urquiza** markiert, der nach seinem Putsch gegen General Rosas 1852 Präsident wurde.

Sonnenbaden.

Rechts auf der Sarmiento liegen das für die Öffentlichkeit zugängliche **Städtische Planetarium** sowie ein kleiner künstlicher See. Man kann dort Paddelboote mieten, und es gibt eine Bilderbuch-Brücke für Fußgänger, die zu Kieswegen mit vielen Steinbänken und Rosenbeeten führt. Verkäufer bieten Eiscreme an, geröstete Erdnüsse, Popcorn und kandierte Äpfel; andere haben sich auf *Choripan* (Wurstsandwich) und Sodawasser spezialisiert. Von einem Café aus überblickt man das betriebsamste Gebiet am See.

Die **Avenida Iraola** schlängelt sich um den See und von dort zurück zur Avenida Libertador und Avenida Sarmiento, auf deren Kreuzung ein anderes großes Denkmal steht. Dieses Denkmal war ein Geschenk von der spanischen Gemeinde, und ist heute umgeben von einem schäumendem Springbrunnen, an dem man sich erfrischen kann.

Viele *Porteños* nutzen die Dienste von professionellen Hundeausführern.

Kinder und Tiere

An der Ecke entdeckt man den Hintereingang zum Zoo. Der Haupteingang befindet sich an der Avenida Las Heras. Der **Stadt- Zoo** ist mit seinen vielen südamerikanischen Vögeln und Affen ein interessanter Ort. Die lustigste Attraktion sind jedoch die Kinderhorden, die von einem Käfig zum nächsten rennen.

Gegenüber dem Haupteingang des Zoos auf der Plaza Italia befindet sich die **Sociedad Rural**, ein Zusammenschluß der grossen Farmer des Landes. Die Gesellschaft organisiert Hunde-, Pferde-, Rinder- , aber auch Automobil-Ausstellungen.

Die **Plaza Italia** liegt an der Kreuzung der Avenidas Las Heras, Santa Fé und Sarmiento. Der betriebsame Platz verfügt über keinen besonderen Reiz. Am Wochenende geht es in dieser Gegend ziemlich bunt zu. Denn in den angrenzenden Blocks findet dann der sogenannte "Hippie-Markt" statt. Die Verkaufsstände werden oft von bärtigen Typen in Sandalen geführt, die ihre selbstgemachte Ware feilbieten. Sie verkaufen Keramikhumpen, Aschenbecher, Lederschuhe, Gürtel, Handtaschen, Schmuck und Batikkleider. Am letzten Block werden Second-Hand-Bücher und Zeitschriften angeboten.

Die Plaza ist oft Schauplatz politischer Veranstaltungen, vor allem der Linksparteien wie der MAS (Bewegung für den Sozialismus) und der PI (Unversöhnlichkeits-Partei). Dann werden Informationstische aufgestellt, und man organisiert politisch-kulturelle Darbietungen wie Marionetten- und Straßentheater, das sich auch die Leute anschauen, die gerade auf dem Weg in den Zoo zur "Sociedad Rural" oder zum Hippie-Markt sind.

Der andere Anziehungspunkt in diesem Gebiet ist das **Hippodrom**, die Pferde-Rennbahn. Der Haupteingang befindet sich an der Santa Fé-Straße, kurz hinter der Plaza Italia.

Von Buenos Aires aus gibt es unzählige Möglichkeiten, einen Tagesausflug zu unternehmen, sei es in eine der kleinen Pampastädte oder nördlich entlang des Flusses zum Delta mit seinen vielen Inseln. Im folgendem machen wir drei Vorschläge.

Tigre

Tigre ist eine alte Stadt an der Delta-Mündung. Hier wird das Obst gelagert, das per Schiff aus den nördlichen Provinzen kommt und für Buenos Aires bestimmt ist. Aber vor allem lebt Tigre von den Sommer-touristen und Wochenendausflüglern. Sie kommen zum Fischen heraus, zum Rudern, Wasserskifahren, und um die verschlunge-nen, an Hunderten von kleinen Inseln vorbeifließenden Kanäle zu befahren.

Obwohl nur 28 km von Buenos Aires entfernt, ist die Luft hier klar, die Vegetation subtropisch und die Stimmung entspannter. Die meisten der Inselbewohner kommen selten in die Hauptstadt. Sie gehen entweder nach Tigre oder machen ihre Einkäufe einfach auf kleinen Geschäftsbooten, die einmal am Tag hier anlegen. Es gibt dort so gut wie keine Kriminalität, und man sagt, daß die Hunde hier nie krank würden, da sie durch das Trinken des braunen Flußwassers gegen alles immun seien.

Nach der Besichtigung der reizvollen begrünten Wohngebiete des Städtchens kommt man zur Haupt-Promenade entlang des Flußufers, dem **Paseo Victoria**. Die Straße säumen alt-englische Ruderclubs und *Parilla*-Restaurants.

Eine der imposanten Skulpturen auf der Avenida Libertador.

An kleinen Landestegen liegen *Lanchas* (Taxiboote). Es gibt auch größere Fähren, die zweistündige Rundfahrten anbieten. Sie liegen an der Mole neben dem Bahnhof. An Bord gibt es sogar ein Restaurant. Man kann auch Schiffe für Flußparties mieten, und es gibt eine Fähre, die zu den Stränden Uruguays übersetzt.

Die Stadt ist von Buenos Aires aus mit öffentlichen Verkehrsmitteln leicht zu erreichen. Von Retiro aus geht ein Zug, und es fährt der Bus Nr. 60 ab Constitución durch die City bis zum Hotel Tigre.

Lujan

Lujan ist eine der ältesten Städte des Landes und wird heute von argentinischen Touristen hauptsächlich wegen ihrer religiösen Bedeutung besucht. Es liegt 60 km westlich von Buenos Aires am Río Lujan. Züge nach dort gehen ab Once und benötigen zwei Stunden, da sie unterwegs in jeder kleinen Stadt in der Pampa halten.

Die **Basilica von Lujan** ist ein großartiger neo-gotischer Bau, der nach 50-jähriger Bauzeit 1935 fertiggestellt wurde. Die große Attraktion in der Basilika ist die Statue der **Jungfrau von Lujan** aus dem Jahre 1630.

Am 8. Dezember eines jeden Jahres pilgern Hunderttausende junger Katholiken von Buenos Aires hierher, um in ausgelassener Stimmung die *Fiesta de Nuestra Señora de Lujan* zu feiern.

Der Río Lujan fließt durch die Stadt, und in der Kolonialzeit wurden die nach Nordwesten fahrenden Schiffe hier nach Schmuggelware durchsucht. Wenn es nicht gerade geregnet hat, dient der Fluß für Anwohner und Touristen zur Erholung.

In Lujan gibt es verschiedene Museen. Das **Complejo Museo Gráfico Enrique Udaondo**, in einem beeindruckenden kolonialen Gebäude, legt Zeugnis von den Gebräuchen und der Geschichte des Landes ab. In einem Anbau ist das **Verkehrsmuseum** untergebracht. Außerdem gibt es noch das **Museo de Bellas Artes** im Florentino Ameghino- Park, das hauptsächlich zeitgenössische argentinische Kunst zeigt.

An nationalen und religiösen Feiertagen werden spektakuläre Gaucho-Turniere abgehalten. Die meisten Teilnehmer sind

Bootsfahrt
im Delta bei
Tigre.

wirklich Nachfahren von Gauchos und arbeiten jetzt als Farmarbeiter, aber ihre Trachten und Sättel sind diesen Gelegenheiten vorbehalten.

Das hochgelobte Restaurant **L'Eau Vive** (Constitución 2106) wird von einer Gruppe Missionarinnen geführt. Die Spezialität des Hauses ist Forelle. Montags und dienstags ist es geschlossen, und es empfiehlt sich, vorher zu reservieren. Autofahrer sollten auf dem Weg nach Lujan anhalten, um sich das Freigehege **Mundo Animal** (Tierwelt) anzuschauen. Dort laufen Lamas, Schafe, Pferde, Kühe und Hirsche dem Auto hinterher und wollen gefüttert werden. Die Löwen, Affen und andere wilde Tiere sind in Gebieten untergebracht, in denen man nicht aus dem Auto steigen darf.

La Plata

La Plata ist die Hauptstadt der Provinz Buenos Aires, 56 km südlich von Buenos Aires. Es ist eine typische argentinische Provinzstadt. Das Leben ist dort nicht so hektisch, die Stadt ist sauber und ordentlich

und rühmt sich ihrer eigenständigen politischen und kulturellen Aktivitäten.

Vom **Bahnhof Constitución** aus dauert die Zugfahrt nach La Plata zwei Stunden. Südlich der Stadt kommt man durch ein von Armen und Arbeitern bewohntes Industriegebiet. Eine Reihe schäbiger Vorstädte säumten die Schienen.

38 km von Buenos Aires entfernt, wo sich die Straßen Nr.1 und Nr.14 trennen, liegt die ehemalige Estancia der Familie Pereyra. Perón ließ sie enteignen und wandelte den Besitz in einen Erholungspark für die in der Nähe lebenden Arbeiter um. Daneben liegt wiederum ein Safari-Zoo. 14 km weiter südlich passiert man die **Ciudad de los Niños** (Stadt der Kinder), ein herrliches, von Evita Perón in den 50-er Jahren geschaffenes Erholungsgebiet für Kinder.

Ein paar Kilometer weiter auf der Straße Nr.1 kommt man in die Stadt **La Plata**, die 1882 von Dr. Dardo Rocha gegründet wurde. Der Stadtplan stammt von Pedro Benoit und hat die Form eines Rechtecks mit numerierten horizontalen und vertikalen Straßen, sowie diagonal verlaufenden Avenidas dazwischen.

Die baumbestandenen Straßen, öffentlichen Plätze und Parks atmen Ordnung und Sauberkeit.

Jenseits der Plaza San Martín befinden sich der **Provinzrat**, der **Regierungs-Palast** und die **Paisaje Dardo Rocha**. Die neo-gotische **Kathedrale von La Plata** steht auf der Plaza Mariano Moreno. Gegenüber der Plaza befindet sich der **Stadt-Palast**. Einen Block weiter stößt man auf das **Teatro Argentino**.

Im Zentrum der Stadt liegen gleich mehrere hübsche Parks unmittelbar hintereinander, genannt Paseo de Bosque, mit Seen, einem größeren Zoo als in Buenos Aires, einer Sternwarte und dem **Teatro Martín Fierro**. La Plata ist für sein schon 1884 gegründetes **Naturwissenschaftliches Museum** berühmt. Dieses im Paseo de Bosque gelegene Museum zeigt zahlreiche faszinierende geologische, zoologische und archäologische Besonderheiten. Das **Museo Provincial de Bellas Artes** in der 51. Straße Nr.525 verfügt über eine exzellente Sammlung argentinischer Malerei und Bildhauerkunst. Nur ein paar Blocks weiter liegt die große **Universität** der Stadt La Plata.

Links: Ein kleines Stück gut erhaltenen Kulturerbes. Rechts: Innerer Friede in der Kathedrale von La Plata.

GLÜCKSSPIELER UND FERIENSPIELER

Wessen Freizeitinteressen auf gesellschaftliche und mitmenschliche Erfahrungen ausgerichtet sind, für den ist ein Urlaub in Argentinien der richtige Platz. An der ausgedehnten Atlantikküste, in einer Reihe von Seebädern für jeden Geschmack und jedes Portemonnaie kann man die Argentinier beim Spiel sehen. Obwohl ihr Land gewaltig groß ist und eine erstaunliche Vielfalt anregender Ferienziele besitzt, scheinen nur wenige Argentinier ein Interesse daran zu haben, es kennenzulernen. Stattdessen eilen sie an die Küste. Jahr für Jahr kommen sie wieder an denselben Ort, und oft mieten sie sogar immer denselben Bungalow.

Dieses Unterhalten einer Zweitwohnung führt zu einem echten Gemeinschaftsgefühl an jedem Ferienort. Familien, die oft die meiste Zeit des Jahres weit voneinander entfernt leben, sehen sich jeden Sommer, erleben, wie die Kinder groß werden, und bleiben mit den Neuigkeiten stets auf dem Laufenden.

An diesen Stränden verbringen die Älteren den Tag mit Kartenspielen wie *Truco* und *Canasta* , während die Jungen schwimmen und Tischtennis und Volleyball spielen. Junge Frauen stolzieren in ihren *cola*-freien Bikinis umher (was man grob mit schwanzlos übersetzen kann; die Rückseite dieser Badeanzüge zeigt nämlich frappierend wenig Stoff), und jedermann wirkt entspannt und glücklich, dem Wahnsinn des Stadtlebens wieder mal entronnen zu sein.

Die Argentinier sind auf ihre Riviera sehr stolz. Es herrscht ein scharfer Wettbewerb zwischen allen Seebädern des Südatlantik, und einige der heißen Plätze Argentiniens sehen sich selbst als Rivalen von Orten wie Punta del Este in Uruguay. Die Mode wechselt im Minutentakt, und viele Modelaunen gehen tatsächlich von hier aus. Die Schickeria legt großen Wert darauf, hier wenigstens einmal während der Sommersaison gesehen zu werden.

Wenn Sie also bisher von der argentinischen Gesellschaft nur Leute unter dem Druck des *Porteño*-Lebens kennengelernt haben, dann ist es keine schlechte Idee, die Küste zu besuchen, wo jedermann lächelt. Und es ist auch kein schlechter Platz für einen Urlaub.

Vorherige Seiten: Ein erholsamer Urlaubstag am Strand bei Mar del Plata. Links: Netzeflicken gehört zur Fischerei.

MEER UND BERGE

Schon als die ersten europäischen Forschungsreisenden Anfang des 16. Jahrhunderts an dieser Küste entlangsegelten, sah die Landschaft, die sie erblickten, nicht viel anders aus als heute. Der Unterschied ist natürlich das gelegentliche Auftreten von Siedlungen, die sich mit ihren niedrigen weißen Häusern und hier und da einem Hochhaus am Rand der Pampa erheben. Diese landschaftlich schöne Küste ist als **Atlantida Argentina** bekannt. Auch wird die Gegend manchmal als **Mar y Sierras**, Meer und Berge, bezeichnet, eine treffende Beschreibung dieses Landstriches, dessen sanfte Hügel bis ins Meer hineinreichen.

Der Hauptabschnitt der beliebten argentinischen Ferienküste erstreckt sich von San Clemente del Tuyú bis *Mar del Plata* , dem Mittelpunkt des Atlantida-Gebiets. Obwohl erst Ende des 19. Jahrhunderts gegründet, war Mar del Plata zunächst ein Ferienort für wohlhabende *Porteños* , d.h. für diejenigen Einwohner von Buenos Aires, die sich die 400-km-Reise zu den damals einsamen Klippen bei Punta Mogotes leisten konnten. Schon früh wurde diese Reise mit der Bahn unternommen, später mit dem Auto. Doch erst nach 1930 erwachte Mar del Plata wirklich zum Leben. Dies war vornehmlich auf zwei Entwicklungen zurückzuführen: Die Eröffnung des Kasinos mit seinen 36 Roulettetischen und den Ausbau der Ruta Nacional 2, wodurch Mar del Plata von Buenos Aires aus in etwa vier Stunden erreichbar wurde.

Mit dem Bau einer Straße entlang der Küste (Ruta Provincial 11) entstanden weitere kleinere Seebäder nördlich und südlich von Mar del Plata. Bald erwarb jeder dieser Orte einen eigenen Charakter; manche wurden mehr von den Älteren besucht, andere von der Jugend, manche von den Rockfans vorgezogen und andere von den Liebhabern der Tango-Musik.

Die Anreise

Wenn ein Ausflug zur Urlaubsküste bis vor 30 oder gar 20 Jahren noch ein kleines

Der Golfclub von Mar del Plata.

136

Abenteuer war, vor allem wegen der schlechten Zufahrtstraßen, so gibt es heute nichts Bequemeres und Erfreulicheres als einen Abstecher zu irgendeinem Punkt an der Atlantida Argentina. Dieser Ausflug kann heute per Bus oder Flugzeug unternommen werden.

Nur Mar del Plata und Miramar haben eine Bahnverbindung nach Buenos Aires, die auch Erster-Klasse-Service anbietet. Die Züge sind mit Speise-, Kino- und Bar-Wagen ausgerüstet und legen die Strecke in vier Stunden zurück. Und sie kosten etwa dasselbe wie der Bus. Eine wachsende Zahl von Urlaubern benutzt die Flugdienste, die preiswert sind und im Sommer häufig verkehren. Die meisten Flüge verbinden den City-Flughafen von Buenos Aires, Aeroparque Jorge Newbery, mit Mar del Platas Flughafen Camet, doch immer mehr Flugverbindungen mit Pendelmaschinen bedienen nun auch kleinere Ferienorte an der Küste. Dazu gehören Santa Teresita, Pinamar, Villa Gesell, Miramar und Necochea. Die beiden wichtigsten Fluggesellschaften sind Aerolineas Argentinas und Austral, doch einige der kleineren Unternehmen, wie LAPA, bieten einen besonderen Haus-zu-Haus- Service an, bei dem der Kunde mit Kleinbussen von Zuhause abgeholt und nach dem Flug direkt zum Feriendomizil gebracht wird.

Fischerdörfer

Die Atlantida Argentina umfaßt die zur Provinz Buenos Aires gehörende Atlantikküste, obgleich die bekannten Plätze nur von San Clemente del Tuyú bis Villa Gesell reichen, und dann südlich von Mar del Plata entlang der endlosen und einsamen Küstenlinie bis nach Monte Hermoso in der Nähe des Seehafens Bahia Blanca.

San Clemente del Tuyú liegt nahe der Nordspitze des **Cabo San Antonio**, dem östlichsten Punkt des argentinischen Festlands. Es grenzt an Bahia Samborombon, der lehmigen Mündung des Rio Salado und anderer kleinerer Flüsse der Pampa.

San Clemente del Tuyú besitzt ein Meeresaquarium, Tennis- und Fußballplätze sowie viele andere Sportanlagen und mehrere gut ausgestattete Campingplätze. Der Ort ist vor allem bei Fischern beliebt,

Eine bunte Fischerflotte.

die ab Oktober gerne die *Corvina negra* oder *Corvina rubia* fischen, eine Delikatesse, die in Suppen und Eintöpfen landet.

Von San Clemente aus verläuft die asphaltierte Provinzstraße 11 südwärts, zuerst über **Las Toninas** und dann nach **Santa Teresita**, der größten Stadt an diesem Küstenstück. **Costa del Este**, **Aguas Verdes**, **La Lucila del Mar**, **Costa Azul**, **San Bernardo** und **Mar del Ajó** sind die übrigen Städte an diesem ziemlich entwickelten nördlichen Küstenabschnitt. Die meisten Besucher dieser Gegend kommen zum Schwimmen, Sonnenbaden und Wandern an den schmalen Strand vor den hohen Sanddünen, doch viele andere kommen auch zum Fischen. Eine der beliebtesten Beschäftigungen ist die Jagd auf Haie; die Beutefische sind bis zu einem Meter lang. Hier geht es jedoch nur um den Sport; wenn es ans Essen geht, ziehen sich die meisten dieser Urlaubsfischer in eines der zahllosen Fischrestaurants der Gegend zurück, von denen viele auf italienische Küche spezialisiert sind. Südlich von Mar de Ajó wird der Strand zunehmend einsamer. Die Abstände zwischen den Siedlungen werden größer, und man kann längere Strecken völlig abgeschiedener, unberührter Küste finden.

Alte Wracks und Leuchttürme

Entlang dieses Küstenabschnitts sind viele alte Leuchttürme (*Faros*), Eisen- und Backstein-Konstruktionen, zu sehen. Einer davon, der **Faro San Antonio**, steht nördlich von San Clemente del Tuyú. Ein anderer befindet sich nahe Punta Medanos an der Südspitze des Cabo San Antonio, und weitere stehen auf halber Strecke nach Mar del Plata (**Faro Querendi**), in der südlichen Umgebung von Mar del Plata (**Faro Punta Mogotes**) und in Monte Hermoso.

Manche dieser Türme sind über hundert Jahre alt und sowohl aus architektonischer wie aus historischer Sicht einen Besuch wert. Viele sind Zeugen der langen und faszinierenden Geschichte der Gegend, von Seefahrerabenteuern und Unglücken. Bei einem Spaziergang am Strand wird man häufig Überreste eines gestrandeten und zerborstenen alten Windjammers oder Dampfschiffes finden.

Pinien und Schatten

Vielleicht eine der schönsten von allen urbanen Gegenden entlang der Atlantida Argentina ist der Bereich um Pinamar, Ostende, Valeria del Mar und Cariló.

Pinamar ist ein sehr eleganter Ort. Er liegt am Rand eines Pinienwaldes, und das Aroma der Pinien, vermischt mit der salzigen Seeluft, verleiht der Stadt eine erfrischende Atmosphäre. Es gibt keine Sanddünen in Pinamar, weshalb der Zugang zum Strand, auch mit dem Auto, leicht ist. Die Stadt besitzt eine große Vielfalt an Sportanlagen, darunter auch einen attraktiven Golfplatz inmitten der Pinien. Die Hotelkapazität reicht von Vier-Sterne-Häusern bis herab zu einfachen, billigen Pensionen. Die meisten Leute kommen aber für zwei Wochen oder einen Monat hierher und mieten daher lieber eine Wohnung, deren Preis weit unter denen der einfachsten Pension liegt. Diese Appartements mit einem, zwei oder drei Zimmern können vor Ort oder auch im voraus in Buenos Aires gebucht werden. Zum Pinamar- Gebiet gehören **Ostende** und **Valeria del Mar**, wo einige sehr hohe Dünen zu finden sind. Ein Spielcasino, früher in Pinamar, befindet sich nun südlich von Valeria. Weiter südlich liegt **Cariló**, ein Ort im Country-Club-Stil mit elegantan Villen unter Pinien. Etwa 20 km südlich von Cariló folgt **Villa Gesell**. Dieser Ort ist besonders bei jungen Leuten beliebt wegen seiner zahllosen Bars, Diskotheken und Skating-Bahnen.

Die Hauptattraktionen zwischen Gesell und Mar del Plata sind die schattigen Campingplätze in **Mar Chiquita** und **Santa Clara del Mar**, die beide in einiger Entfernung vom Strand liegen.

Perle des Atlantiks

Kurz vor **Mar del Plata** verändert sich die Landschaft dramatisch. Nähert man sich der Stadt auf der Ruta Provincial 11, so scheinen die hohen Steilfelsen von Cabo Corrientes und die Wolkenkratzer der Innenstadt, die auf dieser felsigen Halbinsel errichtet wurden, wie eine Fata Morgana aus dem Meer aufzusteigen. Es ist wirklich ein überwältigender erster Anblick, der

Links und rechts: Sommergirls.

sich auch beim Näherkommen nicht in Enttäuschung auflöst.

Diese Stadt wird von ihren eine halbe Million zählenden Bewohnern stolz *La Perla del Atlantico* (Die Perle des Atlantiks) genannt. Die Beherbergungsmöglichkeiten reichen von First-Class- Hotels bis zu Ferien-Appartements. Die Stadt besitzt gepflegte öffentliche Plätze, Parkanlagen, Uferpromenaden und mehrere Golfplätze. Neben den Stränden und der Sonne ist vielleicht die größte Attraktion für die zwei Millionen Sommergäste der Stadt das kolossale **Casino**, wo man sein Glück bei Roulette, Poker, *Punta banca* und zahlreichen anderen Spielen versuchen kann.

Ein weiterer wichtiger Zeitvertreib in Mar del Plata ist sehen und gesehen werden. Das elegante Buenos Aires fühlt sich verpflichtet, hier wenigstens einmal im Jahr aufzutauchen. Während der Hochsaison wimmeln die Boutiquen und Galerien der **Calle San Martín** und ihrer Nebenstraßen bis spät in die Nacht von den Sonnengebräunten und Schönen.

Ein Besuch in Mar del Plata wäre aber nicht vollständig, ohne das Kennenlernen einiger örtlicher Spezialitäten. Zuerst ist ein Besuch des Fischerhafens mit seinen roten und gelben Booten entlang der Kais zu empfehlen. Die ganze Ansammlung von Restaurants in der Gegend bietet gute, frische Speisen. Dann muß man unbedingt eine der berühmten *Alfajores marplatenses* versuchen. Diese Biskuitplätzchen sind mit Schokolade oder Karamel gefüllt und zum Nachmittagstee sehr beliebt. Und schließlich sollte der Besucher die Möglichkeit nutzen, hier gute, preiswerte Wollsachen zu kaufen. Die Strickjacken, Handschuhe u.a. werden von den Einheimischen während der Wintermonate gefertigt.

Einsame Strände

Von Mar del Plata verläuft die Küstenstraße am Leuchtturm Punta Mogotes vorbei nach Miramar. Die Szenerie auf dieser 40 km langen Strecke ist völlig anders als am Nordende der Atlantida Argentina. Anstelle von Dünen und Sandstränden ragen hier Felsen in die See. Die Straße verläuft oben am Klippenrand und bietet dem Reisenden einen herrlichen Blick auf das Meer und auf Mar del Plata, das in der Ferne verschwindet.

Einige kleinere Badeorte liegen an der Straße nach **Miramar**, einer eher ruhigen Strand-Stadt mit weit weniger gesellschaftlichem Leben als Mar del Plata. Jedoch bietet Miramar Raum für viele Sportarten wie Radfahren, Reiten, Tennis, Jogging oder einfach Spazierengehen.

Zwischen Miramar und **Necochea** werden die Badeorte dann seltener. Tatsächlich gibt es an diesen 80 Kilometern Küste nur drei Plätze mit Einrichtungen für Urlauber: **Mar del Sur**, **Centinela del Mar** und **Costa Bonita**.

Noch dünner gesät sind die Badestrände südlich von Necochea. **Claromeco**, etwa 150 km südlich, ist einer der attraktivsten.

Wärmstens zu empfehlen ist **Monte Hermoso**, etwa 700 km südlich von Buenos Aires bei Bahia Blanca einst von Darwin während seiner Reise auf der *Beagle* besucht und seither für seinen Reichtum an Fossilien entlang der Küste bekannt. Der Ort hat einen breiten Strand mit feinem, weißem Sand, schattige Campingplätze und dazu einen altehrwürdigen Leuchtturm.

Links: Angler im Abendlicht. Rechts: Ein Spaziergang beim Casino von Mar del Plata.

DAS RUHIGE ZENTRALGEBIRGE

Die Provinz Córdoba könnte in vielerlei Hinsicht als das Herzstück Argentiniens bezeichnet werden. Schon rein geographisch liegt sie etwa in der Mitte zwischen den Anden und Buenos Aires mit der Atlantikküste. Abgesehen davon steht Córdoba für vieles, wofür Argentinien bekannt ist. Wer sich Córdoba vom Osten her nähert, fährt kilometerweit über die einschläfernd flache Pampa, bevor er die sanften Hügel der zentralen Sierras erreicht. Auf den offenen Ebenen oder in versteckten Tälern mag man auf typisch argentinische Szenen stoßen: eine große Herde der berühmten Rinder des Landes auf der Weide oder das Schauspiel von Gauchos, die in einem roh gezimmerten Landpferch Vieh brandmarken oder eine Farm, die sich auf Zucht und Zureiten von Weltklasse- Rennpferden und Polo-Ponies spezialisiert hat. Neben den Zufallsbegegnungen gibt es viel Interessantes, was der Reisende sich hier vornehmen kann. Die Stadt Córdoba weist einige der schönsten Profan- wie Sakralbauten Argentiniens im Kolonialstil auf. Viele der malerischen Dörfer in der Gegend bieten Ferienquartiere, und im Sommer haben die Besucher die Wahl zwischen mehreren Kultur- und Musikfestivals. Ein Ort, der von deutschen Einwanderern gegründet wurde, veranstaltet sogar ein Oktoberfest. Der Lebensrhythmus hier ist entspannt, und die Leute sind freundlich. Die übrigen Bewohner der Gegend reichen vom gerissenen Puma bis zum Gürteltier.

Vorhergehende Seiten: Kirchenfassade in Córdoba. Links: Die Decke der Kathedrale von Córdoba.

CORDOBAS KOLONIALER CHARME

Als eine der ältesten Städte des Landes wurde Córdoba 1573 von Jerónimo Luis de Cabrera gegründet. Cabrera kam von Santiago del Estero im Norden den Dulce-Fluß herauf und siedelte seine Leute am Suquia-Fluß an. Es ist interessant, daß die Nachricht über diese neuen, noch nicht besiedelten Gegenden, die die ersten, abenteuerlichen Feldmesser in Peru verbreiteten, schon einige der Charakteristika enthielten, die Córdoba touristisch attraktiv machen. Es wurde erzählt, daß diese Ländereien niedrige Berge hätten, großen Fischreichtum in den vielen Bächen und Flüssen, eine Fülle wilder Vögel und Tiere (südamerikanische Strauße, Hirsche, Pumas, Gürteltiere, Ottern, Hasen, Rebhühner und vieles mehr), schöne Aussichten und ein Wetter wie in Spanien.

In diesen wenigen Worten ist der Reiz und der Charme der Region um Córdoba eingefangen, der die Argentinier auch heute noch anzieht, so daß sie Jahr für Jahr die Hunderte von kleinen Ortschaften, Wirtshäusern und Zeltplätzen besuchen.

Als Cabrera 1573 in der Region von Córdoba ankam, war diese von drei Indianderstämmen bewohnt: die Sanavirone im Nordosten, die Comechingone im Westen und die Pampas in den Ebenen. Trotz einiger Auseinandersetzungen zwischen Spaniern und Indianern wurden letztere von den Spaniern als "friedlich und kooperativ" bezeichnet, ein Kommentar, der durch den Kontrast dieser zu anderen, sehr kriegerischen Stämmen im Nordwesten, Süden und Osten des Landes diktiert war.

Die Pampas waren Nomaden, die die Ebenen durchzogen die heute nach ihnen benannt sind. Die Sanavirone und Comechingone hingegen lebten in Höhlen oder einfachen Häusern aus luftgetrockneten Lehmziegeln, die von Dorngestrüpp und Kaktuszäunen umgeben waren. Sie waren in Stämmen organisiert, die von *Caciques* (Häuptlingen) angeführt wurden, und ernährten sich als Jäger und Sammler mit etwas Landbau. Ihre Religion kreiste um Sonne und Mond. Über die ursprüngliche

Die Kathedrale von außen.

Bevölkerungszahl besteht keine Übereinstimmung, doch wird geschätzt, daß zur Zeit der spanischen Eroberung in der Gegend zwischen 12.000 und 30.000 Indianer lebten. Die Entdeckung von Erzlagern und abbaubaren Steinbrüchen in den Bergen rechtfertigte in den Augen Spaniens durchaus die Gründung einer neuen Stadt.

Hundert Jahre nach seiner Gründung wies Córdoba die Besonderheiten auf, die auch heute noch als Kennzeichen der Stadt gelten. Das kleine Dorf war religiös wie kulturell aufgeblüht. Schon damals barg es eine erstaunliche Zahl an Kirchen, Kapellen und Klöstern, die von den Jesuiten, den Franziskanern, den Karmelitern und anderen errichtet wurden; es besaß eine Jesuiten- Universität, übrigens die älteste des Landes, die 1621 erbaut wurde (heute Universidad Nacional de Córdoba); die örtliche Wirtschaft basierte auf einer Reihe von überlebensnotwendigen landwirtschaftlichen Produkten (Mais, Weizen, Bohnen, Kartoffeln, Birnen, Pfirsiche, Aprikosen und Trauben) und auf stets wachsenden Herden wilder Rinder.

Die Jesuiten-kirche.

Der Baum

In Córdoba findet man den starken Kontrast der unglaublich flachen Pampas zu den aufsteigenden Sierras, der ersten Bergkette, die man auf der Reise nach Westen zu den Anden hier antrifft. Wenn man über die Ebene näherkommt, erscheinen die Hügel wie große Wellen, die sich am Strand brechen.

Im westlichen Teil der Provinz Córdoba gibt es drei Bergketten, die parallel von Nord nach Süd verlaufen. Es sind die Sierras Chicas im Osten, die Sierras Grandes in der Mitte und die Sierras del Pocho (die in die Sierras de Guasapampa übergehen) im Westen. Die höchste Erhebung der Provinz ist der Champaqui, der 2.884 m Höhe erreicht.

Die Sierras de Córdoba sind weder so hoch, noch so ausgedehnt wie viele andere Gebirgsformationen östlich der Anden. Ihre leichte Zugänglichkeit nebst ihrer Schönheit, ihrem trockenen Klima, den herrlichen Ausblicken, guten Straßen und einer Unzahl von romantischen Flüßchen und Wasserläufen haben jedoch Córdobas

Ruf als ideales Gebiet für Ruhe und Erholung begründet.

Der meiste Regen fällt im Sommer und ist im östlichen Teil, wo die Hügel sehr grün und saftig wirken, stärker. Auf diesen Hügeln wächst überwiegend Monte-Vegetation, d.h. Gebüsch und niedriges Dornendickicht. Am Fuß der östlichen Berge gibt es üppige Haine größerer Bäume. Von diesen Bäumen verdient der freundliche *Algarobo* besondere Erwähnung.

Seit prähistorischer Zeit wird er von den Einheimischen als Schattenbaum genutzt; er schenkt Früchte und ist Holzlieferant für Zäune und Brennholz. Er ist auch einer der widerstandsfähigsten Bäume in der Trokkenheit, und wegen all dieser Vorzüge wird er von den Einheimischen manchmal einfach "der Baum" genannt.

Vogelstimmen

Die Fauna der Region ist nicht mehr so reich wie bei Ankunft der Spanier, doch in einigen versteckten Gebieten gibt es noch Jagdmöglichkeiten. Pumas streichen noch immer durch die Berge, aber es sind nur noch wenige Einzelexemplare. Guanakos sind rund um die Urlaubsorte recht selten, doch findet man sie noch in den höheren Regionen im Westen. Hasen gibt es genügend, ebenso wie Rebhühner und *Vizcachas* (Hasenmäuse). Es gibt verschiedene Arten von Schlangen, darunter Klapperschlangen und Korallenschlangen, doch die beständige Invasion der Berge durch Bewohner und Besucher hat ihre Zahl vermindert. Auch Füchse sieht man noch gelegentlich. Die unzähligen Vogelarten der Gegend sind eine Attraktion für viele.

Córdoba hat Kontinentalklima. Obwohl der Sommer mit seinen heißen Tagen und kühlen Nächten die bevorzugte Saison für die meisten Besucher ist, hat auch der Winter seine Reize. Weil der Regen überwiegend im Frühling und Sommer fällt, verändert sich die Landschaft gewaltig.

Durch die Ebene

Der leichteste Zugang zur Stadt und Provinz von Córdoba ist von Süden und Osten. Von Bueonos Aires aus hat der Besucher die Wahl zwischen einer Anreise

Fußgängerzone in Córdoba.

per Flugzeug, Bus oder Bahn. Die Bahnverbindung (Ferrocarriles Mitre) ist zwar bequem, besonders in den Pullman-Wagen oder Schlafwagenabteilen, doch ist dies die langsamste Form des Transports. Die Busse sind schneller, verkehren häufiger und sind allesamt neu, geräumig und komfortabel. Es gibt mehrere Busgesellschaften, die die Strecke Buenos Aires-Córdoba anbieten mit Halt in Rosario und einigen weiteren Großstädten (der "Express" benötigt ungefähr 9 bis 9 1/2 Stunden). Die beiden Hauptfluglinien, Aerolineas Argentinas und Austral, bieten täglich mehrere Flüge nach Córdoba an.

Wird der Abstecher von Buenos Aires aus über Land unternommen, gibt es zwei Hauptwege nach Córdoba. Der kürzere verläuft auf der Nationalstraße 9 über Rosario, einer Stadt von 1 Million Einwohnern, die 300 km von Buenos Aires entfernt ist. Die andere Strecke führt über die Route 8, eine etwas längere, aber ruhigere und landschaftlich schönere Straße. In beiden Fällen wird der Besucher stundenlang durch die flache und fruchtbare Pampa fahren, vorbei an Kleinstädten und riesigen Ländereien, wo Mais, Weizen, Soja und Sonnenblumen gepflanzt werden. Überall sind gewaltige Rinderherden (Aberdeen Angus, Hereford, Holando- argentina) und Pferde zu sehen. Die Straßen sind relativ gut und bieten genügend Rastmöglichkeiten (Hotels, kleine Wirtschaften, Cafés, Tankstellen) in fast jeder Stadt an der Strecke. Córdoba ist auch von Westen her (entweder von Santiago de Chile oder Mendoza) gut mit Flugzeug und Bus zu erreichen, und von Norden her (Santiago del Estero, Salta, Tucumán, Jujuy) mit Flugzeug und Bahn.

Spanisches Gitter

Die Stadt **Córdoba** ist eine der größten des Landes mit einer Bevölkerungszahl von annähernd 1 Million. Die Säulen ihrer Wirtschaft sind Landwirtschaft, Rinderzucht und die Automobilindustrie. Ihre Lage am Knotenpunkt vieler Hauptstraßen des Landes begründete ihre frühe Bedeutung und begünstigte ihr rasches Wachstum. Obwohl Buenos Aires mit seiner übermäßigen Anziehungskraft für die Men-

ie Candona-Kirche in en Bergen on Córdoba.

schen immer dazu neigte, den Rest des Landes zu überschatten, ist Córdoba mit seinem Einflußbereich der stärkste Gegenpol im weiten Hinterland Argentiniens.

Córdoba wurde, wie die meisten von Spaniern gegründeten Städte auch, mit einem rechtwinkligen Straßengitter entworfen, mit dem Hauptplatz, der Kathedrale und den wichtigsten städtischen Bauten im Zentrum. Da viele der ersten Bauten Córdobas entweder religiösen oder schulischen Zwecken dienten, haben Zeit und Fortschritt die meisten ausgespart und für Besucher und Einwohner eine reiche Fundgrube an kolonialen Kapellen, Kirchen, Klöstern und öffentlichen Gebäuden inmitten der modernen Großstadt übriggelassen.

Die Stadt bietet eine Reihe von Informationsbroschüren für Besucher an, die in den verschiedenen Touristen-Büros erhältlich sind (das Hauptbüro befindet sich in der Tucumán-Straße 25, Córdoba).

Rundgang Kirchen

Der religiöse *Circuito* (wie die verschiedenen Rundgänge oft genannt werden), berührt die meisten der ältesten kolonialen Kirchenbauten. Allein oder mit Führer kann der Reisende besuchen:

1. **Die Kathedrale:** Obwohl ihr Standort schon Anfang 1577 bestimmt worden war, fand die Einweihung nach mehreren Einstürzen, Unterbrechungen und Veränderungen des Baus erst 1784 statt. Diese Verzögerungen sind der Grund für die vielen verschiedenen Architekturstile. Wie von dem Architekten J. Roca beschrieben, hat die Kathedrale ein klassisches Renaissanceportal, aber Kuppel und Turm sind barock mit indianischen Einflüssen. Ein großes schmiedeeisernes Tor vervollständigt das Bild.

Das Innere der Kirche ist in drei große Schiffe unterteilt, die durch dicke Säulen voneinander getrennt sind (sie ersetzten die ursprünglichen kleineren Säulen, da diese das Gewicht des Bauwerks nicht aushielten). Viele der Wandgemälde wurden unter der Leitung von Emilio Caraffa entworfen und ausgeführt. Manuel Cardenosa und Augusto Orlandi malten die Erweiterungen. Die leuchtenden Glasfenster mit religiösen Malereien tauchen das Innere in ein

Ein Fluß in den Sierras.

schönes, warmes Licht. Der faszinierende Hochaltar aus Silber stammt aus dem 19. Jahrhundert; er ersetzte den ursprünglichen Barockaltar, der sich nun in der Kirche von Tulumba befindet.

2. **Der Jesuitenkomplex:** Dieser Gebäudekomplex befindet sich an der Stelle, wo ursprünglich eine kleine Kapelle aus dem Jahre 1589 stand. Er liegt in der Caseros-Straße, nur zwei Blocks von der Kathedrale entfernt.

Die Gebäudegruppe besteht aus der Kirche, der Hauskapelle und den Unterkünften. Ursprünglich gehörte dazu auch das Colegio Maximo und die Universität, die heute staatliche Einrichtungen sind.

Die Kirche stammt aus dem 17. Jahrhundert. Eines ihrer herausragenden Details ist ein Bogen, der aus paraguayischer Zeder in der Form eines nach innen gebogenen Bootskörpers gestaltet und gänzlich mit Holznägeln eingepaßt ist. Das Kircheninnere ist mit Zedernbalken gestützt, und das Dach wurde aus Balken und Ziegeln gebaut. Die Ziegel wurden mit einem besonderen Leim verbunden, der auch noch nach 300 Jahren hält und was-

serfest ist. Viele der Barockaltäre, einschließlich des Zedernaltars, gehen auf das 18. Jahrhundert zurück; und die Arbeit aus Carrara-Marmor an den Wänden stammt aus dem 19. Jahrhundert. Die Apostelgemälde im Hauptschiff schuf ein Maler aus Córdoba, Genaro Pérez.

Die Hauskapelle (Eingang an der Caseros-Straße) stammt ebenfalls aus dem 17. Jahrhundert. Hier wurde die Decke aus Holzbalken und mit Rohleder befestigten Stöcken konstruiert, die zwischen die Balken gelegt, dann vergipst und mit bemaltem Stoff abgedeckt wurden.

Die Jesuiten und ihr Werk nahmen bis zu ihrer Vertreibung 1768 durch die Spanische Krone einen besonderen Platz in der Geschichte Argentiniens und des übrigen Südamerika ein. Córdoba hat seinen Teil an ihrem Erbe, und wer an der jesuitischen Lehre und dem Werk der Jesuiten interessiert ist, der sollte die **Santa Ana-Kapelle** in der Stadt, sowie die Städte **Alta Gracia**, **Colonia Caroya**, **Estancia La Candelaria** und **Jesús Maria** besuchen.

3. **Die Kirche und das Kloster der Karmeliterinnen** (auch Las Teresas

genannt) wurden im frühen 17. Jahrhundert gegründet. Die Anlage wurde im 18. Jahrhundert stark umgebaut, und viele der Gebäude stammen aus dieser späteren Periode. Der Hauptaltar zeigt eine große Barockfigur der Heiligen Teresia vom Kinde Jesu, und das hölzerne Chorgestühl ist ein Beispiel feiner Drechselarbeit. Im Kloster wurde ein Museum für religiöse Kunst eingerichtet, in dem ein großer Teil des Domschatzes ausgestellt ist. Der Eingang befindet sich in der Independencia-Straße, und der Komplex liegt gegenüber der Kathedrale.

4. Kirche und Konvent des Heiligen Franziskus: Der Platz für die Kirche wurde dem Franziskanerorden vom Stadtgründer Jerónimo L. de Cabrera überlassen. Die erste Kapelle wurde 1575 erbaut; diese ursprüngliche Kapelle und auch eine zweite an ihrer Stelle existieren jedoch nicht mehr. Der heutige Bau wurde 1796 begonnen und 1813 vollendet, doch ein Raum in dem Gebäudekomplex, der Salón de Profundis, gehört noch zur alten Konstruktion. Mit ihren Steinmauern und eindrucksvollen Schnitzereien stellt diese Kirche ein einzigartiges Beispiel maurischer Kunst in der Stadt dar.

Die Kirche liegt an der Kreuzung der Straßen Buenos Aires und Entre Rios, nur zweieinhalb Blocks von der Kathedrale entfernt.

5. Die Basilika La Merced: An der Ecke von 25 de Mayo und Rivadavia, nur drei Blocks von der Kathedrale entfernt, liegt diese Kirche, die auf Grundmauern aus dem 17. Jahrhundert errichtet und 1826 fertiggestellt wurde.

Der 1890 von dem Künstler Antonio Font gestaltete Hauptaltar und die buntbemalte Holzkanzel aus dem 18. Jahrhundert sind zwei der herausragenden Stücke.

Weltliche Sehenswürdigkeiten

Von den öffentlichen Gebäuden ist das **Cabildo** oder Rathaus neben der Kathedrale besuchenswert. Es beherbergt heute das Hauptquartier der Polizei. Die Torbögen mit Lampen im Kolonialstil und die breiten Arkaden vermitteln einen guten Eindruck von der kolonialen Architektur. Die Balkone des Cabildo waren einst als Logen

Der alte Jesuitenkomplex in Alta Gracia.

den Vornehmen bei Exekutionen, öffentlichen Versammlungen, Stierkämpfen und anderen Ereignissen im Leben der alten Stadt reserviert.

Erwähnenswert ist auch das **Historische Museum Sobremonte**, ein hervorragendes Zeugnis kolonialer Wohnhausarchitektur. Es birgt eine recht umfassende Sammlung indianischer und Gaucho-Artefakte, alte Musikinstrumente, Geschirr und Möbelstücke.

Es liegt an der Ecke der Straßen Rosario de Santa Fé und Ituizango, drei Blocks von der Kathedrale entfernt. ·

In der Nähe der Kathedrale, auf der **Via Peatonal** (Fußgängerzone), kann der Reisende auf seiner Kulturrunde eine Rast einlegen und die Cafés genießen oder einen Schaufensterbummel machen.

Dorffeste

Nachdem man die Stadt Córdoba kennengelernt hat, ist bei genügend Zeit ein Ausflug in die Umgebung sehr zu empfehlen. Die örtlichen Touristenbüros haben eine Reihe von Routen zusammengestellt,

die den einsatzfreudigen Reisenden über asphaltierte und nicht asphaltierte Straßen hinauf in die Berge an Seen, Bäche, Zeltplätze und zu herrlichen Aussichten führen. Während diese Touren per Bus möglich sind, ist ein eigenes Auto erforderlich, um die Gegend genauer zu erkunden.

Eine der beliebtesten Strecken, der Camino de La Punilla, führt nördlich der Stadt Córdoba durch ein Tal in Richtung **Cruz del Eje**. Diese Route verläuft durch die meisten kleinen Ferienorte der Region.

Der erste Halt ist **Carlos Paz**, bekannt für sein Nachtleben, seine Casinos, Restaurants und Clubs, sowie die Sportanlagen rund um den See San Roque. Diese Stadt überrascht den Besucher mit ihren hübschen Chalets, vornehmen Hotels und den in der Hochsaison Tag und Nacht von Touristen überfüllten Straßen.

Etwa 18 km direkt nördlich von Carlos Paz liegt **Cosquin**, ein malerisches Dorf, das für sein lateinamerikanisches Volksmusik- und Tanzfestival in der zweiten Januarhälfte bekannt ist. Weitere 15 km nördlich auf der schmalen, aber gut ausgebauten Straße gelangt man in das Dorf **La Falda**,

Ein Oktoberfest im Dorf von General Belgrano.

das in der ersten Februarwoche ein Festival zur Feier der Volksmusik von Argentiniens Einwanderern und des Tangos veranstaltet. Ansonsten kann man hier und in den benachbarten Dörfern golfen, schwimmen, wandern, reiten und segeln. Zahlreiche kleine Hotels und Pensionen finden sich überall in der Region. Studenten sind im Ferienzentrum der Universität Córdoba in **Vaquerías** unweit von La Falda, immer willkommen.

Etwa 11 km weiter nördlich liegt **La Cumbre**. Diese Stadt bietet (wie viele andere Orte der Gegend) von November bis April ausgezeichnete Möglichkeiten zum Forellenangeln, sowie Anlagen für den Golf-, Tennis- und Schwimmsport. Ihre Lage in 1142 m Höhe macht das Klima äußerst angenehm, und aus diesem Grunde und auch wegen ihrer gelassenen Atmosphäre ist sie als Schriftstellerrefugium bekannt geworden.

Nach weiteren 15 km auf derselben Straße (inzwischen 106 km von Córdoba entfernt) gelangt der Besucher nach **Capilla del Monte**, eine Stadt, die ihr *Spanisches Fest* im Februar feiert. Man kann dort wandern, klettern, schwimmen und die Heiterkeit dieser Stadt im Herzen der Sierras genießen.

Auf dem Rückweg in südlicher Richtung nach Córdoba kann man über den Camino de los grandes lagos oder Camino de Comechingones fahren. Diese Straße führt parallel zur Sierra am Rande der Pampa entlang.

Auf halber Strecke nach Alta Gracia ragt unerwartet ein seltsames Monument aus der Pampa auf. Dieser 30 Meter hohe "Grabstein" in Form einer Tragfläche wurde einst von Baron Bisa als Erinnerung an den tragischen Tod seiner Frau Miriam Stephenson gebaut, einer der ersten argentinischen Pilotinnen, die an jener Stelle bei einem Absturz ums Leben kam.

Taba-Werfen

Alta Gracia ist eine reizende, wohlhabende Stadt, die Touristen gerne begrüßt, aber nicht von ihnen lebt, so daß man nicht gleich von derartigen Menschenmassen oder Touristeneinrichtungen wie in Carlos Paz überwältigt wird. Das Leben scheint hier, wo die Läden zu Mittag um 12.30

schließen und erst wieder um 16 Uhr öffnen, eine langsamere Gangart zu haben. Es gibt einige einfache, aber saubere Hotels und mehrere nette Restaurants. Eine der Hauptsehenswürdigkeiten ist die **Jesuitenkirche mit dem Kloster**, beides Juwelen des Kolonialstils.

Ein kleiner Ausflug in die Berge hinter Alta Gracia nach **La Isla** am **Anizacate-Fluß** führt über eine passierbare Staubstraße an kleinen Farmen und herrlichen Ausblicken vorbei an den schönen Fluß. Mit etwas Glück kann der Besucher in der Sierra eine Gruppe Einheimischer treffen, die gerade ihr Vieh brandmarken, und wird vielleicht von einigen rauh aussehenden, aber freundlichen Leuten eingeladen, von ihrem Grill (*Asado*) mitzuessen, starken Rotwein zu trinken und die *Taba* zu werfen (ein Gaucho- Glücksspiel, bei dem der linke Knieknochen eines Pferdes geworfen wird). Traditionell wird nach dem Essen eine einfache Kürbisflasche mit Mate-Tee gefüllt und durch ein Silberröhrchen getrunken - mit demselben Ernst, mit dem die New Yorker Banker ihren Cognac nach dem Essen zu sich nehmen.

Alta Gracia hinter sich lassend, fährt man auf der Hauptroute weiter nach Süden und dann in die Sierras auf einer gut ausgebauten, jedoch kurvenreichen Straße. Nach 20 malerischen Kilometern erscheinen der **Staudamm und See von Los Molinos**, ein beliebter Platz für verschiedene Wassersportarten. Den Damm hoch über dem See überblickend, kann man hier eine gute Mahlzeit einnehmen.

Weitere 20 Straßenkilometer bringen einen nach **Villa General Belgrano**, einer Stadt, die durch Seeleute des unglücklichen Graf Spee gegründet worden sein soll, die nicht nach Deutschland zurückkehren wollten. Die Stadt hat mit ihren hübschen Landhäusern und gepflegten Gärten einen ausgeprägt deutschen Charakter. Wie zu erwarten ist, feiert sie auch in der ersten Oktoberwoche ein eigenes Oktoberfest. Diese Stadt und das benachbarte **Santa Rosa de Calamuchita** sind zu jeder Jahreszeit gut zu besuchen.

Für alle Besucher, die länger hier verweilen möchten, bietet die Secretaría de Turísmo im Herzen von Córdoba ausgezeichnete detaillierte Straßenkarten der ganzen Region an.

Rechts: Ob er ein Gaucho werden will?

MESOPOTAMISCHE MÄANDER

Wie überall in Argentinien, sind die Entfernungen im Nordosten recht groß. Hier gibt es nur wenige und weit auseinanderliegende Touristenattraktionen. Doch die beiden Hauptsehenswürdigkeiten sollte man sich nicht entgehen lassen: die eindrucksvollen donnernden Wasserfälle von Iguazú und die Ruinen der Jesuitenstadt San Ignacio. Ein eiliger Besucher wird diese Plätze vielleicht anfliegen und den Rest weglassen. Doch wer etwas mehr Zeit hat, sollte die Überlandreise durchaus wahrnehmen, da gerade sie jene Entspannung vermittelt, die gewöhnlich beim langsamen Durchqueren weiter, offener Räume eintritt. Am besten unternimmt man dies im Privatauto, so daß man an bestimmten Plätzen verweilen kann; doch auch die öffentlichen Verkehrsverbindungen sind vielfältig und zuverlässig. Entlang der Strecke gibt es in den geruhsamen und freundlichen Orten einige Kirchen und bescheidene Museen zu sehen. Und zwischen den Städten findet man in mehreren Gebieten Nationalparks mit vielen Wildtieren. Oder man kann die Reise mit einem Besuch auf einer Zitrusfarm oder einer Mate-Teeplantage unterbrechen, um eine Kürbisflasche mit Argentiniens Nationalgetränk mitzunehmen.

Vorhergehende Seiten: Fischen an den Ufern einer Lagune. Links: Donnernde Wasserfälle in Iguazú.

FLUSSREISE IN DEN NORDOSTEN

Von 1550 bis etwa 1920 waren die Flüsse Nordost-Argentiniens der sicherste, billigste und beste Weg, um das Land zu erkunden. Über 350 Jahre lang fuhren die Schiffe auf den Flüssen und transportierten Waren, Siedler, Forscher, Amtsträger und später Touristen.

Der Tourist kann heute nicht mehr mit den Schiffen fahren, die früher den Windungen des Paraná zwischen Buenos Aires und Iguazú folgten. Sie sind durch die schnelleren Straßen-, Bahn- und Flugverbindungen ersetzt worden.

Phantomdampfer

Alles Interessante in Nordost-Argentinien liegt an oder nahe bei den Flüssen, so daß wir für diese Beschreibung einen Phantom-Raddampfer besteigen, um diese Ecke des Landes über das Flüssesystem zu erkunden. Auf dieser gedachten Reise schiffen wir uns in Buenos Aires ein.

Kurz nach dem Auslaufen wird das Schiff den schiffbaren Arm des Paraná aufsuchen müssen, da der Fluß, wo er in den Río de la Plata mit seinem großen Delta mündet, sich in viele Kanäle aufteilt. Der Vorort **Tigre** ist der Eingang zu diesem Labyrinth an Wasserwegen, die von Wochenendhäusern gesäumt sind, ein jedes mit eigener Anlegestelle. Hier erholen sich die Leute beim Fischen, Bootfahren oder einfach Abschalten vom Trubel der nahegelegenen Metropole. Das Delta hat von Montag bis Freitag sein eigenes Leben: Da gibt es Dauerbewohner, Fischer, Zitruspflanzer und Faserholzproduzenten, die ein geruhsameres Leben am Fluß führen.

Flußaufwärts bei **Zárate** spannt sich eine riesige Brückenanlage für Straße und Bahnlinie über den Fluß, die 1979 fertiggestellt wurde und endlich Mesopotamien mit Buenos Aires verband, wodurch die doppelte Fährverbindung überflüssig wurde, die oft wegen Hoch- oder Niedrigwasser unterbrochen war.

Dann geht es weiter nach **Rosario**, einem großen Getreidehafen und einst die zweitgrößte Stadt des Landes, wobei die *Rosarinos* immer noch das "einst" debattieren. Es ist eine Großstadt mit etwa einer Million Einwohnern. Die Architektur der Jahrhundertwende und Jugendstil-Elemente im Stadtzentrum deuten etwas von der Geschichte Rosarios an. Ansonsten ist allenfalls das **Monument der Flagge** erwähnenswert, das aus einem Treppenaufgang, einem Obelisken vor einer Bogenreihe und einer ewigen Flamme besteht.

Heroisches Opfer

Etwa 30 km flußaufwärts liegt am Westufer das **Kloster San Carlos San Lorenzo**, welches Ende des 18. Jahrhunderts erbaut wurde und berühmt ist, weil es Schauplatz einer Schlacht im Unabhängigkeitskrieg war. Hier wurde der argentinische Held San Martín unter einem gefallenen Pferd eingeklemmt. Ein gewisser Sergeant Cabral rettete ihn, doch wurde er selbst dabei tödlich verwundet. Der Baum, unter dem er starb, steht noch heute.

Rosario liegt in der Provinz **Santa Fé**. Es ist bei weitem die wichtigste Stadt in jener Provinz, doch nicht die Hauptstadt,

Links: Magellan-Fuchsie.
Rechts: Eine Karnevalsfeier in der Provinz Corrientes.

161

was den *Rosarinos* zutiefst mißfällt. Diese Ehre gebührt vielmehr **Santa Fé**, unserer nächsten Hafenstadt etwas flußaufwärts. Ursprünglich Anfang des 16. Jahrhunderts weiter nördlich gegründet, wurde sie wegen Seuchen und Indianerüberfällen bald wieder aufgegeben. Heute ist Santa Fé eine hübsche, traditionelle Provinzstadt. Für bescheidene Ansprüche ist alles vorhanden. Die alte, aber schöne Kirche **San Francisco** ist von einigen Klostergebäuden umgeben, in denen das **Historische Museum** der Provinz untergebracht ist.

Die Flut von 1983 hat eine besondere Sehenswürdigkeit teilweise zerstört - die von Eiffel Mitte des 19. Jahrhunderts erbaute Hängebrücke.

Von Santa Fé führt ein Tunnel unter dem Paraná hindurch zur Stadt **Paraná**, der Hauptstadt der Provinz Entre Ríos. Die Hänge am Ostufer des Flusses steigen hier 18 bis 30 Meter hoch. Paraná besitzt schöne Parks, herrliche Bauten und Kirchen sowie Ausblicke über den Fluß. Im Inland ist die hügelige Landschaft mit Akazienwäldern bedeckt und von kleineren Flüssen und Bächen durchzogen. Santa Fé am anderen Ufer liegt dagegen im pfannkuchenartigen Flachland, umgeben von Seen, Marschland und Flüssen. Sein Hinterland ist ganz in rechteckige Felder und regelmäßig angelegte Städte und Dörfer eingeteilt.

Dschungelruinen

Stromaufwärts bei **Cayastá** lag auf dem niederen Ufer eines kleinen Flußarmes, jahrhundertelang unter Vegetation verborgen, das alte Santa Fé im Schlaf des Vergessens, bis es Anfang dieses Jahrhunderts wiederentdeckt wurde. Langsam und behutsam wird es freigelegt. Obgleich es eine kleine Stadt war, ganz aus Adobeziegeln erbaut (Steine gibt es kaum in den Pampas), waren bis zu sieben religiöse Orden mit Kirchen vertreten. Heute werden die Überreste durch Wellblech-Dächer vor den Elementen geschützt, und Holzstege lassen der Öffentlichkeit nur begrenzten Zugang.

Zwischen **Reconquista** und **Goya** verkehrt noch eine Fähre, und eine Überfahrt vermittelt einen guten Eindruck von der ganzen Ausdehnung des Paraná-Flusses. Sie dauert vier bis sechs Stunden und führt

Die Jesuiten-Ruinen in San Ignacio de Miní.

druch ein weitverzweigtes Netz von Wasserwegen zwischen bewaldeten Inseln.

Karnevalsfarbe

Die Städte **Resistencia** und **Corrientes** sind durch eine große Brücke miteinander verbunden. Wie die meisten Städte am Ostufer liegt Corrientes höher und Resistencia dagegen im Sumpfland. Beide sind weniger von touristischem Interesse, doch Corrientes hat eine bekannte Karnevalsveranstaltung mit Flößen, Musik, Trommeln, Tanzgruppen und Kostümen, die während der letzten Tage vor Beginn der Fastenzeit stattfindet. Im Binnenland hinter Corrientes hat sich die schmucke Kleinstadt **San Luis del Palmar** bis heute ihren kolonialen Stil bewahrt.

Direkt hinter Corrientes erreicht man die Mündung des Paraguay-Flusses. In **Paso de la Patria**, kommen Fischer aus der ganzen Welt zusammen, um sich am *Dorado* zu versuchen, dem "kämpferischsten Fisch der Welt". Unterkünfte, Boote, Führer und Ausrüstung stehen von Juli bis November zu Verfügung.

Völlig unvermittelt aus dem Blauen heraus ist plötzlich die riesige Kirchenkuppel von **Itatí** bis zu 24 km weit über die Ebene zu sehen. Diese Kuppel sei "das Größte" nach dem Petersdom, heißt es in Argentinien. Sie überwölbt die Basilika, wo viele Pilger zusammenströmen, um die Wunderbringende Jungfrau von Itatí zu verehren, die im angrenzenden Heiligenschrein aufbewahrt ist.

Bei den Inseln **Yaciretá** und **Apipe** kann man die Arbeiten sehen, die für einen größeren Staudamm begonnen wurden. Dieses gemeinsame Vorhaben Argentiniens und Paraguays wird bis zur Fertigstellung noch lange Zeit brauchen. Es könnte sich jedoch als ein neuer Assuan-Damm herausstellen, der ökologische Schäden nach sich zieht.

Südwestlich von **Posadas** ändert sich der Charakter des Flusses; die weiten, flachen Sümpfe bleiben zurück. Er ist nun zwischen den hohen Steilufern eingeschlossen, dahinter liegt eine hügelige Landschaft. Von hier bis zur Quelle hat sich der Fluß durch eine Basaltmasse gegraben, die etwa 1300 km weiter in Brasilien beginnt. Hier verändert sich auch der Boden; der rote Lateritboden der Provinz Misiones macht glauben, er sei recht fruchtbar, weil die Vegetation hier sehr üppig ist. Dieser Eindruck ist jedoch falsch, da die Vegetation sich nur über die ständige Entstehung von Humus durch Blätterfall erhält.

Jesuitenmissionen

Posadas ist die Provinzhauptstadt von Misiones und sehr provinziell, mit etwa 150 000 Einwohnern und nur wenigen Sehenswürdigkeiten. Kürzlich wurde eine Brücke eingeweiht, die den Ort nun über den Fluß hinweg mit Encarnación in Paraguay verbindet. An bestimmten Tagen gibt es einen paraguayischen Markt an der Costanera am Fluß.

Die Jesuiten waren die wirklichen Pioniere in Misiones; tatsächlich trägt die Provinz den Namen nach ihrem Werk. Sie kamen Anfang des 17. Jahrhunderts hierher und begannen zu siedeln und die Guaraní-Indianer der Gegend zu bekehren. Bald wurden sie angegriffen, zuerst von den Sklavenhändlern der Gegend, und dann

Nach einem Regenguß in Colón.

von den iberischen Regierungen, zuerst Portugal und dann Spanien. Schließlich wurden sie 1777 vertrieben und ließen die Missionsgebäude und viele schutzlose, nur halb christianisierte Seelen zurück.

Es sind 12 Missionsruinen in Misiones bekannt, doch die wichtigste darunter ist **San Ignacio Miní**. Anfang des 17. Jahrhunderts gegründet, war der Ort keineswegs vor Sklavenraubzügen aus der portugiesischen Kolonie sicher. In seiner Hochzeit wohnten dort etwa 4000 bis 5000 Indianer. San Ignacio ist von allen Missionen die am besten restaurierte. Am schönsten ist es, in der Morgen- oder Abenddämmerung durch die Ruinen zu wandern, wenn man allein ist und das Licht auf den roten Steinen spielt. Dann verspürt man auch etwas von dem Geist dessen, was hier einst im Namen der Menschlichkeit versucht worden ist. Den Indianern geht es heute schlechter als von 200 Jahren.

Trübe Wasser

Es ist ein trauriger Spiegel der Kurzsichtigkeit des Menschen, daß alle Flüsse, die in den oberen Paraná münden (bis auf einen), verschmutzt sind. Waldrodungen, das Fehlen von Bodenschutzmaßnahmen und das Felderabbrennen nach der Ernte sind chronische Probleme, die zu ernsthafter ökologischer Zerstörung in der Region geführt haben. Auch der Paraná selbst leidet in seinem Oberlauf unter diesem Raubbau an der Natur.

Manche der Dörfer in Misiones haben einen ganz eigenen Charakter. Holzhäuser und Kirchen sind aus örtlichem Material, aber mit Ideen aus Nordeuropa erbaut, von wo die meisten Siedler herkamen. Einwanderer aus Deutschland, Polen, der Schweiz, Schweden und Frankreich finden sich in dieser Gegend. Dies erklärt auch die Blondschöpfe, die man überall sieht.

Schließlich legt man in **Puerto Iguazú** an, dem Endpunkt der Schiffbarkeit des Flusses, nachdem der Staudamm von Itaipú den Paraná absperrte und der Iguazú-Fluß seine eigene natürliche Barriere hat. Diese Kleinstadt ist ganz auf den Tourismus ausgerichtet mit einer Reihe von Hotels, Restaurants, Taxis, Wechselstuben usw. Als Stadt besitzt sie wenig, was sie aus der Mit-

Der Strudel namens "Teufelsrachen".

telmäßigkeit heraushöben würde, aber sie liegt dicht am **Iguazú Nationalpark** mit seinen weltberühmten **Wasserfällen**.

Der Teufelsrachen

Inmitten einer spektakulären Dschungelumgebung liegen diese Wasserfälle des Iguazú-Flusses, der die Grenze zwischen Brasilien und Argentinien bildet. Man sagt, Argentinien liefere die Fälle und Brasilien genieße den Anblick. Gewiß geben die 550 Meter Spazierwege auf der brasilianischen Seite dem Besucher einen herrlichen Panoramablick fast über die gesamten Wasserfälle, doch nur aus ziemlicher Entfernung. Auf der argentinischen Seite kann man von verschiedenen Seiten an die Fälle herangehen. Der untere Wasserfallrundweg ist vielleicht die schönste 900 m-Wegstrecke der Welt und sollte im Uhrzeigersinn gegangen werden. Der Ausflug nach **Isla San Martín** ist eine weitere großartige Erfahrung, weil man auch hier wieder mitten ins Herz des Spektakels gelangt.

Der bei weitem großartigste Spaziergang führt aber direkt über den oberen Flußlauf von Puerto Canoas zur **Garganta del Diablo** (Teufelsrachen), wo das Wasser die gesamten 70 Meter von dem Basaltsokkel in den darunterliegenden Kessel hinabstürzt. Am Spätnachmittag bis zur Abenddämmerung ist die beste Zeit zum Besuch der Garganta, sowohl wegen der Lichtverhältnisse als auch wegen der Vogelschwärme, die auf ihrem Weg zu den Nestern durch wogende Nebel streifen.

Der Park hat viele Pfade und Straßen, auf denen man den subtropischen Regenwald rings um die Fälle erkunden kann. Mit etwas Aufmerksamkeit und Glück kann man einige der exotischen Wildtiere sehen, die die Gegend bevölkern. Beim **Besucherzentrum** sind alle möglichen Informationen erhältlich. Es werden Listen der örtlichen Säugetiere, Vögel und Pflanzen als Hilfe bei der Erkundung ausgegeben. Das Zentrum bietet auch Diavorführungen an, und das kleine Museum zeigt einige Exemplare von Tieren, die zu sehen man vielleicht nicht die Zeit oder das Glück hat.

Der Iguazú ist oberhalb der Fälle etwa 900 km lang und wurde aufgestaut. Die Rodung der Wälder im Stromgebiet führte

m Wasserne-
bel unter den
Fällen.

zu einem sofortigen Abfließen des Regenwassers, so daß der Fluß oft überflutet, dann wieder trocken fällt, schmutzig wird, "pulsiert" (aufgrund industriellen Energiebedarfs zwischen Montag und Freitag) und ganz allgemein sich ziemlich unnatürlich verhält. Doch die natürliche Umgebung vertreibt alle Enttäuschungen. Die größte Schande für einen Besucher wäre es, zu kurz hierzubleiben; mindestens drei Tage werden den Naturfreunden empfohlen.

Bitterer Tee

Eine Rückkehr nach Buenos Aires auf dem Uruguay-Fluß wäre unmöglich wegen der Stromschnellen. Das Hindernis sind die **Moconá-Fälle,** die nur mit einer kleinen Expedition über Land erreichbar sind.

Im Südwesten von Misiones gibt es zwei Städte von Interesse. **Oberá** hat Siedler aus vielen europäischen Ländern, die miteinander in der Verschönerung der saubereren, hübschen Stadt wetteifern.

Apostoles ist die Hauptstadt der Mate-Tee-Industrie. Der Yerba- Mate-Baum gehört zur Familie der Stechpalmen (*Ilex*),

doch hier hört die Ähnlichkeit schon auf. Die Blätter des Baumes werden in vielen südamerikanischen Ländern zur Herstellung eines starken Tees verwendet.

Der nächste Ort, der einen Besuch wert ist, ist **Yapeyú,** ursprünglich eine Jesuitenmission und später eine spanische Garnison, die 1817 von den Portugiesen niedergebrannt wurde. Der Ort ist stolz darauf, daß der argentinische Befreiungsheld San Martín hier geboren wurde. Sein Vater war ein in der Garnison stationierter spanischer Offizier. Das Dorf besitzt ein staatsbürgerliches Bewußtsein, wie es anderswo im Lande unbekannt ist, und wird so "historisch" wie möglich erhalten. **Concordia** hingegen ist eine große Landstadt und Zentrum der Zitrusindustrie. Als der Salto Grande-Damm nördlich von Concordia geplant wurde, floß der Uruguay noch ungetrübt dahin, doch als er fertiggestellt war, war der Strom wegen der Entwaldung schlammig geworden. Nun besteht die Frage, wie lange der Damm noch in Betrieb sein wird; tatsächlich dient er jetzt als Auffanglager für Sedimente.

Der **Palmar-Nationalpark** auf halber Strecke zwischen Concordia und Colón ist einen Besuch wert, doch die Übernachtungsmöglichkeiten beschränken sich auf Campingplätze im Park und ein Motel in **Ubajay**, dem nahegelegenen Dorf. In dem Park kann man interessante Spaziergänge machen und einige seltene Tierarten sehen. Das weite Grasland der Pampa ist hier von Palmen bestanden, von denen der Park seinen Namen hat.

Colón lebt schon lange von der Fleisch-Verarbeitung. Nicht weit entfernt liegt der **Palacio de San José**, die Residenz des Generals Urquiza, dessen Ruhm darin besteht, daß er Rosas, den Diktator des 19. Jahrhunderts, vertrieben hat. Das Haus wird als nationales Geschichtsdenkmal erhalten; seine Pracht ist zwar verblaßt und die Farbe blättert ab, doch es ist eindrucksvoll.

Direkt vor der Bahn- und Straßenbrücke in **Brazo Largo**, die über den Río **Zárate** hinüberführt, geht eine Seitenstraße östlich ab nach **Paranacito**, wo man einen guten Eindruck vom Deltagebiet und den Sümpfen gewinnen kann.

Noch etwas weiter flußabwärts, jedoch außer Sichtweite, liegt wieder Buenos Aires, wo man das Schiff verlassen würde.

Links: Der Palast San José, früher Residenz des Präsidenten Urquiza. Rechts: Parkaufseher in El Palmar.

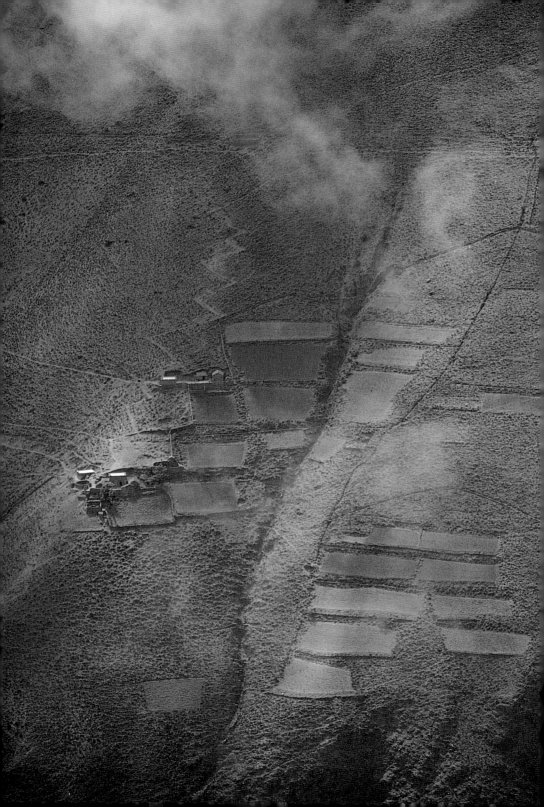

FARBE UND GESCHICHTE: DER GROSSARTIGE NORDWESTEN

Der Nordwesten Argentiniens ist in weiten Teilen Wüste und erinnert an Wüstenregionen in vielen anderen Ländern. Wer schon einmal den Südwesten der Vereinigten Staaten besucht hat, mag manche Ähnlichkeiten entdecken; die spanische Kultur hat hier einen deutlichen Abdruck hinterlassen, man kann in fast jeder Gemeinde Lehmhäuser und bescheidene Kirchen sehen, und auch die Überreste der vorspanischen Kultur finden sich überall. Verschiedenförmige kahle Hügel erheben sich ringsumher, große Kakteen spicken die Landschaft, und das tiefe Blau des Himmels ist nur gelegentlich von Wolken unterbrochen. Doch gibt es in der Region einige Plätze, die in diese Kategorie überhaupt nicht hineinpassen, und die Szenerie reicht von Dschungelgärten bis zu eisigen Gipfeln der Anden. Aber wohin auch immer man im Nordwesten geht, überall gibt es etwas Interessantes zu tun oder zu sehen. Wer allerdings nicht zu sehr geschäftig hin und her eilen möchte, für den ist der Nordwesten die richtige Gegend, um sich eine Stadt auszusuchen und ein paar Tage dort zu bleiben. Hier kann man auf einer sonnigen Terrasse sitzen, die Beine hochlegen, an *Salteñas* knabbern und ein paar Flaschen des ausgezeichneten heimischen Biers hinunterstürzen.

Vorhergehende Seiten: Die Kirche El Carmen in Salta. Jugendliche Mutprobe in Casabindo, Jujuy. Der Stier überlebt bei dieser traditionellen Zeremonie. Links: Die Sierra de Zenta, Salta.

ALTE SIEDLUNGEN

Aus landschaftlicher, archäologischer, historischer und sogar geologischer Sicht bildet Nordwest-Argentinien ein weitgehend einheitliches Territorium, das als NOA (Nor-Oeste-Argentino) bekannt ist. Es umfaßt die Provinzen Jujuy, Salta, Tucumán, Santiego del Estero, Catamarca und La Rioja, obgleich letztere auch gelegentlich als Teil der Region Cuyo angesehen werden.

Die Homogenität dieser riesigen, weitgehend dürren Region versteht man vielleicht am besten, wenn man einen Blick auf ihre prä-hispanische Bevölkerung wirft. Während die weiten patagonischen Ebenen und die wellige Grassteppe der Pampas und Mesopotamiens zumeist von nomadischen Früchtesammlern und Wildjägern oder auch Fischern durchstreift wurden, war NOA schon seit schätzungsweise über 10000 Jahren von Bauern und Herdenbesitzern bewohnt.

Dank der unzähligen Flüsse und Ströme, die die Täler der Region bewässern, war die Entwicklung prosperierender ständiger Siedlungen und zuweilen ausgedehnter Städte möglich, deren gut erhaltene Ruinen noch entlang der Precordillera (den Ausläufern der Anden) von La Rioja im Süden bis hinauf in den Norden zur Puna (Hochebene) in Salta und Jujuy zu sehen sind. Prä-hispanische *Pucarás* (befestigte Städte) wie Tilcara, Tastil und Quilmes sind nur einige von Dutzenden von Ureinwohner-Orten, die von einer recht hoch entwickelten Zivilisation zeugen. Diese Stätten, auch wenn sie nicht mit den Überresten der Azteken, Mayas oder Inkas vergleichbar sind, beeindrucken den Besucher doch mit ihrer Fülle von oft überraschenden, einzigartigen und unvergeßlichen Merkmalen.

Mondtal

Ein Besuch in dem vielfarbigen Nordwesten Argentiniens sollte auf alle Fälle mit zwei bemerkenswerten Naturdenkmälern nahe der Grenze zwischen den Provinzen San Juan und La Rioja beginnen: dem Valle de la Luna (Mondtal) und dem Ta-lampaya Canyon. Beide Ausflüge sind per Omnibus möglich und beginnen jeweils in San Juan oder La Rioja.

Das **Valle de la Luna** ist eine große natürliche Senke, wo konstante Erosion durch Wind und Wasser über Jahrtausende hindurch eine Reihe von seltsam gestalteten Sandsteinsformationen in großer Farbenvielfalt geschaffen hat.

Neben seiner Schönheit ist das Valle de la Luna von großer geologischer und paläontologischer Bedeutung. In prähistorischer Zeit (sogar noch vor der Entdeckung der Anden) war diese Gegend von einem riesigen See bedeckt. An seinen Ufern entwickelte sich während der Trias eine reiche Fauna und Flora. Ein zwei Meter langes Reptil, der *Dicinodontos* , war eines der typischsten Lebewesen. Insgesamt sind 63 Arten fossiler Tiere gefunden und von Paläontologen beschrieben worden.

Die Kleinstädte **San Agustín del Valle Fértil** im Süden, **Patquía** im Osten und **Villa Unión** im Westen sind hervorragend geeignet als Basiscamps für alle, die hier die Vergangenheit des Planeten Erde erforschen möchten.

Piktogramme und Petroglyphen

Talampaya liegt etwa 80 km westlich der Provinzstraße, die zwischen Patquía und Villa Unión verläuft. Obgleich paläontologisch nicht so bedeutend wie das Valle de la Luna, war auch diese eindrucksvolle Schlucht mit über 145 m hohen Wänden schon in vorspanischer Zeit von Menschen bewohnt. Ungezählte Felszeichnungen (Piktogramme und Petroglyphen), einschließlich der Darstellung eines menschlichen Fußes mit sechs Zehen, bieten einen interessanten archäologischen Kontrast zur eindrucksvollen geologischen Natur der Canyons. In den umliegenden Felswänden hängen Dutzende von Kondornestern.

In **Villa Unión** kann man die exquisiten Weißweine der Region probieren (der örtliche *Patero* ist besonders gut). Von dieser Stadt aus kann man einen Ausflug nach **Vinchina** unternehmen, das eine alte Wassermühle sowie einen seltsamen, vielfarbigen Stern mit zehn Zacken besitzt, der von den Eingeborenen für ihre Zeremonien erbaut wurde. Man kann auch **Jagüe** besuchen, einen kleinen Weiler am Fuße des gigantischen **Vulkans Bonete** und am alten Maultierpfad gelegen, der die grünen Wiesen auf der argentinischen Seite mit den chilenischen Bergbaustädten in der südlichen Atamarca-Wüste verbindet.

Ein weiterer Ort, der einen Halt verdient, ist **Chilecito** . Mit Villa Unión über den gewundenen und farbenprächtigen Paß **Cuesta de Miranda** verbunden, liegt diese Kleinstadt an den östlichen Abhängen der majestätischen Famatina-Kette. Zu den Attraktionen Chilecitos gehören seine exzellenten Weine, die alte Kapelle von Los Sarmientos, ein gutes Hotel (Hosteria ACA), zwei Museen und ein angenehmes Klima.

Salzebenen und Vulkane

Von San Juan bringen häufig verkehrende und bequeme Busse den Besucher nach **La Rioja** . Diese geschäftige Provinzhauptstadt besitzt alte Kirchen, darunter die älteste Argentiniens (Santo Domingo, erbaut 1623), und zwei interessante Museen für Volkskunst und Archäologie.

Etwas weiter nördlich bietet **Catamarca** erstaunliche geographische und historische Höhepunkte. Catamarca ist eine Provinz mit den größten nur vorstellbaren Höhenunterschieden. Gegen Córdoba und Santiago del Estero im Osten hin liegen die weiten **Salinas-Grandes-Salzebenen**, kaum 400 m über dem Meeresspiegel, während im Westen, nahe der argentinisch-chilenischen Grenze, der **Vulkan Ojos del Salado** die schwindelnde Höhe von 6930 m erreicht und damit der höchste Vulkan der Erde ist.

Von besonderem Interesse für den Touristen sind das archäologische und das historische Museum in **San Fernando del Valle de Catamarca**, der Provinzhauptstadt. Kleinere Museen finden sich noch in **Belén**, **Andalgalá**, **Tinogata** und **Santa María.** Diese alten Indianersiedlungen zeigen heute modernere Dörfer rund um die von den ersten europäischen Missionaren erbauten Kapellen.

Die Trockenheit der Landschaft nimmt von Catamarca zu den staubigen Ebenen von Santiago del Estero hin zu. Diese Wüstenregion erstreckt sich über die nordöstlichen Provinzen Formosa und Chaco bis zu den Ufern des Río Paraná und denen des Río Paraguay.

Im Valle de la Luna.

Die Provinzhauptstadt **Santiago del Estero** wurde von den spanischen Eroberern 1553 gegründet. Sie ist die älteste durchgängig bewohnte Stadt der Region.

Thermalbäder

Außer den Wäldern mit Johannisbrot-Bäumen und Baumwollfeldern gibt es in dieser Region nicht viel zu sehen. Eine Attraktion sind allerdings die Thermalbäder in **Río Hondo**. An einem künstlichen See gelegen, der verschiedene Sportmöglichkeiten bietet, hat sich die Stadt Río Hondo mit feinen Restaurants, First-Class-Hotels und sogar Konferenzsälen zu einem der beliebtesten Badeorte Argentiniens entwikkelt. Das Leben ist hier in den Wintermonaten ebenso lebhaft wie im Sommer am Strand von Mar del Plata.

Während die Thermen von Río Hondo vor allem in der kalten Jahreszeit frequentiert werden, gibt es noch eine Reihe anderer namhafter Thermalzentren in Argentinien, die das ganze Jahr über besucht werden können. Die meisten davon liegen ebenfalls in der Region NOA. Die beliebtesten sind **Rosario de la Frontera** (175 km südlich von Salta), **Termas de Reyes** (22 km von San Salvador de Jujuy) und **Copahue-Caviahue** am Abhang eines ruhenden Vulkans in einer Höhe von 2000 m, etwa 250 km von Neuquén nahe des südlichen Seengebietes gelegen. Alle diese und andere Erholungsorte wie z.B. **Pismanta** (Provinz San Juan), **Cacheuta** und **Los Molles** (Mendoza), **Domuyo** (Neuquén), **Epecuén** (Buenos Aires) und ungefähr 40 weitere Mineralbäder überall im Lande werden für die verschiedensten Beschwerden als äußerst heilsam eingestuft.

Ein letzter Punkt von Interesse in dieser Wüstenregion sind die fantastischen Meteorkrater von **Campo del Cielo** in der Nähe von Gancedo, wo man den gewaltigen, 33,4 Tonnen schweren Meteoriten *El Chaco* besichtigen kann.

Ein tropischer Garten

Nicht weit von Río Hondo gibt die Staubwüste den Blick auf ein subtropisches Spektakel frei, das jedermann überrascht, der Tucumán zum ersten Mal besucht. Hier

Ein Pfad im Calilegua-Nationalpark.

wird die fast endlose Dürre und landschaftliche Eintönigkeit der Provinzen Santiago del Estero, Formosa und Chaco abrupt von einer Fülle tropischer Vegetation abgelöst. Aus diesem Grunde ist die Provinz Tucumán - der kleinste der 24 argentinischen Bundesstaaten - volkstümlich als "Garten der Nation" bekannt.

Dieser klimatische und visuelle Kontrast ist besonders lebhaft entlang der Aconquija-Bergkette, die mehrere Gipfel von über 5500 m Höhe aufweist. Hier treten neben das intensive Grün glänzende schneebedeckte Gipfel.

Von zahlreichem Regenfällen begünstigt, ist die Provinz Tucumán eine der lieblichsten und wirtschaftlich reichsten Argentiniens. In den Ebenen ist die Landwirtschaft der Haupterwerbszweig. Rund um San Miguel de Tucumán, der Provinzhauptstadt, findet man die rauchenden *Ingenios* (Zuckermühlen) und Fabriken, die seit Mitte der 60-er Jahre gebaut wurden.

Die Stadt **Tucumán** hat einen einzigartigen Charakter. Der große **Nueve de Julio-Park,** das barocke **Regierungsgebäude** und mehrere Patrizierhäuser nebst einigen ehrwürdigen Kirchen erinnern an die koloniale Vergangenheit der Stadt. Diese wird wohl am deutlichsten bei einem Besuch der **Casa de la Independencia.** In einem großen Raum dieses prächtigen Hauses, von dem Teile wieder aufgebaut sind, wurde am 9. Juli 1816 die nationale Unabhängigkeit Argentiniens proklamiert.

Ausflüge

Es ist jedoch nicht so sehr die Stadt, als vielmehr die Umgebung, die für einen Aufenthalt in San Miguel de Tucumán spricht. Auf alle Fälle sollten kleine Ausflüge nach **Villa Nougués** und nach **San Javier** hoch droben in den Aconquija-Bergen unternommen werden. Von hier aus hat man einen herrlichen Blick auf Tucumán und auf die ausgedehnten Zuckerrohr- und Tabakfelder der Umgebung.

Ein Halbtagesausflug zum nahegelegenen **El Cadillal** mit seinem Staudamm, einem archäologischen Museum und Restaurants ist unbedingt zu empfehlen. Auch wäre es lohnend, eine geführte Tour zu einer der Zuckermühlen zu unternehmen.

"Ernte" in den großen Salzebenen der Puna.

Nach den Besichtigungen in und um San Miguel de Tucumán hat der Reisende die Wahl zwischen zwei verschiedenen Straßen, die ihn weiter nach Norden bringen. Die eine ist die Hauptstraße Ruta Nacional 9, die über Metán und den Kurort Rosario de la Frontera führt und sich dann durch dichten Buschwald und Buschland nach Salta und von da nach Jujuy hinaufwindet. Doch günstiger ist es wohl, Tucumán in südlicher Richtung nach **Acheral** zu verlassen. Von Acheral aus steigt eine schmale Straße durch dichte tropische Vegetation immer höher, bis sie schließlich ein hübsches grünes Tal erreicht, das oft von Wolken verhangen ist. Das Tal ist mit kleinen Dörfern übersät, deren Hauptort die alte Eingeborenen- und Jesuitensiedlung **Tafí del Valle** ist.

Steinkreise

Tafí del Valle, das im Herzen der Aconquija-Berge in einer Höhe von 2000 m liegt, gilt als das heilige Tal der Diaguita-Indianer, die einst unter verschiedenen Stammesnamen die Gegend bevölkerten.

Das Tal ist übersät mit Behausungen der Ureinwohner und Dutzenden von heiligen Steinkreisen. Die herausragenden Attraktionen in Tafí sind die Menhire oder Stehenden Steine. Diese Dolmen, die bisweilen über zwei Meter hoch sind, wurden kürzlich im **Parque de los Menhires** nahe dem Taleingang zusammengetragen.

Von Tafí windet sich eine staubige und steinige Straße hinauf zur Wasserscheide bei **El Infiernillo** (Kleine Hölle) in 3000 m Höhe über dem Meer und fällt von dort ab bis nach Amaicha del Valle.

Einem hiesigen Sprichwort zufolge scheint in **Amaicha del Valle** die Sonne 360 Tage im Jahr. Manche Hotelbesitzer sollen so stolz auf diesen Spruch sein, daß sie ihren Gästen das Geld zurückzahlen, sollte die Sonne während ihres Besuches überhaupt nicht scheinen. Doch egal, wie das Wetter ist, die hier handgewebten Wandteppiche und die Werkstätten lohnen den Besuch.

Sonnenverwöhnte Täler

Nachdem man Amaicha verlassen hat,

Chili-
schoten für
die lokale
Pfeffer-Indu-
trie werden
getrocknet.

gelangt man in die farbenprächtigen, sonnenverwöhnten **Täler Santa María und Calaquí**. Zusammen bildeten sie eine der dichtbevölkertsten Regionen Argentiniens vor der spanischen Einwanderung. Kurz hinter Amaicha teilt sich die Straße. Nach links (oder Süden) erreicht man bald **Santa María** mit seiner Vielfalt an feinen kunsthandwerklichen Produkten und Weinen. Es hat auch eine bedeutende Chili- Industrie.

Besser ist es jedoch, geradeaus weiter Richtung Norden zu fahren. Bald erreicht man die Ruta Nacional 40, Argentiniens längste Straße. Eine kurze Zufahrtstraße führt zu den außergewöhnlichen archäologischen Ruinen von **Quilmes**. Diese riesige Eingeborenen- Festung, die einmal bis zu 2500 Bewohner hatte, ist ein Beispiel hochentwickelter vorspanischer Stadtbaukunst. Die Mauern aus säuberlich gesetzten Flachsteinen sind noch sehr gut erhalten, auch wenn die Dächer aus gewaltigen Kaktusbalken längst verschwunden sind. Örtliche Führer begleiten den Besucher in diesem weitläufigen Komplex zu den Befestigungsanlagen, dem großen Staudamm und dem Wasserreservoir.

Und weiter geht die Reise durch verlassene Dörfer wie **Colalao del Valle** und **Tolombón** nach **Cafayate**. Hier werden die ausgezeichneten Weißweine aus der Torrontes-Traube erzeugt.

Schattige Patios

Obwohl es nur 260 km (etwa dreieinhalb Autostunden) von San Miguel de Tucumán entfernt ist, sollte man in Cafayate mindestens einmal übernachten. **Cafayate** bietet mehr als nur die Kathedrale mit den seltenen fünf Schiffen, das hervorragende Kolonialmuseum, sieben Bodegas (Weinkeller), Teppichweber und Silberschmiede. Es sind die Frische der Höhenlage in 1600 m und die schattigen Patios unter Weinlaub, die den Besucher wirklich verzaubern. Die Umgebung dieser kleinen Kolonialstadt ist reich an Weingärten und unzähligen archäologischen Überresten.

Von Cafayate führen zwei Straßen nach Salta. Rechts auf der Ruta Nacional 68 windet sich die Straße durch das abwechslungsreiche **Guachipas Tal** , oft auch **La Quebrada de Cafayate** genannt. In

Beim Brotbacken.

diesem Tal haben Wasser und Wind eine Vielzahl merkwürdiger Formationen aus dem roten Sandstein gebildet, die den Reisenden bei jeder Kurve erfreuen. Es ist eine angenehme Fahrt von weniger als vier Stunden (etwa 180 km) und bietet sich besonders für die Eiligen an.

Die lange Strecke

Wer mehr Zeit hat und an Naturschönheit und Geschichte gleichermaßen interessiert ist, sollte auf jeden Fall lieber die Ruta Nacional 40 nehmen. Sie schlängelt sich durch das malerische **Calchaquí-Tal**, das vom Calchaquí, einem der längsten Flüsse Argentiniens, bewässert wird.

Jedes der vielen romantischen Dörfer im Calchaquí-Tal verdient zumindest einen kurzen Rundgang, um einen Eindruck von der kunstvollen Kolonialarchitektur zu gewinnen, die in dieser Region noch weithin erhalten ist. Ein Halt in **San Carlos**, nicht weit von Cafayate, ist besonders lohnend. Dieser verschlafene Ort mit einer komfortablen ACA-Hosteria, soll nicht weniger als fünfmal gegründet worden sein, zuerst

schon 1551 durch die spanischen Konquistadoren, und später durch verschiedene Gruppen von Missionaren.

Kurz hinter San Carlos wird die Straße noch kurvenreicher. Durch die Kamine der bescheidenen Häuser entlang der Straße dringt oft der würzige Duft traditioneller Gerichte. Der aufmerksame Reisende kann *Locro* (Schmortopf), *Puchero* (Suppe) oder *Mazzamorra* (eine Nachspeise) schnuppern oder auch Fladenbrot, das in den Ziegelöfen hinter den Häusern gebacken wird.

Die Route verläßt kurz darauf das Flußbett und kreuzt die eindrucksvolle Schlucht **Quebrada de la Flecha**. Hier bietet ein Wald voll erodierter Sandsteinzacken einen höchst spektakulären Anblick, da das Spiel von Sonnenlicht und Schatten die Figuren so erscheinen läßt, als veränderten sie ständig ihre Gestalt.

Angastaco, der nächste Weiler, war einst eine Eingeborenensiedlung, deren primitive Lehmhütten auf ruhenden Sanddünen stehen. Ein modernes urbanes Zentrum mit einer komfortablen Hosteria befindet sich in der Nähe. Angastaco liegt inmitten ausgedehnter Weinberge.

ast Food in armejo bei alta.

Molinos mit seiner massiven Lehmkirche und den kolonialen Straßenzügen ist ein weiterer ruhiger Ort, der einen Halt verdient. Molino bedeutet Mühle, und man kann noch die alte Wassermühle am Ufer des Calchaquí sehen, die Mais und anderes Getreide mahlt.

Dies ist nur ein Beispiel dafür, wie den ganzen Calchaquí entlang alte Traditionen weiterleben. In **Seclantás** und dem nahegelegenen Dörfchen **Solco** stellen Handwerker auch heute noch die berühmten handgewebten *Ponchos de Güemes* her, rotschwarze Decken aus feiner Wolle, die die stolzen Gauchos von Salta auch heute noch über der Schulter tragen.

Kaktuskirche

Der lieblichste Platz an der malerischen Calchaquí-Straße ist **Cachi**, 175 kurvenreiche Kilometer nördlich von Cafayate.

Cachi hat eine sehr alte Kirche, in der viele Teile (Altar, Beichtstühle, Bänke, ja sogar Dach und Boden) aus Kaktusholz hergestellt sind, einem der wenigen in der Gegend erhältlichen Baumaterialien. Auf der anderen Seite des Platzes liegt das archäologische Museum, vielleicht das beste seiner Art in Argentinien. Mit Rat und Erlaubnis des Museumsleiters kann der Reisende den weitläufigen altindianischen Komplex in **Las Pailas**, etwa 18 km entfernt und teilweise ausgegraben, besichtigen. Dies ist nur eine der unzähligen archäologischen Stätten in der Region Calchaquí, die in der vorspanischen Zeit dicht besiedelt war.

Die Luft ist hier so rein, daß der mächtige **Monte Cachi** (6300 m) nur in Armeslänge entfernt zu sein scheint. Den Bewohnern dieser Region soll die frische Bergluft gut bekommen, und viele werden sehr alt.

Die Ruta Nacional 40 wird an dieser Stelle fast unpassierbar, obwohl das schläfrige Dorf **La Poma**, 50 km weiter nördlich, das 1930 durch ein Erdbeben teilweise zerstört wurde, durchaus besucht werden kann. Die Haupttouristenroute jedoch wendet sich nach Osten über ein Hochplateau namens **Tin-Tin**. Hier wächst der riesige *Cardón* oder Kandelaberkaktus. Vor kurzem wurde der **Los Cardones Nationalpark** in dieser Gegend eröffnet.

Eine religiöse Prozession in Jujuy

182

Über den spektakulären **Paß Cuesta del Obispo**, durch die farbenprächtige **Quebrada de Escoipe** und über die saftigen Ebenen des **Lerma-Tales** führt die Straße hinunter nach Salta. Die Tour von Cafayate nach Salta über Cachi ist ohne Zwischenaufenthalte eine recht anstrengende Acht-Stunden-Fahrt.

Man beachte, daß in der gesamten Region NOA viele Straßen während der regenreichen Sommerzeit (etwa zwischen Weihnachten und Ostern) unpassierbar sind. Herbst und Frühling (April-Mai und September-November) sind die günstigsten Zeiten für einen Besuch.

Koloniale Prachtstücke

Salta ist vielleicht die verführerischste Stadt des Nordwestens, zum einen wegen ihrer Lage im lieblichen Lerma-Tal und zum anderen wegen des auffallenden Kontrastes seiner alten Kolonialgebäude mit der modernen urbanen Architektur.

Für die Eiligen ist Salta der ideale Ausgangspunkt für viele kurze, erlebnisreiche Ausflüge. Knapp zwei Flugstunden von Buenos Aires entfernt, bietet es die Möglichkeit, per Omnibus, organisierter Tour oder mit Leihwagen folgende Bestimmungsorte anzufahren:

- **Cachi** zu einem Ausflug von einem Tag oder länger.

- **Cafayate** für einen Tag oder mehr.

- **Finca El Rey Nationalpark**, ein Tropenparadies mit vielen seltenen Pflanzen und Tieren, etwa 200 km südlich von Salta, für mindestens drei Tage.

- **San Antonio de los Cobres**, um die gut erhaltenen vorspanischen Ruinen von **Tastil** zu bewundern. Die Reise erfolgt im Auto oder an Bord des **Tren a las Nubes** (Zug in die Wolken), der von April bis November jeden Samstag verkehrt.

- **Humahuaca** für einen Tag oder mehr. Die Stadt Salta selbst ist ein faszinierender Ort für den Touristen. Sie birgt so kostbare Kolonialschätze wie den **Convento San Bernardo**, die **Kirche San Francisco** und das **Cabildo** (Rathaus) mit seinen grazilen Arkaden. Das Cabildo beherbergt ein sehr gutes historisches Museum. Das **Archäologische Museum** und der **Mercado Artesanal** (Handwerkermarkt) mit Kunsthand-

Die Kirche San Francisco in Salta.

werk von einigen Stämmen, die in der weiten Provinz Salta leben, sind ein weiteres Muß für den Touristen. Einen herrlichen Blick auf die Stadt kann man von dem **Hügel San Bernardo** aus genießen.

Zug in die Wolken

Sowohl der *Tren a las Nubes* als auch Finca El Rey sind eine kurze Beschreibung wert. Der mit einem Speisewagen ausgestattete Zug verläßt Saltas Hauptbahnhof gegen sieben Uhr morgens und erreicht die tiefe Schlucht **Quebrada del Toro** etwa eine Stunde später. Hier beginnt der langsame Anstieg.

Die Bahnlinie ist eine großartige Ingenieurleistung. Sie verwendet keine Zahnräder, auch nicht für die steilsten Stücke des Anstiegs, der mit Hilfe von Kehren und Spiralen gemeistert wird. Dies, zusammen mit einer wahrhaft spektakulären Szenerie, macht die Tour so einzigartig.

Nachdem der Zug **San Antonio de los Cobres**, die alte Hauptstadt des früheren Nationalterritoriums Los Andes passiert hat, hält er schließlich am **La Polvorilla-Viadukt** (63 m hoch und 224 m lang), einer eindrucksvollen Spannbrücke aus Stahl inmitten der atemberaubenden Andenlandschaft. An diesem Punkt hat man eine Höhe von 4197 m über dem Meer erreicht.

Von hier kehrt der Zug nach Salta zurück, wo er nach einer etwa 14-stündigen Fahrt am späten Abend wieder einläuft. Die Reise ist ihr Geld und die notwendige Zeit wohl wert (die Fahrkarte ist übrigens recht billig; sie kann bis zu 45 Tage im voraus bei den Dienststellen von *Ferrocarriles Argentinos*, der staatlichen Eisenbahngesellschaft, im Zentrum von Buenos Aires gekauft werden).

Dschungelidyll

Finca El Rey ist ein natürliches Treibhaus mit südamerikanischer tropischer Vegetation. Besucher, die hierher kommen, um zu fischen, die Flora und Fauna zu studieren oder einfach auszuruhen, finden verschiedene Unterbringungsmöglichkeiten vor; es gibt eine saubere Hosteria, einige Bungalows und sogar ein paar Hütten für Studenten. Der Ort ist gut erreichbar.

Ein Friedhof in der Quebrada de Humahuaca.

Von Salta bringt eine gewundene, aber herrliche Bergstraße mit dem Namen **La Cornisa** den Reisenden in etwa anderthalb Stunden bis nach **San Salvador de Jujuy**. Der Besucher sollte nicht versäumen, sich die außergewöhnliche, von Einheimischen geschnitzte, vergoldete Kanzel in der Kathedrale anzusehen. Wenige Kilometer entfernt kann man den Thermalort **Termas de Reyes** besuchen.

Die bunten Quebrada

San Salvador de Jujuy mag zuweilen unter einer Wolkendecke liegen, doch die Straße aus der Stadt hinaus steigt ständig an, und bald bricht die Sonne durch. Hier im Norden öffnet sich eine breite und sehr eigenartige *Quebrada* (Schlucht), die vom Bett des Río Grande beherrscht ist. Dieser Fluß nimmt im Sommer sintflutartige und oft zerstörerische Regenfälle auf. Folgt man der Straße weiter hinauf, werden die Farben der Talwände immer intensiver. Auch die Kleidung der Coya, der Bewohner dieses Hochplateaus, ist auffallend leuchtend bunt.

Zunächst hält man in **Purmamarca**, einem winzigen Dorf mit dem eindrucksvollen **Cerro de los Siete Colores** (Hügel der Sieben Farben), der sich hinter der alten Lehmkirche erhebt. Auf dem schattigen Platz bieten lokale Händler Holzschnitzereien, handgewebte Teppiche und vielerlei Kräuter für alle möglichen Leiden an.

Nach kurzer Fahrt durch die *Quebrada* gelangt man nach **Tilcara**, berühmt für sein großes *Pucará* (Bollwerk), das auf einem Hügel in der Mitte des Tales erbaut wurde. Am Hauptplatz liegen Museen für Archäologie, Kunst und Volkskunst. Es gibt auch einen interessanten botanischen Garten mit Pflanzen aus der Puna (Hochplateau).

In **El Angosto**, nördlich von Tilcara, verengt sich die *Quebrada* auf weniger als 200 m und öffnet sich dann in ein breites Tal. Wo immer das vorhandene Wasser gut genutzt wird, setzen winzige Felder und Obstgärten den roten und gelben Schattierungen der Flußwände einen grünen Farbtupfer auf.

In **Huacalera** mit seinem komfortablen Hotel zeigt ein Denkmal zur Linken den exakten Punkt des Wendekreises des Stein-

bocks an (23 Grad 27 Minuten südlich des Äquators).

Wüstenkapellen

Schließlich erreicht man Humahuaca, das seinen Namen von einem Indianerstamm hat. **Humahuaca** liegt in einer Höhe von fast 3000 Metern. Besuchern wird geraten, ganz langsam zu gehen und sich zu bewegen, um nicht außer Atem zu geraten. Auch sollte man nichts Schweres essen; eine Tasse süßer Tee ist in dieser Höhe besser.

In Humahuaca findet man äußerst enge, gepflasterte Straßen, fliegende Händler für Kräuter und Landesprodukte am Bahnhof sowie ein imposantes Monument, das an den argentinischen Unabhängigkeitskrieg erinnern soll. Das Volkskunde-Museum ist einen Besuch wert. Humahuaca hat ein gemütliches Hotel und mehrere gute Restaurants, die einheimische Gerichte anbieten. Die meisten Reisenden statten diesem faszinierenden Ort nur einen kurzen Besuch ab und kehren noch am selben Tag nach San Salvador de Jujuy zurück, doch ein mehrtägiger Aufenthalt ist wirklich lohnend, da man von hier aus einige Ausflüge machen kann.

Wenn man einen Kleinbus mietet, kann man die neun Kilometer zu den ausgedehnten archäologischen Ruinen von **Coctaca** fahren. Die wahre Bedeutung dieser Stätte ist noch weithin unbekannt, doch wird sie gegenwärtig von Wissenschaftlern intensiv untersucht.

Weitere Möglichkeiten sind eine Fahrt nach **Iruya**, einem Dörfchen inmitten hoher Berge (etwa 75 km von Humahuaca), oder nach **La Quiaca** an der argentinisch-bolivianischen Grenze. La Quiaca ist der Grenzübergang nach Bolivien.

Ein noch abenteuerlicherer Trip wäre der nach **Abra Pampa** und von dort zum **Naturdenkmal Laguna Pozuelos**, wo man riesige Scharen der imposanten Anden-Flamingos und an der Straße grasende Vicuña-Herden sehen kann. Bei Abra Pampa befindet sich auch eine große Vicuña-Farm (*Vicuñera*).

Hier im Herzen der Puna oder des Altiplano (ein Hochplateau in durchschnittlicher Höhe von 3500 m) sind eine Vielzahl von Kirchen und Kapellen mit verschiedenen Baustilen zu sehen. Die besten Beispiele finden sich in **Casabindo**, **Cochinoca**, **Pozuelos**, **Tafna** und **Rinconada**.

Leuchtende Vergoldung

Schließlich, wie für ein Happy-End dieser Exkursion durch Täler und über Berge hinweg aufgespart, bleibt noch einer der strahlendsten Juwelen Argentiniens: die uralte **Kapelle von Yavi**.

Das winzige Dorf **Yavi** liegt geschützt in einer kleinen Mulde auf der windigen und trockenen Hochebene nahe der bolivianischen Grenze, etwa 15 km einer ausgebauten Straße von La Quiaca entfernt. Zwischen dem 17. und dem 19. Jahrhundert war Yavi der Sitz des Marquis de Campero und einer der wohlhabendsten spanischen Adelssitze in diesem Teil des Kontinents. Die Kapelle hier wurde ursprünglich 1690 erbaut und einer der späteren Marquis ließ den Altar und die Kanzel vergolden. Die dünnen Alabasterplatten in den Fenstern schaffen ein sanftes gefiltertes Licht, das die Vergoldung zum Glühen bringt und eine zauberhafte Atmosphäre schafft.

Links: Eine typische Kirche im Nordwesten. Rechts: Der Zug in die Wolken.

DAS WEINGEBIET

In einem Land voller Überraschungen und kaum beschriebener Attraktionen bietet die zentralwestliche Cuyo-Region mehr, als man vielleicht vermutet. Argentinien ist der fünftgrößte Weinproduzent der Welt, und Cuyo ist das Kerngebiet dieser Industrie. Die Weinreben werden von der Schneeschmelze der Anden genährt, und das Gebirge selbst bildet eine farbenprächtige Landschaftskulisse. Jedes Jahr wird im März die Weinlese mit dem *Festival de la Vendimia* gefeiert, doch kann der Besucher zu jeder Jahreszeit durch die Bodegas (Weinkeller) ziehen und den hervorragenden Wein probieren. Die Städte dieser Gegend gehören zu den ältesten Argentiniens, und obwohl die meisten von ihnen nach Erdbeben erst in neuerer Zeit wiederaufgebaut wurden, kann man in den vielen Regionalmuseen noch eine Menge über die argentinische Geschichte erfahren. Hoch in den Anden erhebt sich der Aconcagua, der höchste Gipfel der Welt außerhalb Asiens. In dieser Gegend gibt es auch zahlreiche Skiorte; der bekannteste ist Las Lenas, der sich im Sommer als Ferienort und Wettkampfstätte bei Skiläufern aus dem Norden zunehmender Beliebtheit erfreut. Der Besucher findet diese und zahlreiche andere Annehmlichkeiten versteckt entlang der gewundenen Gebirgspässe und baumgesäumten Landstraßen der Cuyo-Region.

Vorhergende Seiten: Ritt zur Südseite des Aconcagua. Schattige Allee bei Mendoza. Links: Ein Weinbauer zeigt stolz seine Trauben.

CUYO-REGION

In der Mitte des 16. Jahrhunderts versuchten die spanischen Kolonien entlang der Westküste Südamerikas, ihre Gebiete über die Anden hinaus nach Osten auszudehnen, wo heute Argentinien liegt. Anlaß dazu waren Berichte, wonach es in diesen Gebieten ungeheure Reichtümer an Gold geben sollte, ähnlich den Funden weiter im Norden. Die ersten Siedlungsversuche der Chilenen wurden durch wiederholte Angriffe der Indianer zunichte gemacht. Konquistadoren aus Peru hatten mehr Glück, als sie ihre Ansprüche auf den Norden geltend machten. Im Jahre 1553 gründete Francisco de Aguirre den Ort Santiago del Estero für das spanische Vizekönigtum Peru. Es ist die älteste erhaltene Siedlung in ganz Argentinien. Die Eroberer aus Peru gründeten weiter die Städte Tucumán (an einer Stelle, die vorher bereits von Eroberern aus Chile besiedelt worden war), Salta und Xiu Xiu (Jujuy). Die Chilenen konnten schließlich erfolgreich ihre Herrschaft weiter südlich errichten, in der Cuyo-Region, die parallel zu Chiles zentralem Tal liegt. Obwohl diese Seite der Bergkette unfruchtbar und sehr dürr war (Cuyo bedeutet im Dialekt der einheimischen Indianer Wüste), bahnten sich Flüsse ihren Weg, genährt vom schmelzenden Andenschnee.

Erste Städte

Die erste dauerhafte Siedlung in der Cuyo-Region entstand in Mendoza. Gewählt wurde diese Stelle wegen ihrer Lage gegenüber von Santiago am östlichen Ende des Uspallata-Passes, dem Hauptzufahrtsweg durch die Anden in dieser Region. Pedro de Castillo gründete die Stadt 1561 und benannte sie nach Hurtado de Mendoza, dem Gouverneur von Chile. Nicht lange danach wurde die Stadt einige Kilometer nach Norden verlegt. 1562 gründete Juan Jufre die Stadt San Juan nördlich von Mendoza, und eine dritte chilenische Stadt, San Luis, entstand 1598 im Westen.

Die Spanische Krone errichtete 1776 das östliche Vizekönigtum Río de la Plata,

Die zentrale Plaza von Mendoza Mitte des 19. Jahrhunderts.

um der wachsenden Bedeutung des Hafens von Buenos Aires Rechnung zu tragen. Zu diesem Zeitpunkt gingen die Cuyo-Region und der peruanische Besitz im Norden in die Hoheitsgewalt des neuen Gebietes über. Die Cuyo-Region blieb jedoch lange Zeit vom Osten isoliert und war eng mit Zentralchile verknüpft.

Diese Isolation wurde erst 1884 mit der Fertigstellung der transkontinentalen Eisenbahn unterbrochen, und heute ist die Region gut in die argentinische Wirtschaft integriert. Sie ist Zentrum der bedeutenden Weinindustrie, und zahlreiche Obst- und Gemüsesorten werden hier für die Märkte im Osten angebaut. Die Gegend hat sich auch als reich an Bodenschätzen erwiesen, allerdings nicht an Gold, wie die ersten Entdecker gehofft hatten. Die Region ist der Hauptlieferant für Argentiniens lebenswichtige Erdölindustrie; Uran-, Kupfer- und Bleiminen sind über das gesamte Bergland verstreut. Es gibt einige bescheidene Wasserkraftwerke, deren Stauseen zu beliebten Erholungsgebieten geworden sind. Darüber hinaus kommen viele auch zum Skilaufen hierher.

Schattige Alleen

Heute umfaßt die Cuyo-Region die Provinzen Mendoza, San Juan und San Luis. Die größte Stadt ist Mendoza mit 600.000 Einwohnern. Trotz des Alters der Stadt ist nur wenig von ihrer ursprünglichen Kolonialarchitektur erhalten. Die gesamte Region wird regelmäßig von starken Erdbeben heimgesucht. Ein solches Erdbeben tötete 1861 ungefähr 10.000 Menschen und machte Mendoza völlig dem Erdboden gleich; der Wiederaufbau erfolgte im Hinblick auf die Abwendung neuer Katastrophen. Ein Erdbeben im Januar 1985 forderte nur wenige Todesopfer, machte jedoch 40.000 Menschen obdachlos.

Obwohl das Erscheinungsbild Mendozas relativ modern ist, hat die Stadt eine lange Geschichte. Von hier aus begann San Martín im Jahre 1817 seinen Marsch über die Anden mit 40.000 Mann, um Chile und Peru zu befreien.

Der Weinanbau entwickelte sich um die Mitte des 19. Jahrhunderts mit der Ankunft vieler italienischer und französischer Immigranten. Obwohl er ein wesentlicher Be-

Erholung im San Martín-Park.

195

ARGENTINISCHE WEINE

Argentinien ist der fünftgrößte Weinerzeuger der Welt mit durchschnittlich 21 Millionen Hektoliter pro Jahr. Fast 90 Prozent dieses Weins wird in den Andenprovinzen Mendoza und San Juan, der Rest in Rio Negro, Salta und La Rioja erzeugt. Gute Weine machen zwischen sechs und acht Prozent der Erzeugung aus, die übrigen Weine sind offene Weine, Regionalweine und in geringem Umfang besondere Weine (Sherry, Portwein, Vermouth, etc.).

Obwohl der Pro-Kopf-Verbrauch in den vergangenen Jahren beachtlich zurückgegangen ist, ist er immer noch hoch und liegt bei ungefähr 61 Litern pro Jahr. Wein wurde in Argentinien seit der Zeit der Eroberung erzeugt, aber erst in den letzten 90 Jahren ist die Weinerzeugung zu einem wichtigen, organisierten Wirtschaftszweig geworden. Es gibt nicht mehr als vier bis fünf Weinkellereien, die seit über hundert Jahren ununterbrochen Wein erzeugen, und nur eine, die seit mehr als 140 Jahren kontinuierlich Wein herstellt (Gonzalez Videla, gegründet 1840). Heute gibt es ca. 2000 Weinkellereien im ganzen Land, von denen jedoch nur eine Handvoll guten Wein erzeugen und noch weniger unter eigenem Namen Wein abfüllen bzw. verkaufen.

In Argentinien werden fast ausschließlich europäische Rebsorten angebaut. Unter ihnen stechen so edle Namen wie Cabernet Sauvignon, Merlot, Chardonny, Chenin, Riesling und Pinot Noir hervor. Aufgrund der schlampigen bzw. unkundigen Registrierung in den frühen Jahren der Weinindustrie und der späteren schlechten ampelographischen Kontrolle besteht immer noch große Verwirrung hinsichtlich der angebauten Rebsorten. Eine organisierte, wissenschaftliche Prüfung von vielen der besseren Weinberge hat gezeigt, daß viele Sorten anders eingestuft werden als das, was sie wirklich sind. So liegt der Fall beim argentinischen Pinot Blanc, den die Ampelographen jetzt zum Chenin bestimmt haben. In vielen Fällen ist Rheinriesling eigentlich italienischer Riesling (auch bekannt als Tokay Friulano). Auch wenn dies nicht die Qualität bzw. die Eigenschaften der Weine beeinträchtigt hat, stiftet es doch einige Verwirrung, wenn lokale Weine mit den Weinen anderer Länder verglichen werden.

Traditionell war Argentinien ein Rotweinland, und nach Meinung der Experten, die aus dem Ausland kommen, und der örtlichen Weinkenner sind die roten den weißen Weinen (bis auf ein oder zwei Ausnahmen) immer noch überlegen. Die beliebtesten und teuersten Rotweine sind die ganz bzw. überwiegend aus der Caber-

net Sauvignon-Rebe hergestellten Weine. In jüngster Zeit wurden jedoch die außergewöhnlichen Qualitäten des Malbec entdeckt. In Bordeaux, der Gegend seiner Herkunft, gilt der Malbec nur als zweitklassig, in Mendoza hat er jedoch außergewöhnliche Eigenschaften entwickelt. International bekannte Fachleute wie Hugh Johnson aus Großbritannien und Terry Robards und Joseph Schagrin aus den USA haben ihn zur ersten argentinischen roten Rebsorte erklärt. Ihr Wein kann als für Argentinien einzigartig gelten, da es keinem anderen Land der Welt gelungen ist, die Qualität zu erlangen, die er hier hat.

Zu den argentinischen Weißweinen gehören hauptsächlich der Chardonnay und der Chenin, außerdem noch einige gute Rieslinge und unbedeutendere Weine (beispielsweise Gewürztraminer). Doch wie es einen einzigartigen Spitzenwein der Malbecweine gibt, so gibt es auch einen ausgezeichneten Wein unter den argentinischen Weißweinen. Es ist kein Mendoza-Wein, obgleich die Rebe dort und in San Juan geerntet wird, sondern er kommt aus der nördlichsten Provinz Salta. Es handelt sich um die Torrontes-Rebe, die zwar aus Spanien stammt, ihre vollen Eigenschaften jedoch nur in dem hochgelegenen Andental Cafayate ungefähr 150 km westlich der Stadt Salta entwickelt. Torrontes-Weine sind überwältigend aromatisch - viel mehr als beispielsweise ein guter Gewürztraminer - und haben eine satte, goldene Farbe, einen kräftigen Körper und erwecken anfangs einen Eindruck von Süße, der sich später als falsch erweist. Er ist wahrscheinlich der fruchtigste Wein aus Argentinien. Es werden auch Schaumweine unterschiedlicher Qualität abgefüllt, von denen einige erstaunlich gut sind, insbesondere die der Kellereien Moet und Chandon und Piper Heidsieck.

Roséweine werden dagegen kaum getrunken, obwohl mit der Einführung einiger "blaßroter" Weine, die aus der Cabernet Sauvignon-Rebe gewonnen wurden, einiges Interesse geweckt wurde. Brandy und Dessertweine wie Sherry oder Portwein werden selten gereicht.

Im großen und ganzen trinken die Argentinier Wein zum Essen; doch der Sektor der Weinindustrie mit dem größten Wachstum ist der Sektor der Schaumweine, und dies ist auf die sich immer weiter verbreitende Mode zurückzuführen, den Schaumwein als Aperitif zu trinken. Viel seltener, sozusagen als zweite Wahl, wird Weißwein auch vor dem Essen getrunken; ganz selten sieht man, daß Rotwein als Aperitiv getrunken wird; doch ist die Gewohnheit, Wein nach dem Essen zu trinken, inzwischen ziemlich weit verbreitet.

Rechts: Der so beliebte Sherry reift am besten in der Sonne.

standteil der Wirtschaft geblieben ist, brachte erst die Erdölindustrie in den 50-er Jahren des 20. Jahrhunderts der Stadt wahren Wohlstand.

Auch wenn Mendoza der Metropole Buenos Aires in nichts nahekommt, hat es seine eigenen Reize. Viele aus der Hauptstadt übersiedelte Bewohner schätzen sich glücklich, daß sie sich dem gelassenen Rhythmus der *Mendocinos* angepaßt haben. Die Atmosphäre der Stadt trägt sicher zu dieser Gelassenheit bei. Der Wasserreichtum der Region wurde nutzbar gemacht und verwandelte das dürre Land in eine üppige Oase. Einige der schon von der ursprünglichen indianischen Bevölkerung gegrabenen Bewässerungskanäle werden noch benutzt, und viele sind dazugekommen. Die niedrigen Gebäude der Stadt liegen an breiten Alleen mit Kanälen, die mit ihrem fließenden Wasser die Temperatur im Vergleich zur umgebenden Wüste auf einem angenehmen Maß halten. Die meisten Häuser haben gepflegte Gärten, und überall in der Stadt gibt es Parks, die sowohl der Erholung dienen, als auch im Fall eines Erdbebens Schutz bieten. Unter dem vielen Schatten staunt man darüber, daß diese Millionen von Bäumen erst von den Bewohnern und Erbauern der Stadt gepflanzt wurden. Keine einzige von all den Pappeln, Ulmen oder Platanen stammt aus dieser Region selbst.

Im Westen erheben sich über all diesem Grün die Anden, die der Stadt den ganzen Tag über ein eindrucksvolles Panorama wechselnder Farben schenken.

Wilder Spargel

Mendoza hat eine gute Auswahl an Museen und anderen Sehenswürdigkeiten. Das **San Martín-Museum** in der Avenida San Martín 1843 beherbergt eine Sammlung, die dem General gewidmet ist. Das **Historische Museum** (Montevideo 544) hat eine schöne Sammlung von Handwerk aus dem Leben der Mendociner und eine kleine San Martín-Ausstellung. Wer sich für Archäologie, Anthropologie und Paläontologie interessiert, wird seine Freude an dem **Museum für Naturgeschichte** (U-Bahnstation Plaza Independencia) haben. Die im San Martín-Park gelegene Universi-

Harte Ernte-Arbeit.

tät der Cuyo-Region besitzt ein **Archäologisches Museum**, in dem Keramikarbeiten aus Südamerika sowie eine kleine Folklore- Sammlung zu sehen sind. Das **Städtische Aquarium**, U-Bahnstationen Huzaingo und Buenos Aires, ist unbedingt einen Besuch wert.

Die Ruinen der Kirche **San Francisco** hat die Stadt als historisches Denkmal erhalten. Die Kirche wurde im 18. Jahrhundert von den Jesuiten errichtet und 1861 durch ein Erdbeben zerstört.

Hinter dem eher uninteressanten **Regierungspalast** liegt das **Giol- Weinmuseum**, das zu der nahegelegenen staatlichen Weinkellerei gehört. Das Museum ist klein, bietet aber verlockende Weinproben und einige alte Photographien. Eine weitere Attraktion ist der **Kunsthandwerksmarkt** in der Straße Lavalle 97.

Wer sich von all den Besichtigungen erholen möchte, kann sich einem Einkaufsbummel entlang **Las Heras** hingeben oder sich in einem der schattigen Straßencafés, die es überall im Zentrum gibt, niederlassen. Die meisten dieser Cafés haben gute Schnellgerichte, und in einigen werden

Krüge mit *Clérico*, der mit Weißwein zubereiteten argentinischen Sangria, serviert.

In diesem Wüstenklima sind die Tage heiß und die Nächte kühl, und manche Restaurants bieten Mahlzeiten *al fresco* an. In der am Stadtrand gelegenen **La Bodega del 900** kann man zum Abendessen eine Show im Innenhof genießen und der Keller beherbergt ein kleines Weinmuseum.

Entlang dem Vorgebirge im Westen befinden sich mehrere Cafés und Nachtclubs. Eines der nettesten ist **Le Per**, das bis in die Nacht geöffnet ist und von dessen Terrasse aus man einen Blick auf Mendoza hat.

Cerro de la Gloria

Am westlichen Rand der Stadt liegt der San Martín-Park, aus dem sich die Hügel des **Cerro de la Gloria** erheben. Der Park verfügt über vielfältige Sportanlagen, unter anderem ein Fußballstadion, das für die Weltmeisterschaft gebaut wurde. Weiter oben am Berg befindet sich der Zoo mit schattigen Wegen und Freilandgehegen.

Oben auf dem Hügel erhebt sich das **San Martín-Denkmal** mit sich aufbäu-

Die Wasser der Schneeschmelze fließen zu Tal.

menden Pferden und der Freiheit, wie sie ihre Ketten sprengt. Das Bas-Relief um den Denkmalsockel zeigt verschiedene Szenen aus den Befreiungskämpfen. Von dieser Stelle aus hat man auch einen wunderbaren Blick auf Mendoza.

Auf der anderen Seite des Parks liegt das **Amphitheater Frank Romero Day**, wo viele Veranstaltungen der Stadt abgehalten werden, wie zum Beispiel das *Festival de la Vendimia* (Fest der Weinlese). Dieses Fest wird jedes Jahr im März drei bzw. fünf Tage lang gefeiert. Während der ersten Tage finden Straßenvorführungen und Paraden statt, und eine Weinkönigin wird gewählt. Das etwas überzogen wirkende Finale bilden Tänze, Feuerwerke und Lightshows.

Bodega-Besuche

Eine vergnügliche Abwechslung in der Gegend von Mendoza bieten die Bodega-Touren. Entlang den Anden liegen in diesem Landstrich verstreut über 2000 verschiedene Weinkellereien, teils kleine Familienbetriebe, teils riesige staatliche Kellereien. Der gesamte Weinanbau in dieser Region ist nur aufgrund eines umfangreichen Bewässerungsnetzes möglich. Das Zusammentreffen von Wasserreichtum, Sandboden, trockenem Klima und ganzjähriger Sonne in dieser Gegend ermöglicht die enormen Erträge.

Die ersten Weine wurden im 16. Jahrhundert von Jesuiten-Missionaren in der Cuyo-Region angebaut, doch die Produktion erlebte ihren Aufschwung erst Mitte des 19. Jahrhunderts mit der Ankunft italienischer und französischer Immigranten. Viele von ihnen arbeiteten als Landarbeiter. Einige Weinbauer jedoch steuerten europäisches Know-How bei, wovon die Weinbauindustrie in starkem Maße profitierte.

Eine Reihe von Weinkellern befindet sich unmittelbar am Stadtrand von Mendoza. Rundfahrten können über Reisebüros gebucht werden, vergnüglicher ist es jedoch, die Runden selbst zu machen, indem man sich eine Karte besorgt, ein Auto mietet und selbst auf die Suche geht. Dabei bietet sich die Gelegenheit, liebliche Landstraßen entlangzufahren, die von

Der Villavicencio-Paß.

200

Pappeln und Wildblumen gesäumt sind, um so Einblick in den Lebensstil der Cuyo-Region zu erhalten. Einheimische Fahrradfanatiker sind in Scharen auf den Straßen, und wenn man Glück hat, sieht man sogar ein paar alte Männer an einem trägen Nachmittag Boccia spielen.

Die beliebtesten Ziele der Bodega-Besucher sind die größeren und modernen Betriebe in **Giol** und **Trapiche Peña Flor** im Vorort **Maipú** sowie **Arizú** in Godoy Cruz. Auf einer normalen Führung (Führungen in deutscher Sprache müssen extra vereinbart werden) werden die verschiedenen Produktionsabschnitte verfolgt. Um sie gegen Erdbeben zu schützen, werden die riesigen Eichenfässer auf Rollen gelagert. Die Führung endet mit einer Einladung zur Weinprobe. Außerdem werden Flaschenweine zu Sonderpreisen zum Verkauf angeboten. Am interessantesten ist ein Aufenthalt hier während der Weinlese im März, wenn die übervoll mit Trauben beladenen Lastwagen die schmalen Straßen verstopfen.

Zwei der weniger besuchten, dafür umso interessanteren Bodegas sind **Gonzalez Videla** und **La Rural**. Die erste Weinkellerei liegt im Vorort Las Heras an einem Feldweg. Sie ist nicht so leicht zu finden, aber man kann sich durchfragen. Gegründet im Jahre 1840, ist sie eine der ältesten erhaltenen Weinkellereien der Gegend. Auf Besucher ist sie nicht eingestellt, so daß man sich selbst umschauen muß. Alte Geräte stehen herum, und das danebenliegende Wohnhaus ist voller Antiquitäten.

Die Weinkellerei **La Rural** mit der Hausmarke *San Felipe* liegt in Maipú. Gegründet im Jahre 1889, hat diese Weinkellerei mit ihrer ursprünglichen Architektur aus rosafarbenen Luftziegeln viel Charme bewahrt. Sie beherbergt das schönste Weinmuseum der Gegend, das zwar klein ist, jedoch voller alter Pressen, Fässer und Reservoirs, die aus einer einzigen Kuhhaut hergestellt sind.

Weitere Bodegas, die man besichtigen kann, sind **Toso** und **Santa Ana** im Vorort Guaymallén und **Norton** in Luján.

Gebirgspaß

Einer der eindrucksvollsten Ausflüge, die man von Mendoza aus unternehmen kann, führt auf den **Uspallata-Paß** an der chilenische Grenze. Zu dieser Ganztagsexkursion sollte man früh morgens aufbrechen, um genug Zeit für alle Sehenswürdigkeiten zu haben. Man kann die Tour bei einem Reiseunternehmen buchen, doch mit einem Mietwagen vermeidet man, wie in einer Herde herumgeführt zu werden. Wenn man nicht nach Chile weiterreisen will, ist die Fahrt auf eigene Faust jedoch nicht in den Wintermonaten (Juli bis September) zu empfehlen. Die höher gelegenen Straßen sind dann oft tückisch vereist, und es besteht Lawinen- und Steinschlaggefahr. Zu jeder Jahreszeit ist etwas wärmere Kleidung für höhere Lagen nötig. Zu berücksichtigen ist, daß Probleme mit der Höhenkrankheit auftreten können, da man von 750 m auf 2500 m Höhe kommt.

Die Tour beginnt in Mendoza, von wo aus man die Straße 7 in Richtung Süden nach **Luján** nimmt. Wenn man an der Plaza in der Stadt nach rechts abbiegt, kommt man auf die Landstraße 7, die auf den Paß führt. Dieser spannende Straßenabschnitt, der "Camino de los Andes", gehört zu dem riesigen Strapenkomplex, der als Panamerican Highway bekannt ist. Jahrhundertelang, schon vor den Inkas, wurde der Paß zum Überqueren der Berge benutzt.

Sowie man das bewässerte Grün der Niederungen verläßt und das Mendoza-Flußtal aufwärts fährt, wird die Landschaft sofort dürr. Bäume machen Sträuchern und gelegentlich leuchtenden Blumen Platz.

Als erstes erreicht man die reizvoll in einer Flußbiegung gelegenen **Cachueta-Thermalquellen**, die man jedoch nur nach ärztlicher Verordnung besuchen kann.

Als nächstes kommt **Portrerillos**, eine malerische Oase, wo viele *Mendocinos* Sommerhäuser haben, um der Hitze zu entfliehen. Das **Portrerillos Hotel** hat terrassenartig angelegte Gärten mit Blick auf das Tal sowie ein Schwimmbad und Tennis- und Reitanlagen. Campingplätze befinden sich in der Nähe. Oberhalb von Portrerillos liegt am Ende einer Nebenstraße der bescheidene Skiort **Vallecitos**, der von Juli bis September Betrieb hat.

Talaufwärts gelangt man zu der in weite Wiesen eingebetteten Stadt **Uspallata**. Weiter oben dehnt sich das Tal wieder aus bei **Punta de Vacas**, wo vor langer Zeit die Herden zusammengetrieben wurden, um nach Chile geführt zu werden. In Punta de Vacas muß man seinen Ausweis vorzeigen, wenn man über die Grenze will.

Der Skiort **Los Penitentes** liegt gleich dahinter. Busse bringen die Skiläufer für Tagesausflüge von Juli bis September hier hoch. Auf der anderen Seite des Tals befindet sich eine seltsame Felsformation, nach welcher der Ort benannt ist; hohe Felsentürme erinnern an Mönche mit Kapuzen (*Los Penitentes* :"die Büßer"), die den kathedralen-förmigen Berggipfel ersteigen. Im Winter verstärkt das vom Wind geformte Eis auf den Felsen diese Einbildung.

Die Christus-Statue

Etwas weiter liegt links von der Straße seltsam desolat und melancholisch ein kleiner Friedhof für diejenigen, die bei dem Versuch, den nahegelegenen Aconcagua-Gipfel zu erklettern, umgekommen sind.

Unmittelbar dahinter befindet sich die **Puente del Inca**, eine Natursteinbrücke, die durch die mineralischen Ablagerungen der darunter sprudelnden Thermalquellen bunt gefärbt wurde.

Nur wenige Kilometer weiter erlebt man die eindrucksvollste Aussicht des ganzen Ausflugs. In der Felswand ist eine Lücke, und wenn man das Tal nach rechts hinauf blickt, kann man das gewaltige Massiv des **Aconcagua** sehen, der mit 6960 Metern der höchste Berg der westlichen Erdhalbkugel und der höchste Berg überhaupt außerhalb Asiens ist. In einem alten indianischen Dialekt bedeutet der Name "Steinwachturm". Der Aconcagua ist immer schneebedeckt und seine sichtbare Südseite zeigt eine 3000 Meter hohe Wand aus reinem Eis und Stein. Die meisten Expeditionen gehen über die Nordseite. Die beste Zeit zum Besteigen ist Mitte Januar bis Mitte Februar.

Die klare Gebirgsluft erweckt den Eindruck, daß der Aconcagua ganz nah an der Straße liegt; der Gipfel ist jedoch in Wirklichkeit 45 km entfernt. Wandern kann man bis zur **Laguna de los Horcones**, einem grünen See am Fuß des Berges.

Die letzte Sehenswürdigkeit vor der Rückfahrt ist die **Christus- Statue** an der Grenze zu Chile. Auf dem Weg dorthin kommt man an der verschlafenen Stadt **Las Cuevas** vorbei. Danach gabelt sich die

Straße. Rechts liegt der neue Straßen- und Eisenbahntunnel nach Chile (der Personenzugverkehr von Mendoza nach Santiago wurde in den vergangenen Jahren aus Mangel an Reisenden eingestellt). Links ist die alte Straße nach Chile, die steil über Felsen und Schotter zu dem 4200 Meter hohen **La Cumbre-Paß** führt. Ganz oben erhebt sich die Christus-Statue, die 1904 zum Zeichen der Freundschaft zwischen Argentinien und Chile errichtet wurde. Äußerst interessant sind die kleinen bunten Stoffetzen, die Besucher dort angebunden haben in der Hoffnung, daß ihre Gebete erhört werden.

Die Strapazen der Reise bis hierher werden mit dem Blick auf die Berge mehr als belohnt. In jeder Richtung erheben sich schroff und steil die Gipfel der Anden, deren Spitzen noch die Strahlen der Spätnachmittagssonne auffangen. Wenn nicht sie einem dem Atem rauben, so tut dies mit Sicherheit der scharfe, eisige Wind auf dem Paß. Zum krönenden Abschluß des Ausflugs fehlt nur noch der Anblick eines Kondors, der sich in einsame Höhen schwingt.

Ski-Jet-Set

Ein weiterer lohnenswerter Tagesausflug von Mendoza gilt dem 45 km nordwestlich gelegenen Thermalbad **Villavicencio** (alternative Route 7). Die Straße führt weiter auf den Bergpaß bei Uspallata, doch ist dieser Teil nicht befestigt.

240 km südlich von Mendoza befindet sich dann die Landwirtschaftsoase **San Raphael**. Durch die nahegelegenen Wasserkraftwerke wurden Stauseen geschaffen, die zu Erholungszentren geworden sind. Angeln soll hier ausgezeichnet sein.

Südwestlich von San Raphael liegt im **Valle Hermoso** (Schönes Tal) der Skiort **Las Leñas**, der sich zwischen Juni und Oktober zum Treffpunkt des Skiläufer-Jet-Sets beider Hemisphären entwickelt. Es gibt 45 km Pisten mit trockenem Pulverschnee sowie 2000 Hotelbetten. Charterflüge bringen die Skiläufer aus Mendoza zu der Stadt **Malargüe**, von wo sie mit Bussen zum Ziel gebracht werden.

Obwohl **San Luis** eigentlich keinen Extra-Ausflug wert ist, kann man hier Station machen, wenn man von Buenos

Aires nach Mendoza fährt, da es an der Strecke liegt. Die Stadt ist an der südwestlichen Ecke der Pampa gelegen und war viele Jahre ein einsamer Grenzposten; ihre Atmosphäre hat noch etwas aus der Kolonialzeit. Mehrere Erholungsorte dieser Gegend, die an Stauseen liegen, sind bei Anglern und Windsurfern sehr beliebt. In **Merlo** gibt es ein Thermalbad. In diesem Gebiet finden sich einige Steinbrüche mit Onyx, Marmor und Rosenquarz. Diese Steine sind hier günstig zu kaufen. Die Stadt **La Toma** nordöstlich von San Luis hat sich auf grünen Onyx spezialisiert.

Floßfahrten

Die Stadt **San Juan** liegt 177 km nördlich von Mendoza an der Straße Nr. 40. Ein Erdbeben im Jahre 1944 hat die Stadt dem Erdboden gleichgemacht, und seit damals ist sie völlig neu aufgebaut worden. Durch seine eindringlichen Appelle und erfolgreichen Bemühungen, Mittel für die verwüstete Stadt aufzutreiben, machte Juan Perón zum ersten Mal in Argentinien von sich reden. San Juan ist auch ein bedeutendes

Zentrum der Weinerzeugung. Berühmt ist es jedoch insbesondere als Geburtsort von Domingo Faustino Sarmiento, des bekannten Historikers und Pädagogen, der von 1868 bis 1874 Präsident der Republik war. In seinem Geburtshaus ist heute das **Sarmiento-Museum** untergebracht. Außerdem gibt es ein **Naturkundemuseum** und ein **Archäologisches Museum**.

Im Westen liegen Berge, die mit weniger Mühe zu erklimmen sind als die Berge bei Mendoza. Das örtliche Tourismusbüro erteilt Auskunft über die Möglichkeiten von Floßfahrten auf den klaren Flüssen dieser Gegend.

Wohin und zu welcher Jahreszeit auch immer man in der Cuyo-Region reist, die lokalen Feste sind einen Besuch wert. Mit großen Festen wird alles mögliche gefeiert, angefangen bei Wein und Bier bis zu Nüssen und Aprikosen. Die Gauchos der Gegend veranstalten Rodeos, Wettkämpfe, die man sich nicht entgehen lassen sollte, und im Januar findet östlich von Mendoza ein *Cueca* -Fest statt. Der *Cueca* ist ein aus Chile stammender Tanz, und die Klänge seiner Musik sind hier überall zu hören.

ROMANTISCHES PATAGONIEN

Die Versuchung liegt nahe, zu sagen, daß Patagonien nicht vorgestellt zu werden braucht. Diese wilde und öde Landschaft spukte schon immer in den Phantasien vieler Biertisch-Abenteurer herum, und zu behaupten, daß man nach Patagonien reisen wolle, bedeutete ebensoviel wie, daß man sich danach sehnte, nach Timbuktu zu fahren. Vielleicht sind jedoch einige Erläuterungen notwendig, da zwar eine allgemeine Vorstellung vorhanden ist, jedoch nur wenigen der spezifische Zauber Patagoniens vertraut ist. Obwohl es sich um eine große Fläche handelt, die ungefähr ein Drittel Argentiniens einnimmt, ist man doch überrascht über die Vielfalt der gebotenen Erlebniswelt. Hier gibt es die höchsten Gipfel der westlichen Hemisphäre, Wälder mit uralten, seltsamen Bäumen, fossilienreiche Küstenklippen, die von Darwin erforscht wurden, und einige der beachtlichsten Gletscher der Welt. Die Fülle an seltenen wildlebenden Tieren ist erstaunlich, und dem sportlichen Reisenden bietet Patagonien mit die schwierigsten Skiabfahrten und Kletterwände überhaupt. Was man sich auch immer unter einer Abenteuerreise vorstellt, Patagonien ist eine Exkursion abseits der ausgetretenen Pfade wert.

Vorhergehende Seiten: Die kontinentale Eisdecke, hoch oben in den Anden. Exkursion zu Pferd am Nahuel Huapi-See. Links: Gleitende Delphin-Möwen.

WIND UND WEITE

Keiner hat die Gefühle, die das entlegene Patagonien im Besucher aufrührt, besser beschrieben als Charles Darwin. Nach seiner Rückkehr von einer fünfjährigen Reise auf dem Segelschiff *Beagle* schrieb Darwin: "Wenn ich die Bilder der Vergangenheit hervorrufe, merke ich, daß die Ebenen Patagoniens häufig vor meinen Augen vorüberziehen; doch werden diese Ebenen von allen als kümmerlich und nutzlos bezeichnet. Sie können auch nur mit negativen Eigenschaften belegt werden: keine menschlichen Siedlungen, kein Wasser, keine Bäume, keine Berge; nur ein paar wenige Zwergpflanzen halten sich dort. Warum hat sich dann, und das geht nicht nur mir so, diese dürre Einöde so tief in mein Gedächtnis eingegraben?"

In seinem Buch *Idle Days in Patagonia* teilt auch W.H. Hudson diesen Eindruck Darwins und fügt hinzu: "Es ist nicht die Einbildungskraft, es ist die Natur in dieser desolaten Landschaft, die uns aus einem Grund, den wir erst später erkennen, tiefer bewegt als andere."

An der Südspitze des südamerikanischen Kontinents liegt das Land, das Magellan und sein Chronist Pigafetta, als sie im Winter 1520 an einer trostlosen, kalten Küste gestrandet waren, Patagonien nannten. Einigen Historikern zufolge hat dieser Name mit den Eingeborenen zu tun, die man wegen ihrer großen Füße so nannte. Andere bringen ihn in Verbingung mit einer Figur in Rittergeschichten, die zu jener Zeit sehr verbreitet waren.

Kühne Entdeckungsreisende

Magellan, Sarmiento de Gamboa, Drake und Cavendish sind nur einige der zahlreichen Entdeckungsreisenden, die ihren Fuß auf dieses Land gesetzt haben. Hier, an diesen düsteren Ufern, haben europäische Gesetze und Sitten zu den heftigsten und leidenschaftlichsten Ausbrüchen geführt - Revolten, Meutereien, Verbannungen und Hinrichtungen waren an der Tagesordnung. Sir Francis Drake benutzte 1578 im Hafen San Julian (heute eine Stadt

in der Provinz Santa Cruz) dasselbe Schafott, das Magellan verwendet hatte, um ein halbes Jahrhundert zuvor seine Meuterer hinzurichten.

Im Jahre 1584 gründete Sarmiento de Gamboa an der "Meerenge des Unglücks" die ersten Siedlungen, die er Jesús und Rey Felipe nannte. Seine erste Begegnung mit den eingeborenen Bewohnern dürfte ihm als Warnung gedient haben: "Zehn nackte Indianer näherten sich uns und sprachen Willkommensworte in einer unbekannten Sprache. Als Zeichen der Freundschaft nahm der Häuptling einen langen Pfeil und schluckte ihn hinunter, bis er fast in seiner Kehle verschwunden war; als er ihn dann langsam herauszog, war er blutbedeckt." Zwei Jahre später fand Thomas Cavendish, der englische Kommandant eines Kaperschiffes, einige Überlebende dieser Expedition, die in dem öden Küstenland herumirrten. Und nachdem er vier Tage in den Ruinen einer der Siedlungen zugebracht hatte, gab er ihr den schändlichen Namen "Hafen des Hungers".

Von den weißen Klippen der Meeresküste erstrecken sich nach Westen die riesigen Ebenen und Tafelberge, die jahrhundertelang unerforscht blieben. Die Jesuiten gehörten zu den wenigen, die es, getrieben von der Anziehungskraft der "verlorenen Stadt der Kaiser", riskierten, einen Blick auf das endlose Plateau zu werfen. Sie kamen von Chile über die Anden und wagten sich nie weit von den Bergen weg. Im Jahre 1670 gründeten sie eine Mission an den Ufern des Sees Nahuel Huapi. Sie bestand nicht lange. Die Indianer hatten eine Vorahnung: Wenn die Spanier die geheimen Wege über die Anden kennenlernen würden, wäre das Schicksal der Indianer besiegelt. Daher wurden die meisten Missionare umgebracht.

Die Eroberung der Wüste

Erst die walisischen Siedler, die 1865 im unteren Chubut-Tal ankamen, und die Forschungsreisenden des ausgehenden 19. Jahrhunderts entdeckten die Geheimnisse des Binnenlandes. Der englische Entdeckungsreisende George Musters, einer der berühmtesten Abenteurer dieser Zeit, fuhr mit einer Gruppe von Indianern von Punta

Vorhergehende Seiten: Hinweis auf den Eingang zu einer Estancia. Unten: Carmen de Patagones im frühen 19. Jahrhundert.

212

Arenas in Chile auf der Magellan-Straße zu dem Nahuel Huapi-See und von dort zum Atlantik, in beinahe sechs Monaten ohne Unterbrechung. Sein Reisebericht enthält die vollständigsten Beschreibungen des patagonischen Binnenlandes und seiner Bewohner des 19. Jahrhunderts.

Die Ureinwohner dieses Landes waren von Anfang an Teil des exotischen Reizes, der die ersten Siedler anzog, wurden jedoch bald ein Hindernis für deren Ziele. Sie waren lange vor der Ankunft des weißen Mannes da und leisteten Widerstand. Am tapfersten waren die Mapuche-Indianer, ein Nomadenstamm, der auf beiden Seiten der Grenze im Norden Patagoniens lebte. Dreihundert Jahre führten sie in den Ebenen des Nordens ein Leben voller Gewalttaten, raubten und plünderten die großen Farmen der reichen Pampas, trieben das Vieh über die Anden und verkauften es an die Spanier auf der chilenischen Seite.

Im Jahre 1879 schickte sich die argentinische Armee unter General Roca an, das Land der Eingeborenen zu erobern. Der Feldzug, der bis 1883 dauerte, ist als "Eroberung der Wüste" bekannt. Er beendete die Epoche der indianischen Herrschaft in Patagonien und eröffnete der Kolonialisierung ein völlig neues Gebiet.

Das Land mit seinen Schönheiten blieb, doch die Ureinwohner verschwanden: Einige starben in heldenhaften Schlachten, andere erlagen oft qualvoll unbekannten Krankheiten, und wieder andere wurden Kuhhirten auf den großen patagonischen Estancias (Viehfarmen). Fragmente ihrer Welt sind in diesem großräumigen Land noch zu finden im Aussehen der Leute, in manchen örtlichen Gebräuchen und in religiösen Zeremonien, die in den Reservaten der Indianer noch abgehalten werden.

Europäische Besiedlung

Mit dem blutigen Ende der Indianerkriege begann die Kolonialisierung. Die große Hochebene im Landesinneren, eine weite trockene Fläche mit Büschen und Salzseen, wurde langsam von Menschen sehr unterschiedlicher Herkunft besetzt: Spanier, Italiener, Schotten und Engländer ließen sich im Süden nieder, Waliser im Chubut-Tal, Italiener im Río Negro-Tal,

Die Küste von Santa Cruz.

213

Schweizer und Deutsche im Seengebiet des Nordens, während einige Nordamerikaner sich über das ganze Gebiet verstreuten.

Diese Leute erbten das Land, und im fernen Süden entstand ein ähnliches Bild wie im Westen Nordamerikas. Häfen und Städte entwickelten sich an der Küste, um die Wolle zu verschiffen und die Waren zu importieren, die die Siedler benötigten. Große Viehfarmen, die Wolle herstellten, entstanden in dieser Prärie. Im Westen, wo die Prärie an die Anden reicht, wurden mehrere Nationalparks geschaffen, um das reiche Erbe der Natur zu schützen, den Tourismus zu entwickeln und die Landesgrenzen zu sichern.

Die neuen Städte Patagoniens wuchsen schnell. Kohlebergbau, Ölfelder, Landwirtschaft, Industrie, große Kraftwerke und der Tourismus lockten Leute aus dem ganzen Land und aus Chile und machten Patagonien zu einem modernen industrialisierten Grenzland. Einige Leute kamen, um ein neues ruhiges Leben inmitten von Bergen, Wäldern und Seen zu beginnen. Im Herzen Patagoniens reiten die Nachkommen der ersten Siedler und Schafzüchter und ihrer Hirten noch immer über die riesigen Estancias und hüten Rinder und Schafe.

Einige geographische Fakten

Mit genau bezeichneten geographischen und politischen Grenzen erstreckt sich Patagonien vom Colorado-Fluß im Norden über mehr als 2000 km bis zum Kap Horn im äußersten Süden des Kontinents. Es bedeckt über eine Million Quadratkilometer und gehört zu den beiden Nachbarstaaten Chile und Argentinien. Die endgültige Festlegung dieser langen und unregelmäßigen internationalen Grenze brauchte viel Zeit und war nicht einfach. Obwohl das Land noch unerforscht war, gab es Zeiten, in denen beide Länder am Rand des Kriegs standen. Zum Glück kam es nie soweit, dank des gesunden Menschenverstandes beider Regierungen. Ein historisches Beispiel dieser Haltung war das Treffen des chilenischen und des argentinischen Präsidenten 1899 an der Südspitze des Kontinents, das als Umarmung an der Magellanstraße bekannt ist. Im Jahre 1978 kam es zu einer ähnlichen Begegnung

Der Herbst kommt in die Ebenen.

in Puerto Montt, Chile, wo beide Staaten eine Einigung über das letzte Stück nicht festgelegter Grenze bezüglich einiger kleiner Inseln im Beagle-Kanal erreichten.

Der argentinische Teil von Patagonien umfaßt ungefähr 800.000 Quadratkilometer und läßt sich leicht in drei klar umrissene Gebiete einteilen: die Küste, das Tafelland und die Anden. Nur 3,7 Prozent der argentinischen Bevölkerung leben in Patagonien. Auf einen Quadratkilometer kommen nur 1,3 Einwohner, und in der Provinz Santa Cruz sinkt diese Bevölkerungsdichte auf 0,5 Einwohner pro km^2.

Die Jahreszeiten sind in Patagonien genau definiert. In Anbetracht der geographischen Breite ist die Durchschnittstemperatur mild. Die Winter sind nie so kalt und die Sommer nie so warm wie in vergleichbaren Breiten der nördlichen Halbkugel. In Ushuaia beträgt die durchschnittliche Temperatur 6^0C und in Bariloche 8^0C. Dennoch kann das Klima im öden Tafelland ziemlich rauh sein. Dort ist das Wetter mehr kontinental als in der restlichen Region. Allgegenwärtiger Begleiter des Bewohners und des Reisenden ist in Patagonien der Wind, der das ganze Jahr über von den Bergen in Richtung Meer bläst und vielen hier das Leben schier unerträglich macht.

Wechsel der Jahreszeiten

Im Frühjahr beginnt der Schnee in den Bergen zu schmelzen, es blühen fast überall Blumen (Frauenschuh, Butterblumen, Bergorchideen u.a.) und die Farmer bereiten sich auf die schwere Arbeit des Schafehütens und Scherens vor. Obwohl der Tourismus im Spätfrühling beginnt, kommen die meisten Menschen erst im Sommer. Sämtliche Straßen sind dann für den Verkehr frei, die Flughäfen sind offen und die Hotels ausgebucht. Die Sommersaison dauert bis Februar.

Der Herbst bringt Änderungen im Tafelland. Die Pappeln, die die einsam gelegenen Estancias umgeben, färben sich gelb in allen Schattierungen. Die buchenbestandenen Berge zeigen sich in Rot- und Gelbtönen, und die Luft wird langsam kälter. Zu dieser Zeit des Jahres läßt der Touristenstrom nach, und die Gegend am Fuß der

Anden von San Martín bis nach Bariloche wird zum Jagdparadies. Der Gletschernaturpark ganz im Süden wird für den Winter geschlossen. Während das weite Flachland schläft, erwachen die Wintersportgebiete in den Bergen. San Martín de los Andes, Bariloche, Esquel und sogar Ushuaia ziehen Tausende von Skiläufern auch aus der nördlichen Halbkugel an, die die Umkehrung der Jahreszeiten nutzen wollen.

Die zwei Straßen

Von Norden nach Süden verlaufen zwei Hauptstraßen: Nr. 40 entlang der Anden und Nr. 3 entlang der Küste. Die erste ist größtenteils Schotterstraße. Sie beginnt an der Nordwest-Spitze des Landes und verläuft parallel zu den Anden durch Gegenden von ungewöhnlicher Schönheit. Im nördlichen Seengebiet ist die Straße Nr. 40 sehr stark befahren, doch südlich von Esquel wird sie zu einer der einsamsten Straßen der Welt, bis sie schließlich auf die Straße Nr. 3 stößt und in Río Gallegos an der Atlantikküste endet.

Die fast vollständig befestigte Straße Nr. 3 beginnt in Buenos Aires und verläuft über mehr als 3000 km entlang der Küste, bis sie am Beagle-Kanal im Lapataia-Nationalpark endet. Diese Straße verbindet alle größeren Städte und Ortschaften der patagonischen Küste wie Bahia Blanca, Trelew, Comodoro Rivadavia, Río Gallegos und Ushuaia. Zwischen diesen Städten sind die einzigen bewohnten Stellen nach Kilometern und Kilometern von Einöde die großen patagonischen Estancias der Schafzüchter. Die Estancieros sind bekannt für ihre Gastfreundschaft gegenüber dem umherschweifenden Reisenden.

Viele Straßen verbinden die Berge mit der Küste. Es gibt auch eine Hauptbahnlinie von Buenos Aires nach Bariloche, die der Strecke folgt, die Musters vor hundert Jahren entlangritt. Unterwegs sieht der Reisende den Wechsel der Landschaft von der reichen Pampa der Provinz Buenos Aires zu der Einöde Patagoniens.

Manchem mag es so vorkommen, als verstreiche die Zeit in Patagonien langsamer als anderswo. Die endlosen einsamen Straßen, die langen stürmischen Winter und die Weite des Himmels haben eine sehr einfache und bescheidene Lebensweise geformt. Für den Reisenden machen die Liebenswürdigkeit und Gastfreundschaft der Bevölkerung oft das Fehlen des gewohnten Komforts wieder wett.

Nordpatagonien

Die nördliche Grenze von Patagonien ist der Fluß Colorado. Die Steppe bzw. Wüste, wie die Argentinier sie nennen, erstreckt sich von weiter nördlich ununterbrochen ins Landesinnere Patagoniens und zur Küste bis hin zur Magellanstraße. Der **Río Negro** südlich des Colorado fließt in eine Oase intensiver Landwirtschaft, die sich über mehr als 400 km hinzieht. Das Tal selbst ist ein schmaler Streifen fruchtbaren Landes, der zu dem umgebenden Ödland in starkem Gegensatz steht, welches es ständig zu verschlucken droht. Wer gern Obstanbaugebiete besichtigt (Äpfel, Birnen, Trauben), muß unbedingt hierher kommen. Obstfarmen, Saftherstellungs- und Verpackungsbetriebe bestimmen das rege Wirtschaftsleben dieser Oase. **Neuquen**, **Cipoletti** und **Roca** sind die wichtigsten Städte dieser Region.

Wenn man am Río Negro entlang kultivierter Landstriche, die sich mit Wüste abwechseln, in Richtung Atlantikküste fährt, kommt man bald zu den Zwillingsstädten **Carmen de Patagones** und Viedma und hat damit eine Strecke von 540 km von Neuquen bis fast an die Küste zurückgelegt. Carmen de Patagones wurde 1779 von den Spaniern gegründet und ist eine der ältesten Siedlungen Patagoniens. Die Siedler lebten in ständiger Furcht vor der Invasion ausländischer Mächte, die Patagonien erobern wollten. Das auf der anderen Seite des Flusses gelegene **Viedma** soll die neue Hauptstadt der Republik Argentinien - das argentinische Brasilia - am südlichen Ende des Kontinents werden, als Symbol der allmählichen Verschiebung der wirtschaftlichen und politischen Interessen in den weniger entwickelten Süden.

In der Nähe kann man die Höhlen sehen, die den ersten Siedlern als Schutz dienten. Wo der Fluß ins Meer mündet, befindet sich, wie auch an vielen anderen Stellen entlang der Küste, eine Seelöwenkolonie.

180 km westlich liegt der Hafen **San Antonio Este**, von wo aus die Obsterzeugnisse aus dem Tal verschifft werden.

Freizeitfarmen und Schwäne

Ungefähr 200 km südwestlich von Neuquen liegt an der Straße nach Bariloche eine der wenigen Freizeitfarmen in Patagonien. In der Nähe der kleinen Stadt **Piedra del Aguila** befindet sich die riesige **Hotel- und Freizeitanlage Piedra del Aguila**. Sie ist während der Sommersaison geöffnet und bietet eine Vielzahl von Aktivitäten im Freien wie Camping, Reiten und Angeln.

Fährt man von Neuquen in Richtung Westen zu den Anden, erreicht man den Rand des Nördlichen Seengebietes. Am Weg liegt nahe der Stadt **Zapala** ein Ort, den der Vogelliebhaber im Frühjahr unbedingt besuchen sollte: der **Laguna Blanca-Nationalpark** mit einem großen See. Obgleich es dort Hunderte von interessanten Vogelarten gibt, sind die Hauptattraktion dieses Nationalparks die schwarzhälsigen Schwäne, die sich machmal in Scharen von bis zu 1000 Paaren versammeln. Flamingos sind ebenfalls zu sehen, und die umgebenden Hügel beherbergen große Gruppen von Adlern, Wanderfalken und anderen Raubvögeln.

Das nördliche Seengebiet

Das patagonische Seengebiet erstreckt sich über 1500 km entlang der Anden vom Alumine-See im Norden bis zum Nationalpark Los Glaciares im Süden. Diese Region läßt sich in zwei Teile, das nördliche und das südliche Seengebiet, einteilen. In der dazwischenliegenden Gegend ist das Reisen nicht leicht, da es kaum Verkehrsverbindungen gibt, so daß dies nur den Wagemutigsten zu raten ist.

Das nördliche Seengebiet reicht vom Alumine-See im Norden bis zum Amutui Quimei-See im Süden. Es umfaßt 500 km Seen, Wälder und Berge und ist in vier Nationalparks unterteilt. Von Norden nach Süden erstreckt sich der **Lanín-Nationalpark** mit der Stadt San Martín de los Andes, der **Nahuel Huapi-Nationalpark** mit der Stadt Bariloche, der **Lago Pueblo-Naturpark** mit dem Dorf El Bolsón und ganz im Süden der **Los Alceres-Nationalpark** mit der Stadt Esquel.

Die drei größten Städte dieses Gebietes haben ihre eigenen Flughäfen mit regelmäßigen sowie ganzjährigen Linienflügen und

Sauber, aber steril: Die Fertighäuser von Calafate am Lago Argentino.

bieten jede Art von touristischen Dienstleistungen (Hotels, Restaurants, Autovermietung, Reisebüros). Eine Bahnfahrt von Buenos Aires nach Bariloche dauert 32 Stunden. Es fahren auch täglich Busse in alle Teile Argentiniens und nach Chile, und zwar über die Pässe Tromen, Huahum und Puyehue.

Um von Bariloche nach Puerto Montt am Pazifik zu kommen, kann man der alten Route der Jesuiten und ersten deutschen Siedler über die Seen folgen. Die Fahrt geht mit dem Bus und dem Schiff über die wunderschönen Seen Nahuel Huapi, Todos los Santos und Llanquihue, durch eine herrliche Landschaft mit Wäldern, Vulkanen und kristallklaren Gewässern. Die Strecke ist das ganze Jahr zu befahren; im Sommer jeden Tag und in der übrigen Jahreszeit dreimal wöchentlich. In diesem Gebiet ist für die Touristen zweimal Saison, einmal im Sommer und einmal im Winter. Im Sommer gibt es viel zu unternehmen. Man kann die organisierten Touren mitmachen oder sich ein Auto mieten und auf eigene Faust herumfahren. Darüberhinaus werden vielerlei Sportarten angeboten wie Bergsteigen, Angeln, Segeln und Reiten. Im Winter wird hauptsächlich Ski gefahren. Wegen der argentinischen Winterschulferien ist im Juli am meisten los. Wesentlich ruhiger ist es im August.

Araukarien und Forellen

Der nördliche Teil des Seengebiets um den Alumine-See ist für seine Indianerreservate bekannt, wo man Handarbeiten wie Ponchos und Teppiche findet. In dieser Gegend ist auch einer der merkwürdigsten Bäume der Welt zu Hause, die *Araucaria Araucana* bzw. Chilenische Schirmtanne. Dieser Baum, der eine beträchtliche Höhe erreicht, hat ein uraltes Aussehen. Die Frucht des Baums, der *Piñon*, erquickte die Indianer auf ihren Pfaden über die Anden.

Der **Lanín-Nationalpark** in der Nähe von San Martín de los Andes, hat eine Fläche von 3290 Quadratkilometern und bezog seinen Namen von dem mächtigen **Lanín-Vulkan**, der an der Grenze zu Chile liegt. Der Vulkan ragt in eine Höhe von 3780 Meter empor, weit höher als die umliegenden Gipfel.

Der Lanín-Vulkan in zarter Kontur.

Bekannt ist der Nationalpark für die guten Angelmöglichkeiten. Die Angelsaison dauert von Mitte November bis Mitte April. Die Flüsse und Bäche (Alumine, Malleo, Chimehuin und Caleufu) um die kleine Stadt **Junin de los Andes** sind berühmt wegen ihres Reichtums an verschiedenen Forellenarten. Angler kommen sogar aus anderen Kontinenten, um die Bachforellen, Steinforellen und Regenbogenforellen zu fischen.

Obwohl Junin mehrere Restaurants und hübsche Hotels wie das **Chimehuin** hat, ziehen die meisten Angler eine der verschiedenen Fischerhütten mitten im Nationalpark vor, darunter die **San Huberto-Hütte** am Malleo-Fluß nahe der chilenischen Grenze und die **Paimunhütte** am Paimun-See am Fuß des Lanín-Vulkans.

Der Lanín-Nationalpark ist zugleich berühmt wegen seiner Jagdmöglichkeiten. Wildschweine und Rot- und Damwild sind die Hauptattraktion im Herbst, der Brunftzeit. Der Nationalpark bietet Pachtverträge für abgegrenzte Jagdreviere an. Ebenso die Farmbesitzer, die ihre eigenen Verträge mit Jägern und den Veranstaltern von Jagdaus-

flügen machen. Informationen erteilt Jorge Trucco in **San Martín de los Andes**.

Von San Martín de los Andes aus werden viele organisierte Ausflüge mit Bus oder Schiff angeboten. Es gibt Autovermietungen, Camping- und Angelplätze, und Jagd- und Bergführer stehen zur Verfügung. Ebenfalls empfehlenswert ist ein Ausflug zu den Seen Huechulaufquen und Paimun und zum majestätischen Lanín-Vulkan, wo man den einzigartigen Araukarienwald sehen kann. Im Winter ist **Monte Chapelco** (1980 m), 20 Autominuten von San Martín entfernt, ein kleiner ruhiger Ort für Alpinski- und Langlauf.

San Martín ist auf Touristen eingerichtet. An Hotels gibt es **La Cheminee**, **Le Village** oder **El Viejo Equidador**; von den Restaurants sind **El Ciervo** oder **El Munich de los Andes** gut besucht. Und es gibt genügend patagonische Geschäfte, die sich auf Reisebedarf eingestellt haben. Drei Straßen verbinden San Martín de los Andes mit Bariloche: eine befestigte, die durch die trockene Steppe am Collon Cura-Fluß entlang führt, und zwei Schotterstraßen. Die mittlere ist die kürzeste Straße über den

ber den Wolken auf em Cerro atedral.

Córdoba-Paß durch enge Täler mit reizvoller Landschaft, insbesondere im Herbst, wenn die Hänge sich in prächtigen Gold- und tiefen Rottönen färben. Diese Straße stößt bei **Confluencia Traful** auf die befestigte Landstraße. Wenn man von hier einen Abstecher ins Landesinnere macht, kommt man zur **Estancia La Primavera**. Wieder auf der befestigten Straße nach Bariloche, fährt man durch das **Valle Encantado**, das **Zaubertal** mit seinen bizarren Felsformationen.

Die dritte Straße von San Martín aus ist die berühmte **Straße der Sieben Seen**. Diese Straße führt durch eine herrliche Seen- und Waldlandschaft und nähert sich Bariloche vom nördlichen Ufer des Nahuel Huapi-Sees her. Im Sommer werden von verschiedenen Reisebüros Ganztagsausflüge von Bariloche nach San Martín über den Córdoba-Paß und die Straße der Sieben Seen veranstaltet.

Die argentinische Schweiz

Mitten im **Nahuel Huapi-Nationalpark** gelegen, ist Bariloche der Mittelpunkt des Nördlichen Seengebietes. **Bariloche** ist sehr stark mitteleuropäisch beeinflußt; die ersten Siedler waren größtenteils Schweizer, Deutsche oder Norditaliener. Diese Leute prägten den europäischen Lebensstil der Stadt, mit Schweizer Chalets, Keramiken, Schokolade und eleganten Schaufenstern. Und doch sagt irgendetwas dem Reisenden, daß er nicht in Europa ist. Denn Schiffe sind auf dem riesigen Nahuel Huapi-See selten zu sehen, die Straßen verlieren sich in der Wildnis, sobald sie die Stadt verlassen, und nachts blinken auf dem gegenüberliegenden Seeufer keine freundlichen Lichter.

Am besten beginnt man eine Stadtbesichtigung im **Patagonischen Museum** im Centro Cívico. Dieses Gebäude und das Hotel Llao Llao wurden von Bustillo entworfen und geben Bariloche eine besondere architektonische Note. Das Museum zeigt Ausstellungen über den geologischen Ursprung der Region und über das heimische Wild. Außerdem beherbergt es eine Sammlung von indianischen Artefakten.

In der Umgebung von Bariloche kann man viele Ausflüge machen: Als Halbtags-

Das Llao Llao-Hotel am Nahuel Huapi-See.

touren den malerischen **Circuito Chico**, zum Catedral- Skizentrum und **Mt. Otto**, sowie Ganztagstouren im Bus bzw. Schiff nach San Martín de los Andes, auf den **Tronador**, zur **Insel Victoria** und nach **Puerto Blest**. Zu empfehlen sind der Ausflug auf den Tronador, den höchsten Gipfel des Naturparks (3554 m) mit seiner eindrucksvollen Aussicht auf die Gletscher, und die Fahrt zur Insel Victoria und in den Myrten-Wald auf der Halbinsel Quetrihue.

Im Nahuel Huapi-Nationalpark kann man windsurfen, Floßfahrten unternehmen, bergsteigen, angeln, jagen, reiten und skifahren. Der **Club Andino** erteilt Informationen über Bergwanderungen, Wanderwege und Berghütten.

Wer in Patagonien wilde und rauhe Erlebnisse haben möchte, sollte mit Carol Jones ausreiten. Carol ist die Enkelin des Pioniers Jared Jones, und ihre Freizeitfarm wird außerhalb der **Estancia Nahuel Huapi** betrieben, die Jared 1889 am Ufer des Sees gründete. Ein Ausritt kann für einen Morgen oder eine ganze Woche arrangiert werden und führt durch die atemberaubende Landschaft am Fuß der Anden.

Einkäufe

Schokolade, Marmelade, Keramik und Pullover gehören zu den wichtigsten heimischen Erzeugnissen. Die große Schokoladenindustrie ist in den Händen von italienischen Familien geblieben, und die Besichtigung einiger der Fabriken im Geschäftsviertel der Stadt lohnt sich. Ebenso interessant ist der Besuch einer Keramikfabrik, wo man den Töpfern bei der Arbeit zusehen kann. Pullover werden fast überall verkauft, ein empfehlenswertes Geschäft ist **Arbol** in der Hauptstraße. In derselben Straße befindet sich auch der Kunsthandwerksladen **Tito Testone**.

Das 17 km von Bariloche entfernte **Catedral-Skizentrum** ist eines der größten der südlichen Halbkugel. Die Talstationen der Lifte liegen auf 1050 Meter über Meereshöhe, eine Seilbahn und Sessellifte fahren bis auf 2010 Meter. Der Blick von den Berghängen ist absolut überwältigend. Der Schwierigkeitsgrad der Skiabfahrten (insgesamt über 25 km) reicht von Anfänger bis Profi. Die Skisaison beginnt Ende Juni und dauert bis September.

ine alternative Komune bei El olsón.

Bariloche hat eine Vielzahl von Hotels, angefangen bei einem kleinen gemütlichen Gasthaus bis zum erstklassigen Luxushotel. Dazu gehören **La Pastorella**, **El Candil**, das **Edelweiss** und das exklusive **El Casco**, um nur einige zu nennen.

Die Restaurants bieten eine abwechslungsreiche Speisekarte, u.a. Fondue, Forelle, Wildbret und Wildschwein. Zu empfehlen sind **Casita Suiza**, **Kandahar** und **El Viejo Munich** (Alt-München), wo sich die Einheimischen treffen. Um einen authentischen Geschmack von den regionalen Grillgerichten zu bekommen, sollte man das **Viejo Boliche** 18 km von Bariloche besuchen.

Refugium der Hippies

El Bolsón ist eine kleine Stadt 130 km südlich von Bariloche, in einem engen Tal mit eigenem Mikroklima gelegen. Hopfen und Getreide wird hier auf kleinen Farmen angebaut. In den sechziger Jahren wählten die Hippies El Bolsón als Domizil und Heiligtum. Heute sind nur noch ein paar dieser Idealisten übriggeblieben, die auf Ranchos

in den Bergen ein friedliches und abgeschiedenes Leben führen.

Der **Lago Pueblo-Nationalpark** mit seinen 237 km^2 ist ein Anglerparadies und seine von alten Wäldern mit sommergrünen Buchen und Zypressen bestandenen Berge sind eine Freude für Wanderer und Bergsteiger. Das Gasthaus *Amancay* und das Restaurant *Don Diego* bieten annehmbare Mahlzeiten und Unterkunft.

Die Gringo-Banditen

Weiter im Süden kommt man auf der Straße nach Esquel durch das **Cholila-Tal**. Einigen Geschichtsschreibern zufolge diente es Butch Cassidy und Sundance Kid als vorübergehender Unterschlupf, als sie vor Pinkertons Agenten auf der Flucht waren. Ein Brief, den sie am 10. August 1902 Matilda Davis in Utah schickten, war in Cholila aufgegeben worden. Nach ihrem berühmten Überfall auf die Río Gallegos-Bank im Jahre 1905 waren sie wieder auf der Flucht, bis sie schließlich von der bolivianischen Polizei getötet wurden. Andere Mitglieder der Bande, die sich weiter in

Links: Ein Friedhof der Waliser. Unten: Eine walisische Bibel. Rechts: Ein walisischer Bauer, stolz auf seine Ernte.

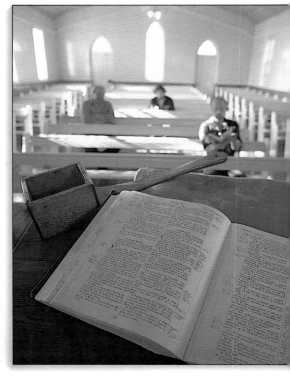

DIE WALISER IN PATAGONIEN

Ein Waliser, der in das Chubut-Tal in Patagonien kommt, steht plötzlich wie vor einem Zerrspiegel seiner eigenen Geschichte und Kultur. In den Straßen von Trelew hört er ältere Damen ein etwas veraltetes Walisisch sprechen, während er sich am Fuß der Anden um Trevelin mit einem Farmer auf Walisisch unterhalten kann, der Mate trinkt, wie ein Gaucho reitet und sowohl Spanisch wie Englisch spricht.

Patagonien besteht teilweise aus Grassteppe, die zum größten Teil öde und unerbittlichen Windstürmen ausgesetzt ist, mit nur kleinen Flächen mit fruchtbarem Boden und geringen Vorkommen an Bodenschätzen. Warum verläßt einer überhaupt die üppigen Täler und grünen Hügel Wales', um sich an einem solchen Ort niederzulassen? Die Waliser kamen zwischen 1865 und 1914 zum einen, um den Bedingungen in Wales zu entkommen, wo ihre Kultur unterdrückt wurde, zum andern weil sie eine wirtschaftliche Chance sahen. Die Zerrissenheit der industriellen Revolution des 19. Jahrhunderts entwurzelte viele der walisischen Bauern; die Kosten für die Vermarktung der Erzeugnisse stiegen auf Grund der Zölle ins Unermeßliche, Weideland wurde eingefriedet und besitzlose Landarbeiter wurden ausgebeutet. Durch die englische Vorherrschaft ihrem eigenen Land entfremdet, wanderten sie aus.

Ebenso großen Einfluß auf die Waliser hatte das Wiederaufblühen der Religion in jener Zeit; dies äußerte sich in einer pietistischen Religiosität, die bis in die Zeit nach dem Ersten Weltkrieg hinein reichte. Für viele machte die Weitschweifigkeit des modernen Lebens die ruhige Geistigkeit früherer Zeiten unmöglich, und ihren Ausweg sahen sie in den fernen unbevölkerten Gegenden der Welt. Sie reagierten, als Argentinien Einwanderern billiges Land anbot, um die weiten Flächen zu besiedeln und zu entwickeln. Aus den Vereinigten Staaten und aus Wales unternahmen sie auf kleinen Schiffen die abenteuerliche Reise nach Puerto Madryn und ließen sich im Chubut-Tal nieder.

Obwohl die Mühen jener mutigen Pioniere mehr als ein Jahrhundert zurücklie-gen, lebt ihr Vermächtnis stolz in der Erinnerung der Nachkommen weiter. Einige blieben bei der Landwirtschaft, andere arbeiten in Industrie und Handel. Obwohl hauptsächlich die ältere Generation walisisch spricht, zeigen auch die Jüngeren stolz ihre Kapellen und Friedhöfe (die denen in Wales sehr ähnlich sind), laden zum walisischen Tee in einem der vielen Teehäuser der Gegend ein und erzählen von ihren Vorfahren und den Schwierigkeiten, die sie zu überwinden hatten. Sie sprechen von der verheerenden Überschwemmung des Chubut, die die Gemeinschaft um die Jahrhundertwende fast zerstörte, den Kundschaftern, die auf den Pfaden der Indianer ins Vorgebirge der Anden gelangten, um sich im Cwm Hyfrd (dem Prächtigen Tal) niederzulassen, von der Einsamkeit der Prärie in den langen kalten Wintern und dem unaufhörlichen Wind. Leider kommt der Wechsel schnell. Die walisische Sprache verliert ihren Halt und wird wohl in Patagonien nicht überleben. Doch die Traditionen bleiben, und den Walisern ist Eisteddfods alt genug, um es in Liedern und Gedichten zu besingen.

dieser Region aufhielten, wurden Jahre später von der argentinischen Polizei in eine Falle gelockt und erschossen.

Walisischer Tee

Wenn man von Cholila in Richtung Süden fährt, teilt sich die Straße. Die Straße Nr. 40 biegt leicht nach Osten ab und führt durch die große **Leleque Farm** entlang der Schmalspurbahn nach Esquel. Die andere Route nach Esquel führt direkt in den **Los Alerces-Nationalpark**. Dieser Park hat eine Fläche von 2630 km^2 und ist landschaftlich den anderen Parks der Region ähnlich, wenn auch weniger beeinträchtigt durch Städte und Bewohner. Touristen, die im Sommer kommen, wohnen auf Zeltplätzen und in Fischer- Lodges am **Futalaufquen-See** (z.B. im **Quimei Quipan Gasthaus** und **Futalaufquen-Hotel**). Nicht versäumen darf man den Ganztagsausflug mit dem Schiff zum Menendez-See mit dem wunderschönen Blick auf den **Cerro Torrecillas** (2200 m) und seine Gletscher. Dort muß man auf jeden Fall die riesigen Fitzroya-Bäume sehen (verwandt mit dem amerikanischen Mammutbaum), die über 2000 Jahre alt sind.

Wenn man sich Trevelin und Esquel nähert, bleibt das Nördliche Seengebiet zurück. Diese Gegend ist stark von walisischer Kultur beeinflußt, da sich eine recht große Gemeinschaft von Walisern im Jahre 1888 hier niederließ.

Trevelin , 40 km östlich des Naturparks gelegen, ist ein kleines Dorf walisischen Ursprungs. Auf Walisisch bedeutet sein Name "Stadt der Mühle". Vor nicht allzulanger Zeit wurde die alte Mühle in ein Museum umgewandelt, das die verschiedensten Arbeitsgeräte der ersten walisischen Siedler sowie alte Fotografien und eine walisische Bibel besitzt. Wie in allen walisischen Gemeinden Patagoniens kann der Reisende hier einen typischen Tee mit walisischen Keksen und Kuchen bekommen. Weiterhin gibt es ein Grillrestaurant, **El Quincho** , wo man hervorragend ißt.

Schmalspur-Abenteuer

Das 23 km nordöstlich von Trevelin gelegene **Esquel** ist ebenfalls ein Ableger der walisischen Chubut-Kolonie. Die 25000 Einwohner zählende Stadt liegt östlich der Anden am Rand der patagonischen Wüste. Ihre Bahnstation ist der südlichste Punkt des argentinischen Eisenbahnnetzes. Die Schmalspurbahn (0,75 m) verbindet Esquel mit **Ingeniero Jacobacci** im Norden. Es gibt kaum eine bessere Art, Patagonien und sein Volk kennenzulernen, als durch eine Fahrt auf diesem drolligen Zug mit seiner altmodischen Dampflokomotive.

Ganz abseits, am Rand der Wüste gelegen, vermittelt Esquel den Eindruck einer Stadt des alten nordamerikanischen Westens. Einem Mann zu Pferd begegnet man hier ebenso wahrscheinlich wie einem Auto. Manchmal ist der Reiter ein dandyhafter Gaucho mit breitkrempigem Hut, Halstuch und *Bombachas* (bauschig- gefalteten Hosen) bekleidet. Mehrmals im Jahr findet in Esquel eine Landwirtschaftsmesse statt. Die Leute kommen von weither, um ihre Tiere und Produkte anzubieten. Januar ist die beste Zeit, um diesem farbenfrohen Schauspiel beizuwohnen. In der Stadt sind mehrere Geschäfte gut mit Pferdegeschirr und Farmbedarf sortiert. Verzierte Steigbügel und handgefertigte Sattel sind neben

Links: Beim Heustapeln in Chubut. Rechts: Ein bequemer Gaucho-Sattel mit Fellauflage und dem Tagesfang.

geflochtenen Peitschenschnüren und guß-eisernem Kochgeschirr zu sehen. Bei **El Basco** kann man sich mit einer typischen Gauchogarderobe ausstatten.

Ab 15. April bis Dezember ist die Gänsejagd freigegeben, und Esquel und Trevelin werden zu Zentren dieser Sportart. Im Winter ist Esquel ein Skiort mit dem 17 km entfernten **La Hoya- Skizentrum**. Im Vergleich zu Bariloche und Catedral ist dieses Skigebiet beträchtlich kleiner und gemütlicher. Es wird ein kompletter Skiverleihservice geboten. Als Unterkunft sind das **Hotel Tehuelche** oder das **Gasthaus Los Troncos** zu empfehlen. **Tour d'Argent** ist eines der besten Restaurants in diesem Teil Patagoniens.

Das schöne Tal

Zwischen der Atlantikküste und Esquel liegt das **Chubut-Tal**. Nur der untere Teil des Tals, der eine Fläche von 50 km^2 umfaßt, ist fruchtbar, während der Rest ausgetrocknet ist. Die Waliser benutzten dieses Tal, das sie **Cwn hyfrwd** (Schönes Tal) nannten, um nach Esquel und Trevelin

zu kommen. Sehr romantisch beschreibt Eluned Morgan diese Route in ihrem Buch *Dringo'r Andes* (Besteigung der Anden).

Auf halber Höhe des Tals gräbt sich der Fluß durch das Tafelland und bildet einen beeindruckenden Canyon mit roten und weißen Schluchten, die **Altar-** und **Märtyrerschlucht** genannt werden. Letztere steht in Zusammenhang mit einem Hinterhalt, den die Indianer 1883 stellten, und in dem eine ganze Gruppe junger Waliser getötet wurde. Der einzige Überlebende, John Evans, konnte mit Hilfe seines Pferdes *Malacara* entkommen, das über die steile Schlucht sprang. Die Gräber dieser Unglücklichen, in Morgans Buch lebendig beschrieben, sind immer noch entlang der Straße zu sehen.

Ehe man zum unteren Teil des Tals kommt, gelangt man zum **F. Ameghino-Staudamm** und seinem künstlichen See. Dieser ist in eine enge Felsenschlucht eingebettet und bietet einen eindrucksvollen Anblick.

Im unteren Chubut-Tal errichteten die Waliser ihre erste Siedlung. Hier entwickelten sich die Städte Dolavon, Gaiman,

Ölfördertürme im Süden Patagoniens.

226

Trelew und Rawson, heute von intensiv bewirtschafteten Ländereien umgeben.

Gaiman hat ein interessantes Museum ähnlich dem in Trevelin. Jedes Jahr im August findet hier das walisische Kulturfestival *Eisteddfodd* mit Gesängen und Rezitationen statt. Der Fluß mündet in der Nähe der Provinzhauptstadt **Rawson** ins Meer. Auf der Rückkehr von einem Ausflug nach Punta Tombo kann man nachmittags durch den kleinen Fischerhafen von Rawson fahren, den Seeleuten beim Ausladen ihres Tagesfangs zuschauen und faule Seelöwen sehen, die sich die über Bord fallenden Fische schnappen. **Trelew** ist die bedeutendste Stadt im unteren Talabschnitt. Seine walisische Atmosphäre ist verblaßt und hat einer modernen Industriestadt Platz gemacht. Der Flughafen von Trelew ist das Tor zur Halbinsel Valdés.

Pinguin-Straßen

Puerto Madryn, 65 km nördlich von Trelew an der Antlantikküste gelegen, wurde von 1865 Parry Madryn gegründet und ist zum Mittelpunkt für die Besucher der Valdés-Halbinsel und Punta Tombos geworden. In Madryn kann man sich in den Hotels **Tolosa** oder **Peninsula Valdés** einquartieren. Letzteres bietet einen herrlichen Blick über den Atlantik. Gute Gerichte mit Meeresfrüchten bekommt man in **La Caleta** und im **Club Nautico**. Informationen über Ausflüge, Autovermietungen und Führer erteilt **Receptivo Puerto Madryn** gleich neben dem Peninsula Valdés-Hotel.

Von Puerto Madryn aus gibt es hauptsächlich zwei lohnende Ausflugsziele: **Punta Tombo** und die Halbinsel Valdés. Punta Tombo, das 165 km südlich von Madryn liegt (wovon 108 km Schotterstraße sind), ist die größte Brutstätte von Magellan-Pinguinen auf der ganzen Welt.

Die Pinguine kommen hier im September und bleiben bis März. Diese Brutstätte bietet die Gelegenheit, zwischen Tausenden dieser komischen Vögel hindurchzugehen, ihr regelmäßiges Hin und Her auf den genau gekennzeichneten "Pinguinstraßen" zum Meer und zurück zu beobachten und zu sehen, wie sie in Küstennähe ihre Fischmahlzeiten fangen. Auf dem Rückweg nach Madryn sollte man nicht vergessen,

Das Naturschutzgebiet des versteinerten Waldes von Pedro Ormachea.

den Hafen von Rawson und das Gaiman Museum zu besichtigen.

Andere Tiere

Die **Halbinsel Valdés** ist eines der wichtigsten Naturschutzgebiete in Argentinien. Sie ist Brutstätte für Südwale, See-Elefanten und Seelöwen. Die Halbinsel selbst ist ein großes Ödland mit dem niedrigsten, 40 m unter Meereshöhe liegenden Punkt des südamerikanischen Kontinents. Früher wurden in den Salzgruben der Halbinsel große Mengen Salz gewonnen, die von Puerto Madryn aus verschifft wurden.

Die **Estancia La Adela** gehört einer einzigen Familie. Die Farm hat eine Fläche von 100 000 Hektar und besitzt 60 000 Schafe. Die Schuppen, wo sie geschoren werden, kann man in der Nähe der See-Elefantenkolonie in **Caleta Valdés** sehen.

Die größte Kolonie der See-Elefanten befindet sich in **Punta Norte** und die Seelöwenkolonie in der Nähe von **Puerto Pirámides**. Dieses kleine Dorf, das 95 km von Puerto Madryn entfernt liegt, hat einige Campingplätze, Hotels und Restau-

rants. Tauchen ist hier neben Wasserski und Surfen ein beliebter Sport. Aber die eigentliche Attraktion dieser Gegend sind die Südwale. Im 19. Jahrhundert segelten mehr als 700 Walfänger durch diese Gewässer. 1935 wurde ein internationales Schutzabkommen unterzeichnet, doch seit damals haben sich diese Säugetiere nur sehr langsam wieder vermehrt. Naturschützer schätzen den Bestand auf nur 2000.

Die Wale kommen zu Beginn des Frühjahrs zur Fortpflanzung in die Nähe dieser Küste und bleiben bis Ende Oktober. Es macht Spaß zu beobachten, wie sie tauchen und herumtollen und dabei nach allen Seiten Wasser spritzen. In **Puerto Pirámides** kann man Boote mieten, um dieses Schauspiel aus nächster Nähe zu genießen. Gleichzeitig kann man die Kolonien von Seelöwen und Kormoranen am Fuß der pyramidenförmigen Klippe sehen, die dem Ort seinen Namen gab.

An der kleinen Nebenstraße, die aus der Halbinsel hinausführt, steht ein Monument, das der ersten spanischen Siedlung hier gewidmet ist. Sie bestand nur von 1774 bis 1810, als sich die Siedler zur Flucht vor den indianischen Kriegern gezwungen sahen. Vor diesem Monument liegt ein Seevögel-Schutzgebiet, die **Isla de los Pájaros**. Ein Stück weiter, wenn man die Halbinsel verläßt, fährt man am **Riacho San José** vorbei. Hier kann man möglicherweise Hunderte von Flamingos grazil am Meer stehen sehen.

Land des Erdöls

440 km südlich von Trelew liegt **Comodoro Rivadavia**, die mit über 100 000 Einwohnern die größte Stadt Patagoniens. Von hier aus gibt es täglich Flugverbindungen zu anderen patagonischen Städten.

Im Jahr 1907, als man verzweifelt nach Trinkwasser suchte, wurde Erdöl entdeckt. Seit damals ist diese Region zum wichtigsten Erdölproduzenten des Landes geworden. Heute ist Comodore Rivadavia eine typisch patagonische Stadt mit Flachdächern, einigen Hochhäusern, Fischereien, Textilfabriken und dem allgegenwärtigen patagonischen Wind. Die Stadt erlebte die Einwanderung von Buren aus Transvaal und Oranje in Südafrika, die ihre Heimat nach dem Burenkrieg verließen und einen

Links: Ein Schafscherer bei der Arbeit. Rechts: Am Perito Moreno-Gletscher.

neuen Lebensraum suchten. Die ersten von ihnen kamen 1903 unter der Führung von Conrad Visser und Martin Venter. Obwohl viele nach einiger Zeit wieder nach Südafrika zurückkehrten, leben noch viele ihrer Nachfahren in dieser Region.

Das fruchtbare Tal von **Colonia Sarmiento** liegt 190 km westlich von Comodoro Rivadavia. Wenn man 30 km in Richtung Süden fährt, erreicht man den **Versteinerten Wald José Ormachea**, in dem es Überbleibsel aus der Zeit vor mehr als einer Million Jahren gibt. Wie einige andere Orte dieser Art in Patagonien erzählt uns dieser Wald viel über die geologische Vergangenheit dieses Landes, das einmal von dichten Wäldern bedeckt war.

Im Westen liegt in der Nähe des großen **Lago Buenos Aires** die Stadt **Perito Moreno**. 60 km weiter auf der Straße Nr. 40 in Richtung Süden kommt man zu den berühmten **Cuevas de las Manos**. Die Höhlen, in einer wunderschönen Schlucht gelegen, haben Tausende von Jahren alte Höhlenmalereien, die meistens Hände und Tiere darstellen. Ihre Bedeutung ist eines der verborgenen Geheimnisse Patagoniens, dem nur besonders Abenteuerlustige auf die Spur kommen.

Versteinertes Wunder

Bevor man zum südlichen Ende des Kontinents weiterfährt, muß das Naturwunder des **Monumento Natural Bosques Petrificados** besonders erwähnt werden, das im Nordosten der Provinz Santa Cruz, 248 km südlich von Comodora Rivadavia und 84 km westlich der befestigten Straße Nr. 3, liegt. Dieser enorme versteinerte Wald bedeckt eine Fläche von über 10 000 Hektar. An den Rändern der Schluchten und der Tafelberge ragen die versteinerten Stämme von 150 Millionen Jahre alten Araucarias aus dem Boden. Einige Stämme sind 30 Meter lang und einen Meter breit und gehören zu den größten der Welt.

Südpatagonien

Entlang der Küste von Santa Cruz liegen mehrere Hafenstädte, deren Namen in der Geschichte der Seefahrt gut bekannt sind. **Puerto Deseado** wurde nach Cavendishs Flaggschiff *Desire* benannt. Von hier aus kann man auf die nahen Inseln fahren, um Pinguine und graue Kormorane sehen. **Puerto San Julian** ist der Hafen, wo Magellan den Winter des Jahres 1520 verbrachte und wo Drake 1578 den Meuterer Thomas Doughty hängte. Beide Städte haben heute einen Flughafen.

Weiter südlich liegt **Puerto Santa Cruz**, eine der bedeutendsten Hafenstädte an diesem Küstenstreifen. Am äußersten Ende des amerikanischen Kontinents befindet sich schließlich **Río Gallegos**.

Myriaden von Schafen

Die frühen Siedler auf der Südspitze Patagoniens waren schottische und englische Schäfer. Viele von ihnen kamen am Ende des 19. Jahrhunderts von den Falklandinseln/Malvinas, ermutigt durch ein Angebot des Gouverneurs von Santa Cruz, ihnen Land in dem noch unerschlossenen Gebiet zu geben. Andere kamen von Punta Arenas und Puerto Natales in Chile. C. Siewart, der Río Gallegos um die Jahrhundertwende besuchte, schrieb: "In diesem wundervollen Land gibt es keine Hotels und keine Ge-

Links: Ein Guanako am Straßenrand. Rechts: Ein Bergsteiger bei der Betrachtung des Mt. Fitzroy.

päckträger. Die übliche Sprache scheint Englisch zu sein, und man hat das Gefühl, im alten England oder zumindest auf den Falklandinseln zu sein. Bis auf die Regierungsbeamten ist alles englisch: das Geld, die Schafe, die Sprache, die Getränke, die Damen und die Herren."

Riesige Estancias entstanden in der Umgebung von Río Gallegos, und Tausende Tonnen Wolle wurden über die südlichen Häfen San Julian, Puerto Deseado und Río Gallegos nach England verschifft. Anfangs gab es keine argentinischen Zölle, und alle Arten von Waren des täglichen Bedarfs wurden in diese Region eingeführt.

Es gab eine Zeit, in der Argentinien 80 Millionen Schafe besaß und einer der Hauptwollieferanten der Welt war. Heute sind davon nur noch 30 Millionen Schafe übrig, fast alle in Patagonien. Im Jahr 1934 befanden sich in der Umgebung von Río Gallegos 93 Estancias, auf denen insgesamt nur 800 Leute für 180 000 Schafe sorgten. Die Größe dieser Estancias schwankte von 2000 bis 200 000 Hektar.

Mindestens zweimal im Jahr werden die Schafe zum Scheren und Waschen zusammengetrieben. Der Farmbetrieb beginnt im Oktober und dauert bis Januar, und in dieser Zeit geht es sehr lebhaft zu. Eine *Compara*, eine Gruppe von Männern, die mit allen erforderlichen Geräten von einer Estancia zur nächsten fährt, wird für die jährliche Schur angeheuert. Diese Männer leben wie Nomaden, arbeiten hart und schlafen unter freiem Himmel. Die Ochsengespanne, die einst die Wolle an die Küste schafften, sind inzwischen durch Lastwagen ersetzt worden.

Ein rauhes Leben

Nach der Schur kehrt bis zur nächsten Saison die Ruhe in dieses Flachland zurück. Die Gauchos oder *Paisanos*, wie sie sich selbst im Süden nennen, bleiben, wenn die *Compara* weg ist. Sie arbeiten das ganze Jahr über auf der Farm. Weit weg von touristischen Gebieten führen sie ein rauhes Leben und reiten lange Strecken, um nach den Schafen und dem Land zu schauen. Ihre sonnenverbrannten, harten Gesichtszüge sprechen für sich. Einziger Besitz des *Paisano* ist sein Pferd, ein mit

Annäherung an die Antarktis.

einem Schaffell bedeckter Sattel (*Recado*), ein langes Messer (Facón) und natürlich ein Poncho.

In Río Gallegos schwand der englische Einfluß der frühen Zeit mit der Ankunft der Argentinier und Chilenen, die sich nach neuen Möglichkeiten umsahen, und die Einwohnerzahl der Stadt ist auf ungefähr 80 000 angewachsen. Trotz seiner interessanten Geschichte bietet Río Gallegos dem Besucher nicht viel. Interessanter dürfte vielleicht die Besichtigung einer nahegelegenenen Estancia sein.

Unterkunft findet man in Río Gallegos unter anderem im **Hotel und Restaurant Comercio**, wo man Meeresfrüchte essen kann, und im **Englischen Club** mit seinem nostalgischen Flair. Wer noch argentinisches Geld braucht, bevor er die Calafate-Region verläßt, sollte hier tauschen, da es woanders nicht leicht ist.

Der Aufstand von Santa Cruz

Zwischen 1920 und 1921 erlebte Santa Cruz einen blutigen Aufstand. Beeinflußt von der russischen Revolution begannen die Arbeiter, die im Hafen und den Kühlfabriken der größeren Küstenstädte arbeiteten, unter der Führung von Anarchisten aus verschiedenen Ländern zu streiken. Aufgrund der miserablen Lebensbedingungen auf den Farmen griffen die Streiks aufs Land über. Obwohl der erste Streik 1920 friedlich endete, wurde der zweite zu einer gewaltsamen Auseinandersetzung. In der ganzen Gegend kam es zu mehreren kleineren Gefechten zwischen den Streikenden und der Armee. Viele einsame Gräber erinnern an dieses tragische Ereignis, eines der traurigsten in der Geschichte Patagoniens.

Der Zwischenfall endete nicht in Patagonien. 1923 wurde Oberst Varela, der die Armee während der Streiks befehligte, von dem Anarchisten Kurt Wilkens durch ein Bombenattentat in Buenos Aires ermordet.

Das südliche Seengebiet

Calafate, die wichtigste Stadt im südlichen Seengebiet, liegt 300 km westlich von Río Gallegos. LADE-Propellerflüge fliegen während der Hauptsaison im Sommer täglich, in der übrigen Jahreszeit dreimal wöchentlich zwischen Río Galle-

gos und Calafate hin und her. Man muß jedoch unbedingt im voraus buchen. Auf dem Landweg dauert die Fahrt sechs Stunden auf nur teilweise befestigten Straßen. An einem klaren Tag kann man auf der Überlandfahrt den Blick von Bajada de Miguens auf den prächtigen **Mt. Fitz Roy** (3375 m) auf sich wirken lassen.

Calafate ist eine kleine Stadt, die im Sommer auflebt, in den langen kalten Wintermonaten jedoch einsam und ruhig ist. Die Stadt liegt auf einer noch südlicheren geographischen Breite als Neuseeland.

Bei einem Ausflug in die Umgebung von Calafate zu Fuß oder mit dem Auto könnte der Besucher verschiedene seltene Vogelarten wie schwarzhälsige Schwäne und Kondore zu Gesicht bekommen. Einen Feldstecher sollte man also dabei haben.

Westlich von Calafate erstreckt sich parallel zu den Anden über mehr als 200 km der **Nationalpark Los Glaciares**. Dort, an der Grenze zu Chile, liegt die östliche Seite der Kontinentalen Eiskappe. Die gesamte Eiskappe bedeckt eine Fläche von 22 000 km^2 einschließlich des Nord- und Südsektors des Baker Sound. Der Südsektor ist beinahe 400 km lang. In dieser Gegend mit riesigen Eisfeldern können geologisch Interessierte zahlreiche *Nunataks* bewundern, äußerst harte Felsspitzen, die die Last der Gletscher überdauert haben.

Gletscherpracht

80 km westlich von Calafate liegt der **Ventisquero Moreno**, ein majestätischer Gletscher, der von der Eiskappe in den Lago Argentino abfällt und eine 3 km lange und 50 m hohe Mauer bildet.

Der Moreno ist einer der wenigen Gletscher der Welt, der größer wird. Seit 1947 hat sich der Gletscher in ungefähr vierjährigen Zyklen bewegt. Während eines solchen Zyklus schiebt sich die Gletscherzunge bis zu einer Halbinsel vor und schneidet dadurch einen Teil des Sees ab. Der Wasserstand beginnt in dem abgetrennten Teil zu steigen, und der Druck wächst, bis das Wasser durch den Eisdamm bricht, um sich wieder mit dem See zu vereinen. Die Aushöhlung und der eventuelle Zusammenbruch der Eismauer ist eines der atemberaubendsten Schauspiele, die man sich vorstellen kann. Massive Eisklötze stürzen in den See und werden dort zu Eisbergen. Das Donnern ist bis nach Calafate zu hören. Leider ist nicht genau zu sagen, wann der "Bruch" stattfindet; ihn mitzuerleben, ist reine Glückssache. Jedoch unabhängig davon, in welchem Teil des Zyklus der Gletscher sich befindet, wenn man ihn besichtigt, ist das Eis doch immer in Aktion. Schon ein Eissplitter, der vorn am Gletscher abbricht, verursacht einen ohrenbetäubenden Knall und hohe Wasserspritzer, wenn er im See aufschlägt. Man sollte sich nicht zu weit die Klippen hinunterwagen, um besser sehen zu können, denn die Wellen, die durch herabstürzendes Eis entstehen, haben angeblich schon Besucher weggespült.

Der andere größere Gletscher in dieser Gegend ist der **Upsala** (50 km lang und l0 km breit), der zur nordwestlichen Spitze des Lago Argentino hin liegt. Dieser Gletscher ist nur vom See aus zu besichtigen; täglich fahren Schiffe ab **Puerto Bandera**, 40 km westlich von Calafate. Es ist ein Ganztagsausflug, und da der Wind recht kühl sein kann, sollte man entsprechende Kleidung mitnehmen. Eines der schönsten Erlebnisse des Ausflugs ist es, die tiefblauen Eisberge auf dem milchigen Eiswasser treiben zu sehen. Auf der Rückfahrt wird manchmal bei der **Estancia La Anita** mit ihrem riesigen Schuppen für die Schafschur Halt gemacht.

Erhabener Granit

230 km nördlich von Calafate erreicht man den Viedma-See und die zerklüfteten Granitgipfel **Cerro Torro** und **Mt. Fitz Roy**, von den Einheimischen Chalten (Blauer Gipfel) genannt. Diese Gipfel ziehen Bergsteiger aus aller Welt an. Es gibt dort eine kleine Berghütte, wo man essen, sowie Führer und Pferde mieten kann. Dazu sollte man sich vorher anmelden. Zu den Hotels der Gegend gehören das **Kaiken**, das **Kau Yatun** und das **Michelangelo** mit einem ausgezeichneten Restaurant (Spezialität des Hauses ist Hammelfleisch).

Von Calafate aus in südlicher Richtung kommt man in den **Paine- Nationalpark** in Chile. Obwohl er ganz nah an der Grenze liegt, kann man ihn am besten erreichen, indem man nach Río Gallegos zurückkehrt

und von dort über den Grenzübergang **Río Turbio** nach **Puerto Natales** in Chile fährt. Río Turbio ist das bedeutendste Kohlebergbauzentrum in Argentinien. Die Kohle wird auf einer Schmalspurbahn bis nach Río Gallegos transportiert. Genau südlich davon verläuft die argentinische Grenze (Festland) und die Magellanstraße. Dahinter liegt Tierra del Fuego.

Islas Malvinas/Falklandinseln

Die Inseln bedecken eine Fläche von 11 718 km^2 und liegen 550 km von der patagonischen Küste entfernt. Als Kapitän Strong 1690 auf den Inseln an Land ging, benannte er sie nach Lord Anthony Cary, Viscount of Falkland. In den folgenden Jahrhunderten kamen die meisten Seefahrer und Walfänger, die diese Gewässer durchfuhren, aus dem französischen Hafen St. Malo und gaben den Inseln den französischen Namen Isles Malouines. Daraus wurde das spanische *Malvinas* abgeleitet.

Die Hauptbeschäftigung auf den Inseln war immer die Schafzucht. Die umliegenden Gewässer sind sehr fischreich. Es herrscht ein ozeanisches Klima mit einer Durchschnittstemperatur von 6°C. Kolonien von Königs- und Magellanpinguinen und unzählige Robben, Wildgänse und Wildenten kann der interessierte Besucher hier beobachten.

Bevor 1982 der Falklandkonflikt ausbrach, lebten dort ungefähr 1800 Einwohner englischer Abstammung. Seit damals ist diese Zahl durch die Anwesenheit des britischen Militärs beträchtlich gestiegen.

Leider ist es zum Zeitpunkt der Drucklegung dieses Buches wegen der andauernden politischen Spannungen zwischen Großbritannien und Argentinien unmöglich, die Inseln vom argentinischen Festland aus zu erreichen.

Antarktis

500 km südlich von Kap Horn erhebt sich der gefrorene Kontinent der Antarktis. Als James Cook im l8. Jahrhundert die Insel Südgeorgien umsegelte, schrieb er tief beeindruckt in sein Logbuch:

"Mit keinen Worten kann ich diesen schrecklichen und wilden Anblick beschreiben. Wenn dies das Land ist, das wir entdeckt haben, was können wir dann von dem Land erwarten, das weiter südlich liegt? Denn wir haben Grund anzunehmen, daß wir den besten Teil gesehen haben, da er im Norden liegt. Wenn jemand die Entschlossenheit, den Mut und die Ausdauer hat, dieses Geheimnis aufzudecken und weiter in Richtung Süden zu segeln, will ich ihm den Ruhm seiner Entdeckungen nicht neiden, doch ich möchte behaupten, daß die Welt bestimmt keinen Nutzen daraus ziehen wird."

Der 1959 von vielen interessierten Ländern unterzeichnete und 1961 in Kraft getretene Antarktisvertrag zeigt, wie falsch die Einschätzung Cooks war. Dieser Kontinent, der eine Fläche von 14 Millionen km^2 bedeckt, hat zwar eine Eiskappe, die an ihren höchsten Punkten 3000 Meter stark ist. Darunter jedoch liegt ein schier unglaublicher Reichtum an allen möglichen Bodenschätzen verborgen, von dem der Seefahrer James Cook natürlich noch nichts ahnen konnte.

Viele Länder, darunter Argentinien, beanspruchen einen Teil der Antarktis für sich. Argentinien hat sich einen Sektor zwischen dem 25° und 74° Grad westlicher Länge abgesteckt, der sich mit den Ansprüchen Chiles und Großbritanniens überschneidet. Der Antarktisvertrag legt fest, daß das Gebiet nur für friedliche Zwecke und zur internationalen Zusammenarbeit in der wissenschaftlichen Forschung genutzt wird und nicht zum Schauplatz oder Gegenstand internationaler Feindseligkeiten werden darf. Der Vertrag hat zunächst für 30 Jahre Gültigkeit (1961-1991) und verlängert sich dann automatisch, wenn er nicht von einem der Unterzeichnerstaaten gekündigt wird.

Im Hinblick auf diese Vertragsbedingungen hat sich in den letzten Jahren der Fremdenverkehr entwickelt. Viele Reiseveranstalter, darunter *Antatur* in Argentinien, bieten Ausflugsfahrten bzw. wissenschaftliche Fahrten an, die in **Ushuaia** und **Punta Arenas** beginnen. Auf ihrer Fahrt durch rauhe See und gewaltige Eisberge besuchen die Schiffe Pinguinbrutstätten, Robbenkolonien und Forschungsstationen, die verschiedenen Ländern gehören. Ein Besuch der Antarktis verspricht, eine unvergeßliche Erfahrung zu werden.

ierbeobach-
ung an der
ntarktis-
üste.

FERNES FEUERLAND

Tierra del Fuego, Feuerland, liegt an der südlichsten Spitze des südamerikanischen Kontinents. Weiter südlich kommen nur noch die Eismassen der Antarktis. Diese Gegend soll ihren Namen von den ersten europäischen Entdeckern erhalten haben, die im Vorbeisegeln auf der Suche nach den Reichtümern des Westens die Lagerfeuer der Ureinwohner der Insel wie Tupfen über das Land verstreut sahen. Diese unheimliche Vision eines glühenden Ufers in Verbindung mit den Geschichten der ersten Umsegelungen des tückischen, wegen seiner Stürme gefürchteten Kap Horn liefert die passende psychologische Vorbereitung für den Reisenden unserer Tage; hier fühlt man sich wirklich am Ende der Welt, in einem wilden und geheimnisvollen Land. Doch das Gefühl der Abgeschiedenheit dürfte für den Abenteuergeist nur belebend sein.

Durch die Tierra del Fuego kommt man nicht zufällig; um dorthin zu gelangen, ist einiger Aufwand erforderlich, doch gibt es verschiedene Möglichkeiten. Die vielleicht luxuriöseste Art, die Inseln zu sehen, dürfte wohl die Kreuzfahrt auf einem der Schiffe sein, die von Punta Arenas in Chile entweder nach Buenos Aires oder Rio de Janeiro fahren. Viele dieser Touren sind auf die Erkundung der exotischen Tierwelt entlang der Küste spezialisiert und führen durch die mächtigen Fjorde Südchiles und die Inseln Feuerlands. Die haarsträubendste Art, nach Feuerland zu gelangen, ist sicher ein Flug in die Stadt Ushuaia; wie auf einer Achterbahn kommt das Flugzeug über die steilen geschwungenen Gipfel der Andenkette herunter und kommt quietschend auf dem schmalen Küstenstreifen genau am Rand des Beagle-Kanals zum Stehen. Zur Zeit wird an der Verlängerung der Startbahn gearbeitet, die einem geradezu den Spaß an einem Besuch verderben kann. Man kann auch mit dem Auto nach Tierra del Fuego fahren, indem man die Fähre über die Magellanstraße nimmt, doch die Reise dorthin ist lang. Am Ende des Panamerican Highway weist ein Schild darauf hin, daß es hier nicht weiter geht. Buenos Aires liegt ungefähr 3242 km weit entfernt.

Vorhergehende Seiten: Zeugnis der Kraft des Windes in Feuerland. Die Feuerland-Königskrabbe konkurriert hinsichtlich Geschmack und Größe durchaus mit der Alaskakrabbe. Links: Isla de los Estados.

DER ÄUSSERSTE SÜDEN

Schon der Name Tierra del Fuego ruft Gefühle der Entfernung, Furcht vor den Elementen, Isolation, Einsamkeit hervor. Tosende Stürme, turmhohe Wellen, Schnee und Eis, Trostlosigkeit - dies sind einige der Bilder, mit denen man sich das Ende der Welt vorstellt.

Zu Zeiten der Segelschiffahrt konnten viele von sich behaupten, sie hätten Kap Horn umsegelt - die ersten Eroberer und Forschungsreisenden, die Kaufleute, die wegen des Salpeters nach Chile, wegen der Gewürze nach Ostindien oder wegen des Weizens nach Australien fuhren, Bergleute und Siedler, die sich an der Westküste Amerikas und Australiens niederließen. Einige erlitten Schiffbruch, nur wenige blieben, um sich dort anzusiedeln. Mit der Eröffnung des Panama-Kanals im Jahre 1914 fuhren weniger Schiffe in den äußersten Süden. Zu jener Zeit hatten Europäer Tierra del Fuego teilweise besiedelt, doch Touristen kamen nur schwer dorthin.

Dies hat sich in den letzten 20 Jahren geändert; Tierra del Fuego ist heute ein beliebtes Ziel für anspruchsvolle Touristen, und obwohl die oben beschriebenen Bilder durchaus zutreffen, sind die meisten Besucher angenehm überrascht, wenn sie den äußersten Süden erreichen.

Geographie und Klima

Geologisch ist Feuerland faszinierend. Vor ewigen Zeiten ruhte es noch unter dem Meer. Aber das Land stieg langsam, und Berge entstanden, als sich die großen tektonischen Platten, die unter den Kontinenten und dem Meeresgrund liegen, zusammenschoben. Das Feuerland-Archipel gehört zu den Orten der Erde, wo der Beweis dieses Phänomens sehr deutlich zu sehen ist. Sehr langsam kamen und gingen die Eiszeiten; auf ihrem Höhepunkt war der größte Teil dessen, was heute den patagonischen Festlandsockel ausmacht, trockenes Land. Die Wasser der Magellanstraße durchbrachen die Südspitze des Kontinents vor ungefähr 10 000 Jahren und trennten Feuerland von Patagonien.

Eigentlich umfaßt das Feuerland-Archipel alles Land südlich der Magellanstraße und nördlich der Drakestraße, obwohl nur eine Insel, die Isla Grande, tatsächlich Tierra del Fuego heißt. In Feuerland ist die Isla Grande del Fuego einfach als "die Insel" bekannt. Ihr vorgelagert ist ein Labyrinth von Inseln, Inselchen, Kanälen, Fjorden und Grotten, von denen die meisten unbewohnt und viele unerforscht sind.

Das Feuerlandarchipel, gelegen zwischen 52° 25' und 56° südlicher Breite, umspült von Südatlantik und Südpazifik, die am Kap Horn aufeinandertreffen, liegt mitten in der subantarktischen Zone. Sein kühles Klima wird von den starken Südwestwinden beherrscht, die vom Südpazifik übers Land fegen. Diese oft orkanartigen Winde können das ganze Jahr über auftreten, sind jedoch am stärksten von Ende August bis März (Frühjahr und Sommer). Die ersten Segler nannten dieses Gebiet "die stürmischen Vierziger, die rasenden Fünfziger, die kreischenden Sechziger".

Die Bergmassive der Anden, die sich von Nordwesten nach Osten über das Ar-

Links: Gallionsfigur im Museo Territorial. Rechts: Auf dem Weg zum Barbier.

chipel ausdehnen, gewährleisten hohe Niederschläge über dem westlichen und südlichen Insellabyrinth, so daß weniger Feuchtigkeit für das nordöstliche Flachland bleibt. Die Temperaturen entlang dem Beagle-Kanal reichen von einer Rekordhöhe von 30°C im Sommer zur niedrigsten Temperatur von - 14°C im Winter. Im flachen Land sind die Temperaturen extremer, doch Feuerland lebt in einem ständigen "kühlen Frühling", und das Wetter kann an jedem Tag durch alle vier Jahreszeiten springen.

Die Bewohner

Pflanzen und Tiere gibt es in diesem Klima im Überfluß, doch weniger vielfältig an Arten als in den wärmeren Regionen der Erde. Nur sechs Baumarten sind dort zu finden; der vorherrschende Baum ist die Spezies *Nothofagus* , eine Buchenart.

Verschiedene Arten von Sträuchern bringen wunderschöne Blüten oder eßbare Beeren hervor. Der bekannteste ist der Calafate (*Berberis buxifolia*). Wer den langen Stacheln trotzt, um die köstlichen,

samenreichen Beeren zu essen, kehrt, so die Legende, wieder zurück. Der Feuerbusch (*Embothrium* coccineum) ist im späten Frühjahr mit hellroten Blüten bedeckt. Die meisten wilden Blumen sind klein, aber es lohnt sich, danach zu suchen. Es gibt insgesamt an die 500 Arten von blühenden Pflanzen und Farnen.

Einheimische Landtiere gibt es nur wenige: das Guanako, den Feuerlandfuchs (Andenwolf), Fledermäuse, und Mäuse. Eingeführte Tiere (Biber, Bisamratten, Kaninchen, patagonische Füchse) sind zahlreich. Um die 200 Vogelarten leben auf dem Archipel bzw. kommen dorthin - sogar Tiere, die gewöhnlich in wärmeren Klimazonen zuhause sind, wie Papageien, Flamingos und Kolibris.

Das Meer bringt viele Algen hervor, darunter zwei Arten des Riesen-Seetangs. Siebenundzwanzig Walarten, sechs Robben- und Seelöwenarten, zwei Otterarten und die Biberratte besuchen das Archipel. Fische, die Centolla (Teufelskrabbe), Muscheln, Kammuscheln, Seeigel und andere wirbellose Tiere bevölkern die Gewässer.

Frisch geschoren.

244

Der Mensch kam auf zweierlei Art hierher auf das Archipel. Die frühesten Lebenszeichen auf Tierra del Fuego stammen von vor 10000 Jahren aus einem Fundort bei Bahía Inútil; er wurde Ende der letzten Eiszeit von einem Landvolk besetzt, das die Magellan- Landbrücke überquerte, ehe das Wasser durchbrach und die Meerenge bildete. Von der Anpassung an die Umgebung des Meeres zeugt ein 6000 Jahre alter Lagerplatz am Beagle-Kanal, der von einem Volk von Kanufahrern benutzt wurde, das auf seinen lebensnotwendigen Entdeckungsfahrten kreuz und quer durch die Kanäle zog.

Bei der Ankunft der Europäer bevölkerten vier Ethnien das Gebiet: die Ona (Shelknam) und Haush waren die Indianer des Tieflandes, die zu Fuß auf Guanako-Jagd gingen, während die Yahgans (Yamana) und Alaculuf auf den Inseln und Kanälen mit Kanu und Lanze jagten. Hauptsächlich durch die Krankheiten des weißen Mannes ausgerottet, blieben weniger als fünf reine Mitglieder jedes Stammes übrig, doch haben sich viele Mischlinge in die Bevölkerung eingegliedert.

Eroberung und Besiedlung

Faszinierend ist die Geschichte der Eroberung von Tierra del Fuego durch die Europäer - von Magellan im Jahr 1520 über Piraten, Entdeckungsreisende, Sammler, Wissenschaftler, Robben- und Walfänger, Missionare, Goldsucher, Kaufleute bis zur heutigen Bevölkerung. Viele besuchen Tierra del Fuego auf Grund von Kindheitserinnerungen an Geschichten von Drake, Cook, Darwin, die ausführlichen, sorgfältigen Berichte von Fitzroy und King, und an Schiffe mit Namen wie *Unity* , *Hoorn* , *Golden Hind* , *Resolution* , *Endeavour* , *Beagle* , *Pamir* und *Cutty Sark* . Andere kommen wegen irgendwelcher Bücher, die sie einmal gelesen haben. Doch ein Buch, *Uttermost Part of the Earth* , von E. Lucas Bridges, steht über allen anderen als eine der großen Abenteuergeschichten der Welt. Der in Tierra del Fuego geborene Bridges war ein Pionier, dessen Abenteuergeist ihn in der ganzen Welt herumführte. In *Uttermost Part* beschreibt Bridges, wie sein Vater, Thomas Bridges, die anglikanische Mission in Ushaia aufbaute (1870), unbe-

Eine Schafzucht in der Nähe von Río Grande.

kannte Gebiete erforschte, mit den Yahgans arbeitete und sie unterrichtete, und schließlich die erste Farm gründete, die heute über 100 Jahre alt ist. Den Missionaren folgten eine Präfektur (Küstenwache), Goldgräber, Schafzüchter, kleine Kaufleute, Ölarbeiter, in jüngster Zeit Arbeiter einer Elektronikfabrik. In knapp hundert Jahren hat sich Tierra del Fuego von einem von halbnackten Eingeborenen bevölkerten Land zum Reiseziel für Tausende von Touristen entwickelt, die in Düsenflugzeugen und auf Passagierschiffen ankommen.

Jenseits der Meerenge

Politisch gehört Tierra del Fuego zu Chile (Westen und Süden) und Argentinien (Norden und Osten). Der argentinische Abschnitt ist Teil des Territorio Nacional de Tierra del Fuego, Antártida e Islas del Atlántico Sur mit der Hauptstadt Ushuaia. Das Dreieck, das Argentiniens Anteil an der Isla Grande bildet, bedeckt 21 340 km^2, was ungefähr der Fläche von Hessen entspricht - mit 970 km Meeresküste und 240 km Landesgrenze zu Chile im Westen.

Es gibt drei Städte: Ushuaia (Besiedlung ab 1869, offiziell gegründet 1884) am Beagle-Kanal, Río Grande (Besiedlung ab 1893, offiziell gegründet 1921) im nördlichen Tiefland und Tolhuin (gegründet 1972) am östlichen Ufer des Lago Fagnano im Zentrum des Territoriums. Eine Hauptstraße, die Ruta 3, beginnt an der Nordspitze bei Cabo Espíritu Santo an der östlichen Mündung der Magellanstraße, führt nach Ushuaia und endet als letztes Stück des Panamerican Highway bei Lapataia an der Südwest-Grenze zu Chile.

Reisende kommen mit verschiedenen Verkehrsmitteln nach Tierra del Fuego. Aerolíneas Argentinas und Austral Airlines fliegen mehrmals täglich mit Boeings 737 nach Río Grande und Ushuaia; der letztere Flug von Buenos Aires nach Ushuaia dauert vier Stunden. Kreuzfahrtschiffe legen kurz in Ushuaia an auf ihren Fahrten zwischen Rio de Janeiro, Buenos Aires und der Westküste Südamerikas. Ushuaia ist, wie Punta Arenas in Chile, Ausgangspunkt für Schiffsausflüge in die Antarktis.

Reisende, die gern auf dem Landweg kommen, müssen die **Magellanstraße** mit

Die verheerende Wirkung eines Biberdamms.

der Fähre entweder bei **First Narrows** (20-30 minütige Überfahrt) oder zwischen **Punta Arenas** und **Porvenir** (zwei- bis dreistündige Überfahrt) überqueren. Zwischen Río Gallegos und Río Grande und Ushuaia gibt es keinen Linienbusverkehr.

Die Hotelkapazität hat mit der Zahl der Touristen, die auf die Insel kommen, nicht Schritt halten können. Daher sollte man Hotel und Flug rechtzeitig im voraus buchen. Campingplätze, die meistens keine sanitären Anlagen haben, gibt es an mehreren Orten. Die Preise liegen etwas höher als auf dem argentinischen Festland. Tierra del Fuego ist ein "besonderes Zollgebiet" (kein Freihafen); es gibt viele importierte, aber nur wenige am Ort hergestellte Waren.

Gold, Fossilien und Schafe

Stechen von Torf, der als Brennstoff und als Düngemittel verwendet wird.

Viele Besucher finden das nördliche Tiefland von Tierra del Fuego ziemlich uninteressant, doch gibt es viel zu unternehmen und zu sehen, wenn man Zeit und Interesse es erlauben. Wer mit dem Auto fährt, muß von Chile bei **Bahía San Sebastián** einreisen, wo es einen Grenzkontrollpunkt, eine kleine Hostería (14 Betten, Reservierungen beim Argentinischen Automobilclub ACA in Ushuaia), ein Restaurant und eine Tankstelle gibt. Ein riesiges Watt, das regelmäßig von einer bis zu 11 Meter hohen Flut bedeckt ist, erstreckt sich entlang der Westseite der Bucht. Hier gibt es Schafweiden und Ölfelder, deren Bohrlöcher über das Grasland und die wellenförmigen Hügel landeinwärts verstreut sind. In alle Richtungen führen Ölleitungen, zwischen denen Schafe, Rinder, Guanakos und Wildgänse weiden.

Guanakos bekommt man auf Feuerland am besten zu sehen, wenn man vom Grenzposten San Sebastián nordwärts die Bucht entlang fährt. In 45 Minuten gelangt man auf die steinige, äußerst öde Halbinsel **Península Páramo**, doch ganze Familien von Guanakos sind schon lange vorher auf den Salzebenen zu sehen. Páramo war einst das Zentrum des Goldrauschs (1887-1898). Julius Popper betrieb hier damals seine profitablen Minen und wurde zum Diktator des nördlichen Tieflands. Heute ist von all seinen Gebäuden, Minen und Baggern nichts mehr zu sehen.

Die Klippen entlang der Küste bei **Cabo Espíritu Santo** und die Straßen bei San Sebastián sind reich an Meeres- und Waldfossilien, die von längst vergangenen Zeiten zeugen. Die Sandsteinhügel weiter südlich sind mit versteinerten Muscheln und Krabben bedeckt.

Das Tiefland mag zwar gelb bis braun aussehen und den Anschein von wenig Leben erwecken, aber hier sind die besten Schafweiden von Tierra del Fuego. Wenn man anhält, um sich umzuschauen und zu lauschen, entdeckt man viele Vögel, und auf einem Spaziergang kann man verborgene Wildblumen finden. Von dem allgegenwärtigen Wind sollte man sich nicht abschrecken lassen. Die Leute, Vögel, Tiere und Pflanzen, die hier zu Hause sind, finden ihn ganz selbstverständlich.

Wenn man südöstlich in Richtung Río Grande fährt, kommt man zur **Estancia Sara**, dem größten Schafzuchtbetrieb von Tierra del Fuego, der wie eine kleine Stadt aussieht. In alten Zeiten waren die Estancias richtige Städte; jede hatte ihre eigene Bäckerei, Werkstätten, Gärten, einen Club und eine Bibliothek für die Arbeiter (Hilfsarbeiter sind hier als *Peones* bekannt, in Argentinien keine abfällige Bezeichnung). Nach dem Goldrausch und vor der Erdöl-Ära war die Schafzucht der Haupterwerb des nördlichen Feuerland und brachte den Landbesitzern Wohlstand. Tausende von Schafen, hauptsächlich Corriedale, grasten auf den Ebenen. Die *Cabañas* der größeren Farmen erzeugten (und erzeugen immer noch) prämierte Zuchtschafe von erstem Rang. Estancias wie die Sara hatten einst bis zu 75 Angestellte; die niedrigen Preise für Wolle, steigende Löhne und Schwierigkeiten bei der Beschaffung guter Arbeitskräfte ließen diese Zahl auf 15- 20 sinken. Die Schafe liefern in erster Linie Wolle, obwohl früher auch ein großer Überseemarkt für Fleisch existierte.

Nach der Estancia Sara folgt die Ruta 3 weiter der Küste in südöstlicher Richtung. An einem Sonnentag können die kalten südwestlichen Strände des Südatlantiks fast tropisch erscheinen. In der Ferne taucht **Cabo Domingo**, Picknickplatz und Fossilienfundstätte, auf.

Genau im Süden davon liegt die **Escuela Agrotécnica Salesiana**, die an der Stelle der 1897 gegründeten salesianischen

Mission der Ona-Indianer betrieben wird. Die Missionskirche besitzt ein kleines Museum mit Handwerksarbeiten und ausgestopften Vögeln.

Willkommen zum Essen

Die Stadt **Río Grande** (ungefähr 30 000 Einwohner) ist Mittelpunkt der Schafzucht- und Ölregion und beherbergt eine Reihe von Unternehmen, die Fernsehgeräte, Radios, Kunststoffe und andere Produkte herstellen, die aus dem Norden in Einzelteilen hergebracht und hier zusammengebaut werden; dies wurde 1972 gesetzlich festgelegt, um diese entlegene Gegend der Republik zu entwickeln und stärker zu besiedeln. Die breiten, vom Wind durchwehten Straßen gewähren Aussicht auf den Südatlantik. Der Río Grande ist versandet und daher kaum schiffbar. Eine breite Brücke führt zu einer modernen Fleischgefrieranlage am Südufer der Südostküste. Lammfleisch aus dieser Tiefkühlfabrik galt einst als beste Qualität in Europa.

Río Grande dehnt sich über das flache nördliche Flußufer aus. Seine Bevölkerung hat sich, wie die Ushuaias, in den vergangenen 15 Jahren fast verdreifacht. Überall wird gebaut, trotzdem sind Wohnungen ebenso wie Hotelzimmer schwer zu finden. Für den Reisenden gibt es in Río Grande nicht viel zu tun; es ist eine Arbeitsstadt.

Río Grande ist der Mittelpunkt des Forellenfangs in Tierra del Fuego. Forellen und Lachs (in vom Land eingeschlossenen atlantischen Gewässern) wurden in den 30-er Jahren dieses Jahrhunderts eingeführt. Der *Club de Pesca John Goodall* sowie einige der Estancias organisieren Angelausflüge. Geangelt wird entlang der Ufer der zahlreichen Nebenflüsse des Río Grande, gewöhnlich auf dem Gelände der Estancias, wozu eine Genehmigung erforderlich ist. Wer dem Wind standhält, kann Forellen von Rekordgröße fangen.

Ruta 3 verläßt dann die Stadt über eine Brücke, macht einen Bogen nach Südwesten, überquert noch eine Brücke und führt weiter in Richtung nach Ushuaia.

In der Nähe des Flughafens, im Westen der Stadt, führt die Ruta C in Richtung Westen zu der **Estancia María Behety**, einem malerischen Dorf mit einem riesigen Schuppen für die Schafschur (Platz für 40

Scherer), angeblich dem größten der Welt. Diese Straße wendet sich dann nach Nordwesten bis nahe an die chilenische Grenze und führt an zwei weiteren Estancias vorbei. Einige rötlich gefärbte Abschnitte dieser Straße sind mit Fossilien gepflastert; die schwarzen Abschnitte können sich in Sumpf verwandeln, wenn es regnet.

Wieder zurück auf der Ruta 3, sieht man, wenn man die Brücke südwestlich der Stadt überquert, auf der Südseite des Río Grande in der Ferne die **Estancia José Menéndez**. Es ist eine reizende Estancia im alten Stil, in hügeligen Wiesen gelegen. Früher hieß sie *La Primera Argentina* und war die erste Farm im nördlichen Feuerland. Die ursprüngliche Farm wurde wie andere einst sehr große Farmen in fünf kleinere Estancias aufgeteilt.

Traditionell wurde jeder, der zur Essenszeit auf eine Estancia in Patagonien und Tierra del Fuego kam, willkommen geheißen. Der Bau von befahrbaren Straßen, auf denen Hunderte von Autos und Tausende von Touristen kamen, setzte diesem Brauch bald ein Ende, und in einigen Gegenden mußten zum Schutz der Schafe

sogar Wachen aufgestellt werden. Die Estancia José Menéndez vermietet jedoch ein kleines Gästehaus am Hof einschließlich Koch; Besucher können reiten, Ausflüge in die Umgebung machen und am Alltag der Estancia teilnehmen.

Wälder und Berge

In der Nähe der Estancia José Menéndez gabeln sich die Straßen B, D, E und F. Jede schlängelt sich westwärts bzw. südwestwärts in die Berge und jede bietet eine abwechslungsreiche Landschaft mit steilen Bergen, Ebenen, Wäldern, *Vegas* (feuchte Wiesen) und Estancias. Alle Strecken sind faszinierend zu erkunden, wenn man Zeit und ein Auto hat.

Die unbefestigte **Straße B** führt westwärts, ungefähr parallel zum Río Grande, an den Viehfarmen Cauchicol, Despedida, Aurelia, San José und San Justo an der chilenischen Grenze vorbei. In der Vega-Landschaft stehen Schafe und Rinder, die Flüsse sind voller Forellen.

Für Forellenangler wurde vor kurzem auf der Estancia Despedida die **Kau-**

tapen-Hütte (in der Ona-Sprache "Fischerhütte") eröffnet. An einem Abschnitt des Río Grande gelegen, der ideal für aufsteigende braune Forellen ist, kann sie acht Personen beherbergen. Die wohl beste Zeit für alle Freunde des Angelns ist der Zeitraum von Januar bis Anfang April.

Die **Straßen D** und **E** verlaufen parallel zueinander in südwestlicher Richtung von Straße B und José Menéndez aus. Obwohl diese Straßen landschaftlich interessant sind, gibt es dort zur Zeit keine touristischen Einrichtungen. **Straße F** windet sich fast genau in südlicher Richtung ins Herz von Tierra del Fuego, die steilen Gletschermoränen auf und ab bis zu den **Seen Yéhuin** und **Chepelmesh**.

Der bei Campern beliebte Yéhuin-See und der Río Claro im Westen sind ebenfalls gute Angelreviere. Am Yéhuin gibt es eine Bootsanlegestelle, und ein kleines Gasthaus steht hier kurz vor seiner Eröffnung.

Straße H läuft in östlicher Richtung vom Yéhuin über die Hügel und trifft bei der Estancia Indiana auf Straße 3. In dieser Gegend und in den Bergen weiter im Süden gibt es mehrere Sägemühlen.

Die Fahrt von Río Grande nach Ushuaia entlang der **Ruta 3** ist Anschauungsunterricht in Ökologie; man kommt von der flachen Meeresküste durch hügelige Prärie und *Vegas*, von Buschland in gestrüppreichen sommergrünen Wald (*Nirre* bzw. niedrige Buche), der bis zu den Berghängen unterhalb der Baumgrenze reicht, und dann auf der Südseite bergab in dichten mit immergrünen Buchen durchsetzten Wald (*Coihue* bzw. *Guindo*) und sumpfige Täler. Der erste Teil ab Río Grande ist befestigt; der rest ist wie alle anderen Straßen in Feuerland Schotterstraße.

Kurz nachdem sie in die nördlichen Wälder hineinführt, verläuft die **Ruta A** ostwärts über hohe Berge und Wiesentäler nach **Cabo San Pablo**, ein beliebter Picknickplatz. Diese Straße führt noch ein Stück hinter San Pablo weiter, ist aber für die meisten Fahrzeuge nicht zu empfehlen. Die Ostspitze von Feuerland ist größtenteils ungenutzte Wildnis aus Wald, Moor und Bergen und nur zu Fuß, auf dem Pferd oder mit dem Hubschrauber zu erreichen.

Ruta 3 folgt kurvenreich dem Tal des Río Ewan in Richtung Süden, steigt all-

Reusen und Boote für den Krabbenfang an den Ufern des Beagle-Kanals.

mählich zu einer Wasserscheide an, die die in den Südatlantik mündenden Wasserläufe von denen des Lago Fagnano trennt, die westwärts nach Chile in den Río Azopardo und mit diesen in den Seno Almirantazgo (Admiralitätsbucht) fließen.

Die neue Stadt **Tólhuin** (460 Einwohner) liegt genau nördlich des 100 km langen **Lago Fagnano**. Tólhuin ist der Name der Ona für einen nahegelegenen herzförmigen Hügel, und das Dorf ist auch das Herz der Insel.

Die **Hostería Kaiken** am Südostende des Sees ist Tank- und Raststätte und bietet eine herrliche Aussicht über den langgestreckten See bis zu den Bergen in Chile. Je nach Wetter erscheint der See in unterschiedlichen Farben von tief-blaugrün bei Sonnenschein bis hin zu kaltgrau, wenn es bedeckt ist. Winde können im Nu turmhohe Wellen aufpeitschen.

Südöstlich der Hostería erhebt sich der **Heuhupen**, ein einsamer Berg, auf dem eine Hexe wohnen soll (siehe L. Bridges, 1948). An diesem Berg entlang verläuft Lucas Bridges' Pfad von der Estancia Harberton am Beagle-Kanal nach Viamonte am Südatlantik. Die Gegend ist heute durchzogen von Holzfällerstraßen für die Sperrholzfabrik nördlich von Tólhuin; der Pfad wird jedoch derzeit wiederhergestellt und für Abenteuertouristen markiert.

Die Südküste des Lago Fagnano hat mehrere kleine Buchten, die entstanden, als sich das Land während eines Erdbebens im Jahr 1949 absenkte. Eine dieser Buchten, **Lago Kosobo**, wird eine Anlegestelle für Schiffsausflüge zu der neuen Fischerhütte **Los Reinos**, die von "Yaganes Turismo"/Río Grande am westlichen Ende des Lago Fagnano in der Nähe der chilenischen Grenze errichtet wird.

Die Straße wendet sich landeinwärts an Sägemühlen vorbei und führt den **Paso Garibaldi** hinauf. Obwohl die Sägemühlen hier einst viel zu tun hatten (Argentinien hat wenig Wald), ist die von Chile importierte Kiefer heute billiger und wird im allgemeinen beim Bau verwendet. Im Tal liegt nördlich des Passes die **Laguna Escondida** und an ihrem südlichen Ende beinahe versteckt die **Hostería Petrel**. Dieser hübsche, ruhige Ort lädt zum Verweilen, Wandern und Entspannen ein. Auf jeden Fall sollte man am Aussichtspunkt

auf dem Paso Garibaldi anhalten, um nach Norden über die Laguna Escondida und den Lago Fagnano zu blicken. Für Bergsteiger ist diese Gegend faszinierend.

Der Beagle-Kanal

Südlich des Passes windet sich die Straße kurvenreich bergab nach **Rancho Hambre** (Hungerfarm) und ins Tal Tierra Mayor. Eine Nebenstraße (**Ruta J**) biegt am Fuß des Berges scharf nach links und windet sich dann 50 km in östliche Richtung durch ein Tal entlang dem Fluß Tierra Mayor bzw. bei **Bahía Brown** und der kleinen Präfektur bei **Almanza** in den Beagle-Kanal zu münden. Auf der anderen Seite des Kanals ist **Puerto Williams** in Chile zu sehen. Am Strand gibt es eine Reihe von kreisförmig angeordneten Muschelhaufen der Yahganen, mit denen sie einst ihre niedrigen runden Schutzhütten umgaben.

Dann geht es über Hügel oberhalb des Beagle-Kanals zur **Estancia Harberton**, der ältesten Viehfarm im argentinischen Feuerland (1886 von Rev. Thomas Bridges gegründet). Diese Farm ist heute für Touristen geöffnet und bietet eine Führung (englisch oder spanisch) an. Auf dem Berg hinter dem Gehöft kann man die Bucht, den Kanal und die Inseln sehen, um die es in jüngster Zeit mit Chile zu Differenzen kam, und sich das Leben hier vor hundert Jahren vorstellen. Durch das älteste Naturreservat von Tierra del Fuego (ein kleiner Wald) führt ein Pfad, der alle einheimischen Bäume, Hügel aus Küchenabfällen der Yaghanen und ein Modell-Wigwam zeigt. Nach einem Besuch des Schuppens für die Schafschur, der Schreinerei, des ältesten feuerländischen Schiffes und des Vorgartens kann man zum Tee in das Farmhaus einkehren, das Aussicht auf die Harberton-Bucht gewährt.

Die **Ruta J**, Ruta del Atlántico, schlängelt sich auf weiteren 30 km mit wundervollen Ausblicken und beängstigenden Kurven ostwärts am Kanal entlang und kommt schließlich zur **Estancia Moat** (derzeit keine touristischen Einrichtungen). Dieses gesamte Gebiet ist ideal für Vögel: sogenannte Dampfschiff-Enten, Kormorane, Austernfischer, vielleicht ein Adler oder Kondor. Harbertons **Isla Yecapasela** im Beagle-Kanal hat eine kleine Brutstätte von Magellan-Pinguinen.

Wieder auf der Straße 3, gelangt man zum **Valle Tierra Mayor**, einem Wintersportzentrum für Skilanglauf und Motorschlitten mit zwei Hütten. **Las Cotorras**, aus dem Holz der Gegend errichtet, bietet das ganze Jahr über *Asados* auf Feuerlandart (Lamm, Rindfleisch oder Hähnchen vom Grill).

Weiter im Westen bekommt man in der **Tierra Mayor Lodge** Fondue; dort finden auf dem Sumpfmoosboden des Tals Langlaufwettkämpfe statt. Die Hütte ist wundervoll gelegen und gewährt einen Ausblick über die ganze Länge des Tals zwischen den Bergketten Sorondo und Alvear.

Westlich des Tierra Mayor-Tals liegt das **Valle Carbajal** eingebettet zwischen hohen Bergen, mit einer ausgezeichneten Sicht in Richtung Westen nach Chile. Im Norden verläuft der **Paso Beban**, ein seit langem nicht mehr benutzter Wanderweg. Die Straße folgt dem **Río Olivia** entlang der Westseite des wunderschönen **Monte Olivia**, wo aus dem Moor im Tal Torf gestochen wird.

An der Mündung des Río Olivia befinden sich Hütten für Wanderer, die die Einsamkeit lieben. Ein schmaler Fußweg folgt der Küstenlinie in östlicher Richtung bis zur **Estancia Túnel** und von dort aus bis nach Harberton.

Am westlichen Flußufer befindet sich die kommunale Fischzucht, die Forellen heranzieht und in die Flüsse aussetzt.

Ruta 3 biegt nach Westen und verläuft hier als asphaltierte Straße oberhalb der Stadt Ushuaia; man kann aber auch die interessantere, jedoch unbefestigte Strecke entlang der Küste wählen und Ushuaia und die Berge weit im Westen liegenlassen.

Pfefferkuchenhäuser

Ushuaia (ungefähr 23 000 Einwohner) liegt in einer malerischen Senke an der Südseite der Berge und überblickt die **Ushuaia-Bucht**, den **Beagle-Kanal** und die Inseln **Navarino** und **Hoste** (beide chilenisch) im Süden. Im Osten erheben sich der spitze Monte Olivia und die **Cinco Hermanos** (Fünf Brüder). Ushuaia beherbergt einen großen Marinestützpunkt, Re-

Morgendämmerung über Ushuaia.

gierungsämter und Geschäfte für Importwaren; die Industrie besteht aus Sägemühlen, Krabbenfischerei und Fernseh- und Radiomontagestätten.

Ein freistehendes Dreiecksmonument auf der Halbinsel in der Nähe des Flugplatzes kennzeichnet die Stelle der **Anglikanischen Mission** (1869-1907). Bischof W. H. Stirling war der erste Weiße, der (1869 für sechs Monate) in Tierra del Fuego lebte, aber Thomas und Mary Bridges (1870) und John und Clara Lawrence (1873) waren die ersten nichteingeborenen ständigen Bewohner des Archipels. Die offizielle Gründung der Stadt erfolgte mit der Errichtung einer Küstenwache im Jahr 1884.

Das berühmte **Gefängnis** Ushuaias (1906-1940) liegt heute innerhalb des Marinestützpunktes, aber von Häftlingen erbaute Häuser mit dekorativen Gesimsen gibt es immer noch überall in der Stadt. Das krakenförmige Gefängnis ist an drei Nachmittagen der Woche zu besichtigen.

Ein Rundgang durch die steilen Straßen der Stadt offenbart eine sonderbare architektonische Vielfalt. Die frühen Holzhäuser, die (aus Gründen des Brandschutzes)

mit Wellblech gedeckt sind, mit ihren von Häftlingen hergestellten Pfefferkuchenhausverzierungen, haben etwas Russisches an sich. Sie stehen unvermittelt zwischen modernen Betonkonstruktionen, schwedischen Importfertighäusern und Hunderten von kleinen neuen Holzbaracken. Wie in Río Grande haben die steuerlich begünstigten Fabriken viel mehr Leute als Wohnungen mit sich gebracht. Land ist in dem kleinen, von Gebirge und Meer umgebenen Gebiet schwer zu bekommen. Neue Häuser breiten sich an den Berghängen aus, und angesichts des rauhen Klimas leben viele Menschen unter entsetzlichen Bedingungen. Dennoch wird überall weiter gebaut und ausgebessert.

Ushuaia ist viel mehr auf Tourismus eingestellt als Río Grande, hat aber noch nicht genügend Hotelbetten. Die größten Hotels sind **Albatros**, **Canal Beagle**, **Las Lengas**, **Antártida**, **Cabo de Hornos**, **Mustapic** und **Malvinas**; weitere Hotels sind im Bau.

Die Restaurants von Ushuaia (**Tante Elvira**, **Canal Beagle**, **Mostacchio**, **Los Gringos**, **Los Canelos** und andere) haben

Das Ende des Panamerican Highway.

253

Meeresfrüchte, *Róbalo* (Wolfsbarsch) und *Centolla* (Teufelskrabbe) aus dem Beagle-kanal auf der Speisekarte. Die *Centolla* wurde allzu häufig gefischt und erreicht heute kaum mehr ihre frühere Größe. Wer *Asado* (Lamm, Hammel oder Rindfleisch auf offenem Feuer) vorzieht, kann das **Tolkeyen** oder **Las Cotorras** versuchen, beide außerhalb Ushuaias. Für Eilige gibt es mehrere gute *Rotiserías* bzw. Imbißstuben mit Speisen zum Mitnehmen.

Unbedingt einen Besuch wert ist das Heimatmuseum **Museo del Fin del Mundo**, das indianische Relikte, Schiffsfiguren und eine attraktive Sammlung von Vögeln der Gegend beherbergt. Aktive Forschung, insbesondere auf der östlichen Spitze der Insel, der Península Mitre, wird weiter betrieben.

Das südlichste Forschungszentrum der Welt, **CADIC** (Centro Austral de Investigaciones Científicas), das in modernen Gebäuden an der Südwestecke der inneren Bucht untergebracht ist, steht der Öffentlichkeit normalerweise nicht offen, Besuche von Wissenschaftlern sind jedoch jederzeit gern gesehen. Die Forscher untersuchen hier die Vegetation, das Meeresleben, die Geologie, Hydrologie, Sozialgeschichte, Anthropologie und Archäologie von Tierra del Fuego. Es gibt ein Zentrum für die Erforschung der oberen Atmosphäre, dem ein astronomisches Zentrum in Río Grande angeschlossen ist.

Gecharterte Yachten

Eine kurvenreiche Straße steigt hinter der Stadt (gut zum Fotografieren) die Hänge der **Montes Martial** hinauf, wo ein Sessellift in das Tal am Fuß des kleinen hängenden **Martial- Gletscher** fährt. Im Winter kommt man mit dem Lift zu den Skiabfahrten; im Sommer ist die Gletscherschlucht an der Bergstation ein idealer Platz zum Wandern, wo man Andenblumen wie die nach Schokolade riechende *Nassauvia* , oder auch die seltene Bergschnepfe sehen kann. An der Talstation bietet ein kleines Restaurant zwischen immergrünen Buchen Mahlzeiten, Snacks und Partyräume.

Wenn man die Straße ein Stück hinunter geht, führt eine Skiloipe über die Anhöhe zu Ushuaias erster Skipiste, einem steilen Einschnitt in die bewaldete Berglehne. Die meisten Kinder von Ushuaia lernen auf diesen vereisten Hängen Skifahren.

Ausflugsboote meist große Katamarane fahren täglich auf dem Beagle-Kanal zu den Inseln, wo man Seelöwen und Kormorane sehen kann, sowie längere Strecken auf dem Kanal in Richtung Osten bis nach Harberton. Wenn man in Harberton einen Rundgang machen möchte, sollte man dies vorher anmelden, denn manchmal fährt das Boot nur in die Bucht, ohne anzulegen.

Zwei bis drei französische Yachten, die im Hafen von Ushuaia (Ksar-Agentur) liegen, können für Ausflüge zu den **Kanälen Feuerlands**, **Kap Horn**, zur **Isla de los Estados** und in die **Antarktis** gechartert werden. Je nach Länge der Strecke können vier bis sechs Personen mitfahren.

Obwohl der Nordwestarm des Beagle-Kanals, mit dem Schiff mehrere Stunden von Ushuaia entfernt, Aussicht auf einige der mächtigsten Gletscher der Welt bietet, kann man aus Ushuaia schwer dorthin gelangen, eigentlich nur mit einer gecharterten Yacht oder einem Kreuzfahrtschiff von Buenos Aires aus.

Links: Blüte des Feuerbusches. Rechts: Leuchtende Herbstfarben.

WILDES ARGENTINIEN

Würde man Argentinien über Europa ausbreiten, so daß die Nordwestecke (Provinz Jujuy) auf London zu liegen käme, befände sich Misiones (Iguazú-Fälle) über Budapest, und Feuerland, der südlichste Zipfel, würde bis nach Timbuktu reichen. In diesem Raum, der so viele geographische Breiten und Längen durchmißt, findet man eine große Vielfalt an Klimaten und Lebensräumen von Pflanzen, Vögeln und Säugetieren, ganz zu schweigen von den niedrigeren Formen des Lebens. Diese Mannigfaltigkeit erhöht sich noch wesentlich durch die Höhenunterschiede zwischen den Anden und dem Meer.

In einem so großen Land wie Argentinien hatte die relativ kleine, vorwiegend städtische Bevölkerung von ungefähr 30 Millionen bis jetzt wenig Einfluß auf die ausgedehnten Flächen der natürlichen Habitate. Die meisten von ihnen sind immer noch in fast ursprünglichem Zustand. Erst in jüngster Zeit wird in den Naturhaushalt bestimmter Habitate infolge der Modernisierung und des Drucks der Auslandsschulden in Richtung einer verstärkten Produktion eingegriffen, wodurch die Tiere der Wildnis bedroht sind.

Kampf ums Überleben

Argentinien erstreckt sich von den Tropen bis zur subantarktischen Zone, von der höchsten Erhebung beider Amerikas bis zum tiefsten Punkt (Aconcagua, 6900 m über dem Meeresspiegel, und Salinas auf der Halbinsel Valdés, ungefähr 55 m unter dem Meeresspiegel). Es besitzt sehr trockene und sehr feuchte Gegenden; extreme Temperaturen im Winter, wie man sie sonst im Kontinentalklima findet, gibt es auf Grund des ausgleichenden Einflusses des Meeres in den niedrigeren Breiten nicht. Die Tierwelt ist vielfältig. Zunächst drangen Rotwild, Füchse, Katzen und Mitglieder der Otter- und Wieselfamilien in das Paradies ein. Diese Eindringlinge aus dem Norden begannen, mit der ausgewogenen Fauna dieser Region in Konkurrenz zu treten und sie zu plündern. Später kam der Mensch auf den Kontinent und in den 12000 bis 16000 Jahren seiner

Vorhergehende Seiten: Elefantenrobbenweibchen. Elefantenrobben und Südwale. Links: Elefantenrobbenmännchen. Rechts: Großer Nandu.

Anwesenheit hinterließ dieser schlimmste aller Räuber ebenfalls seine Spuren.

Zahlreiche große primitive Säugetiere wurden aus vielerlei Gründen ausgelöscht. Aber ihre überlebenden Artgenossen sind im Überfluß vertreten. Viele von ihnen sind kleine, scheue Nachtlebewesen von recht sonderbarer Gestalt. Riesige, auf dem Boden lebende Faultiere wurden von dem langsamen, am Baum hängenden Faultier abgelöst. Kleine Abarten von *Armadillos* (Gürteltier) und Ameisenfressern sind die

einzigen Überbleibsel der riesigen Panzerplatten-Säugetiere, die einst hier umherstreiften. Die kleinen, furchtsamen Beuteltiere von heute hatten große räuberische Vorgänger, die dem Säbelzahntiger ähnlich waren.

Das Land bietet eine ideale Kombination von unterschiedlichen Habitaten, faszinierenden, seltenen wilden Tieren, und in vielen Fällen die Möglichkeiten und Einrichtungen, diese mühelos zu besichtigen. Die am wenigsten bekannten Gegenden sind jene, zu denen man den schlechtesten Zugang findet und in denen Arten von esoterischem Wert vorkommen. Manche der Gebiete machen eine größere Expedition erforderlich und werden vom Durchschnittsreisenden kaum in

Betracht gezogen. Die Entfernungen sind äußerst groß, und selbst eine Tausende von Kilometern lange Reise vermittelt nur ein oberflächliches Bild von Argentinien.

Ausgangspunkt der Reise

Buenos Aires ist naheliegenderweise der Ausgangspunkt für eine Argentinienreise. Diese weite, flache Grasebene mit ihrem fruchtbaren Boden wurde fast vollständig eingezäunt, großenteils gepflügt und als Weide benutzt; und doch ist sie noch weitgehend das Habitat, das W. H. Hudson in seinem Buch *Far Away and Long Ago* in der Mitte des 19. Jahrhunderts beschrieb. Die Vögel, die Hudson erwähnt, sind immer noch zu

Ein weiterer Tagesausflug von Buenos Aires in die Pampas führt in die Küstenwälder südlich von **Magdalena**, ungefähr 65 km hinter La Plata. Hier bieten Tala-Wälder (*celtistala*) ein ganz anderes, äußerst schönes Habitat. Es gibt zwei benachbarte Estancias, die bemüht sind, die Tierwelt der Wildnis zu erhalten, und die den Besuchern erlauben, herumzulaufen, wenn sie einige Regeln beachten. **Estancia El Destino** ist ein privates Wildreservat. Die nahe gelegene **Estancia San Isidro** ist natürlicher und wilder.

Nachträuber

Ein längerer zweitägiger Ausflug in den **Nationalpark El Palmar** in Entre Ríos ist sehr zu

sehen; doch haben sich einige Säugetiere den Veränderungen, die ein Jahrhundert Viehzucht mit sich gebracht haben, weniger gut angepaßt. Die am geringsten veränderten Gegenden sind das Marschland und das Küstenflachland mit seinen Wäldern sowie die Meeresküste mit ihren Flußmündungen und Buchten.

San Miguel del Monte liegt nur 97 km südlich von Buenos Aires an der Nationalstraße 3, wo die beiden größten Seen **Monte** und **Las Perdices** bis an das Dorf heranreichen. Die Seeuferpromenade verläuft entlang einer Mauer, aber etwas weiter weg von den Haupttouristengebieten wartet die Küste mit einer überwältigenden Vielfalt von Vögeln auf.

empfehlen. Die Yatay-Palme steht dort in einem isolierten, geschützten Gebiet, und es gibt einige schöne Wege, auf denen man die Tiere der Grassteppe gut beobachten kann. Um den Zeltplatz herum sieht man die Hasenmaus *Vizcacha* , ein großes graues, schnurrbärtiges Nagetier, das im Bau lebt. Es handelt sich um ein sehr zahmes Lebewesen. Zeltende müssen Ordnung halten, denn was nachts draußen bleibt, wird gestohlen und in den Bau geschleppt. *Vizcacha*-Männchen wiegen bis zu neun Kilo und geben nachts verschiedene laute, nervtötende Schreie von sich.

Graufüchse und krabbenfressende Pampafüchse sowie den *Capybara* (ein grasendes Wassernagetier von der Größe eines Schweines) kann man auf Spaziergängen treffen. Es gibt europäische Hasen und Wildschweine (leider im vergangenen Jahrhundert eingeführt) und den Pampa-Strauß.

Ursprüngliche Pampa

Typisch für die Pampa ist die Gegend um General Lavalle und südlich von Madariaga, da der Boden hier nicht gepflügt wurde. Entlang der Straße 2 gibt es bis Dolores, 320 km südöstlich von Buenos Aires, eine Vielfalt an Wild. Von der Straße 11 aus sieht man die weiten Ebenen so, wie sie waren, bevor die Europäer kamen mit ihren Zäunen, Windpumpen und schützenden Baumreihen. In der Stadt **San Clemente del Tuyú** findet man am besten Unterkunft.

Schilf, Seemarschen und brackigem Sumpf machen diese Gegend zu einem idealen Lebensraum für eine vielfältige Fauna.

All dies ist von San Clemente aus leicht erreichbar, liegt jedoch in einer Militärzone, da der dortige Leuchtturm von der Marine betrieben wird. Wenn man Angehörige der Marine trifft, sollte man freundlich sein. Ein Lächeln, Zuwinken und allein das Wort *Aves* (Vögel) dürfte genügen, um die Tore zu öffnen.

Fahrt durch das Marschland

Zwei lohnende Fahrten sind zu empfehlen. Die erste führt in östlicher Richtung von San Clemente rund 32 km am Canal 2 entlang und

Zwischen Lavalle und San Clemente gibt es ein Naturschutzgebiet, das der Fundación Silvestre Argentina (Naturschutzorganisation) untersteht, wo die letzten Exemplare des einst zahlreichen Pampa- Hirsches in der Natur zu sehen sind. Das Vogelschutzgebiet und die Beobachtungsstation bei Punta Rosa gehört ebenfalls der Fundación. Neben den heimischen Arten verbringen viele Küstenzugvögel aus Nordamerika ihren "Winter" hier. Das Nebeneinander von Dünen, Sandstränden, gepflanzten Bäumen, die Unterschlupf bieten, Moor, Flüssen mit Gras und

Links: Ein Puma nimmt eine Fährte auf. Rechts: Eine Wildkatze hält Ausschau.

wieder zurück, und man hat von der Dammstraße aus einen Blick über die ausgedehnten Marschen und alle darin lebende Tiere. Der zweite Ausflug führt auf **Estancia El Palenque Camino Vecinal**, die Zufahrtsstraße zu den dahinterliegenden Farmen. Die erhöht gebaute Straße verbindet eine Grasinsel mit der nächsten und bietet einen wunderbaren Blick über tiefer liegende Sümpfe und Wasser. Es handelt sich jedoch um Sandstraßen, so daß diese Fahrten nach Regen nicht unternommen werden sollten. Unter guten Bedingungen lohnt es sich, die Sandstraßen dieser Gegend bis Madariaga zu erkunden. Mit einer Karte des ACA (Automobilclub von Argentinien), ein paar Brocken Spanisch, etwas Abenteuergeist und einem Auto kann man in zwei bis drei Tagen eine Menge sehen. Die beste Zeit für einen Besuch ist September bis Dezember.

Bergwanderungen

Nur eine einzige Landerhebung durchbricht die Regelmäßigkeit des Grasmeers der Pampa. Zwischen Tandil und Tornquist verläuft eine Kette von alten Granit- und Kalkbergen in südwestlicher Richtung und erreicht ihren höchsten Punkt in der **Sierra de la Ventana** und den **Tres Picos**, beide ungefähr 1200 m hoch. Dem Wanderer geben diese kleinen Berge Gelegenheit, das Guanako und andere Tiere in einer unberührten, schönen Landschaft zu beobachten. Man sollte

Es ist eine Schande, zu sehen, daß diese Gebiete, wie andernorts auch, der Axt zum Opfer fallen. Die Bäume werden durch Feldfrüchte mit schnelleren Erträgen im jährlichen Zyklus oder in einigen Fällen durch Weideland ersetzt. Einige Zonen werden mit Kiefern für die blühende Papierindustrie bepflanzt.

Donner und Nebel

Die Wasserfälle des Iguazú-Nationalparks sind eines der beeindruckendsten Naturereignisse überhaupt. In einem weiten Bogen teilt sich der Fluß oberhalb des Falls in viele Kanäle unterschiedlicher Größe, und jeder stürzt in ein oder zwei Stufen insgesamt 76 Meter tief in die darun-

sich gut mit Kleidung und Orientierungshilfen ausstatten, da ganz unerwartet Nebel auftreten kann. Ein Teil der Berge gehört zum **Naturschutzgebiet Ernesto Tornquist** .

Bedrohte Bäume

Der subtropische Dschungel bzw. Regenwald ist in Argentinien am besten in Iguazú erhalten, wo die weltberühmten Wasserfälle sind. Die Fälle sind einmalig und gehören unbedingt zum Programm eines jeden Besuchers. Der **Iguazú-Nationalpark** wurde eingerichtet, um sowohl die Wasserfälle als auch den sie umgebenden aufregenden Dschungel zu erhalten.

terliegende Schlucht. Das Wasser vereinigt sich dann in den tosenden Stromschnellen des engen Unterlaufes, der immer noch einige Dutzend Kilometer zu fließen hat, bevor er in den zehnmal größeren Paraná mündet.

Verschiedene Spaziergänge an den Wasserfällen gewähren phantastische Aussichten und Erlebnisse. Besonders aufregend aufgrund der bloßen Gewalt des Schauspiels ist die **Garganta del Diablo** (Teufelsschlund), die man auf einem ungefähr 1200 m langen Laufsteg von Puerto Canoas aus erreicht. Die beste Zeit für eine Besichtigung der Wasserfälle ist nachmittags wegen der Lichtverhältnisse und abends wegen des Schauspiels von Tausenden großer, graubrauner

Segler, die zurückkehren, um sich auf den bloßen Basaltfelsen zwischen den herabstürzenden Wassermassen zum Schlaf niederzusetzen.

Tukane

Die vielleicht bekanntesten Vögel des südamerikanischen Dschungels sind die Tukane. Der größte und am wenigsten scheue "klassische" Tukan, den man aus Anzeigen und Prospekten kennt, ist der Riesentukan. Sein trockenes Krächzen, das auch mal zum Ruf oder Lied wird, ist ebenso kennzeichnend wie sein mächtiger orangefarbener Schnabel. Vom Wasserturm oder vom Rasen vor dem Besucherzentrum des Parks aus kann man die Tukane beobachten, wie sie erst

des Dschungels hauptsächlich in den frühen Morgenstunden, eine Stunde vor bis zwei oder drei Stunden nach Sonnenaufgang und in den Abendstunden, unmittelbar vor und nach Sonnenuntergang, aktiv.

Versteckspiel

Man darf jedoch nicht glauben, daß man all diesen Reichtum bei einem kurzen Besuch beobachten kann. Die den Beobachter umgebende dichte Vegetation ist wie ein Vorhang, der alles Dahinterliegende wirksam verdeckt. Einige Tiere sind nur dann zu sehen, wenn sie mit großer Geschwindigkeit durch die Lücken des schützenden Waldes springen oder huschen.

flügelschlagend, dann gleitend von Baumkrone zu Baumkrone zu fliegen.

Die Wege und Pfade des Parks laden den Besucher ein, die Wunder des Dschungels kennenzulernen: an die 2000 Arten höherer Gefäßpflanzen, fast die gleiche Zahl von Schmetterlingen und Motten, 100 Arten von Säugetieren vom Jaguar an abwärts, fast 400 Vogelarten angefangen beim Kolibri. Das alles, sowie Tausende von unterschiedlichen Insekten, Spinnen, Reptilien, Fröschen und Fischen ist zu sehen.

An so heißen Orten wie Iguazú sind die Tiere

Links: Flamingos an der Küste Patagoniens. Oben: Wachsame *Vicuñas* .

Der **Macuco-Pfad** ist nur für Fußgänger, und auf seinen vier Kilometern ist er so verschiedenartig an Vegetation wie an Arten von Tieren und Vögeln. Wenn man sich ruhig verhält, kann man mit etwas Glück Tapire, Jaguare, Rollschwanzaffen, kleine Rehe bzw. Spießer, Pakas und Agutis, Rote Nasenbären und sogar Nabelschweine (zwei Arten) antreffen. Auf jeden Fall kann man nach ihren Spuren suchen. Obwohl für Fahrzeuge geeignet, ist der **Yacaratia-Weg** kaum befahren; man kann ihn vom Ende des Macuco-Pfades zurückgehen in der Hoffnung, noch mehr von den wundervollen Lebewesen des Dschungels zu sehen. Wer Geduld hat, kann in einem Hochstand in einem Sumpfgebiet darauf warten, daß Tiere vorbeikommen. Kaimane, verstohlene Tigerreiher, Bisamenten (die ursprüngliche wilde Spezies), Koipus und viele andere belohnen die Ausdauer.

Gran Chaco

Am Gran Chaco haben Bolivien, Paraguay und Nordargentinien Anteil. Die Region ist in zwei Teile gegliedert, von denen nur einer für den Reisenden interessant ist. Der **Trockene Chaco** hat nur sehr wenige, leider schreckliche Straßen und Dörfer und für den Besucher so gut wie nichts zu bieten.

Der **Feuchte Chaco** wurde in den vergangenen zwanzig Jahren teilweise für landwirtschaft-

Formen des Sumpflebens: pfeifende Reiher, Sattelstörche, *Jacanas* und jede Menge Enten.

Östlich und südlich von Corrientes erstrecken sich üppige Wälder im Wechsel mit weiten, offenen Grasfluren und ausgedehnten Sümpfen. Straße 12 ist in beiden Richtungen befestigt, doch die Sandstraßen, die in Nordost-Südwest-Richtung durch Orte wie **Mburucuya** und **San Luis del Palmar** verlaufen, führen zu den besseren Habitaten. Auf der **Isla Cerrito** im Paraná gibt es ein Naturschutzgebiet mit zahlreichen Brüllaffen. Auf die Insel kommt man mit dem Boot von Resistencia oder Corrientes aus.

Die **Iberá-Sümpfe** sind schwierig zu erreichen und sind bis auf die Randbereiche praktisch ohne Leben. In den Randzonen nisten jedoch

liche Nutzung kahlgeschlagen. Es gibt aber immer noch einige wunderschöne Gegenden, wo sich feuchter Chacowald mit schwer zugänglichen Sümpfen abwechselt.

Westlich von Corrientes bzw. Resistencia sollte man die Straße 16 mindestens bis zum **Chaco-Nationalpark** fahren. In der regenreichen Sommerzeit sollte man nicht hierher kommen, da die Hitze groß ist und die Straßen unpassierbar werden. Zwischen April und November ist ein Besuch des Chaco-Parks empfehlenswert, um die Brüllaffen, Hokkohühner und Schakuhühner (Familie der Fasane, jedoch mit matten Farben und lauter Stimme) zu sehen. Oder man besichtigt die vielen verschiedenen

viele verschiedene Arten von Wasservögeln. In Corrientes, dem Quellgebiet des Iberá-Komplexes, wo sich Grasfluren bis zum Horizont ausdehnen, kann man vielleicht einem Mähnenwolf begegnen. Von dieser seltenen, scheuen Spezies gibt es hier immer noch ziemlich viele. Hier überlebt auch der Sumpfhirsch in kleiner Zahl. Auf den größeren Estancias, wo ein Bewußtsein für die Notwendigkeit der Erhaltung der Arten vorhanden ist, kann man sogar den Pampahirsch in seinem letzten Refugium aufspüren. In dieser Gegend findet man auch am ehesten das Nagetier *Capybara* . Auf lange Strecken und rauhe Nächte muß man hier gefaßt sein, doch ist das Abenteuer sicher die Mühe wert.

Nordwest-Argentinien

Die Provinzen Jujuy, Salta und Tucumán sind landschaftlich außerordentlich reizvoll und wildreich. Das an der Strecke zum Puna-Gebiet gelegene Humahuaca-Tal sollte man nicht auslassen. Um zu Orten wie Purmamarca zu gelangen, fährt man Nebenstraßen. Da diese Gegend in einer eventuell ungewohnten Höhe liegt, sollte man die Tour abschnittsweise in zwei bis drei Tagen machen. So lassen sich am besten die Höhenkrankheit und Unwohlsein auf Grund von Sauerstoffmangel vermeiden. Das letzte komfortable Hotel der Gegend befindet sich in Humahuaca. Von dort aus geht es weiter aufwärts.

Überquert man den Kamm westlich von **Abra**

einige Kilometer von der Straße ein kleiner See, den man zu Fuß oder auch mit dem Auto erreichen kann, um die gesamte Vogelwelt zu betrachten. Gewöhnlich ist der Puna-Strauß in der Gegend von Pozuelos zu sehen.

Abwechslungsreiche Vegetation

Ein Besuch des **Calilegua-Nationalparks,** an den Osthängen der Anden zwischen 600 und 4500 m hoch gelegen, ist nur in der Trockenperiode von Juni bis Oktober/November zu empfehlen, da die Straßen in der übrigen Jahreszeit überschwemmt sind. Die Straße durch den Nationalpark steigt steil an, so daß man kurz hintereinander eine Reihe von Vegetationszonen passiert.

Pampa in das weite Tal **Pozuelos**, sieht man gewöhnlich beim Abstieg Vikuñas. **Laguna Pozuelos** ist ein Naturdenkmal. Tausende von Flamingos von dreierlei Art bevölkern neben Wasservögeln und Stelzvögeln das Wasser. Man sollte mit einem Fernglas langsam am Ufer entlang gehen, oder wenn einem die Höhe zu sehr zu schaffen macht, im Auto fahren; dabei muß man jedoch auf schlammige Wegabschnitte achten. Zu sehen sind Puna-Krickenten, Säbelschnäbler sowie Riesen-, Horn- und Andenbläßhühner. Bei **Lagunillas**, auf der Westseite von Pozuelos, liegt

Links: Der unnahbare Kondor der Anden. Oben: Lärmender Tukan.

Dies beginnt am Fuß der Berge mit der Chaco-Vegetation, dem *Palo Borracho* (betrunkener Baum, *Chorizia*), den *Jacarandas* und *Tabebuias* , beide gelb und rosa. Dann kommt man weiter durch einen Übergangsdschungel, in dem die *Tipa* (Tipuaria) vorherrscht, in Wälder von Podocarpus und Erle (*Alnus*).

Mit der Vegetation ändert sich auch die Fauna. Jaguar, Puma, Ozelot und Jaguarundi sind die größeren Wildkatzen, die man hier antrifft. Sie jagen Hirsche, Tapire, Nabelschweine, Agutis, sogar Rollschwanzaffen, Eichhörnchen und Vögel. Am Fuß des Nationalparks in **Aguas Negras** findet man einen Zeltplatz. Dort gibt es viele Wege und Flußbetten zu erkunden.

Córdoba

Córdoba ist Ausgangspunkt für Ausflüge in die Berge nördlich und westlich der Stadt. Mit dem Auto ist man schnell in der Pampa mit ihren Kondoren und Gebirgstieren. Auch in die Sierras Chicas, wo der auffällige Rotschwanzkomet (Kolibri) lebt, ist es nicht weit.

Im Süden der Provinz La Pampa befindet sich ein ganz besonderer Nationalpark, **Lihue Calel** . Hier sieht man ohne weiteres Guanakos, Vizcachas, Strauße und das aus Europa importierte Wildschwein sowie besondere Vögel wie den Gelben Kardinal und eine kleine Falkengattung (beide endemische argentinische Spezies). Am Eingang des Nationalparks befindet sich ein Motel des Automobilclubs.

Sport in den Anden

Die patagonischen Anden, die sich von Neuquen über Río Negro nach Chubut und Santa Cruz erstrecken, sind landschaftlich wunderschön und je nach Breitengrad sehr unterschiedlich. Hier gibt es vielfältige Sportmöglichkeiten: Wintersport, Angeln, Jagd, Boots- und Kanufahrten, Camping und was sonst noch zu einem Aktivurlaub gehört. Städte sind entlang der Vorberge verstreut, wo die Steppe aufhört und Wälder und Berge beginnen, und hier ist alles zu kaufen, was man benötigen könnte.

Nicht weit von Zapala in westlicher Richtung gelegen befindet sich das sehenswerte Naturdenkmal **Laguna Blanca** . An diesem ziemlich hoch in der offenen Steppe gelegenen See versammeln sich Tausende von Wasservögeln, unter ihnen auch der äußerst majestätische, schöne Schwarzhalsschwan.

Der **Lanín-Nationalpark** besitzt - eine Rarität - Haine der ursprünglichen Araukarie und der Südbuche von der Gattung der *Nothophagus obliqua* und *nervosa*. Zusammen mit dem südlich davon gelegenen Nahuel Huapi- Nationalpark ist dieser Park touristisch am besten erschlossen, was Straßen, Verkehrswege und Unterkünfte angeht (San Martín de los Andes und San Carlos de Bariloche sind die bedeutendsten Städte in dieser Gegend).

Weiter westlich fallen wesentlich mehr Niederschläge, so daß der Reichtum und die Vielfalt der Flora in den 30 bis 50 km von der Steppe zur chilenischen Grenze auffallend zunimmt. Eine parallele Zunahme der Vogel- und Tierarten gibt es nicht, vielleicht weil die Anzahl der Arten nicht von der Verfügbarkeit der Ressourcen in den guten Monaten, sondern eher durch den strengen Winter bestimmt wird. Wenige der dort heimischen Waldvogelarten sind Zugvögel.

Kondore und Sittiche

In der Steppe und den Übergangszonen gibt es eine viel größere Vielfalt an Vögeln. Hier ist es im Frühjahr und Sommer bis in den Herbst hinein wesentlich milder. Man sieht große Scharen von Hochlandgänsen in den Wiesentälern, Graukopfgänse in den Lichtungen der in der Nähe von Seen und Flüssen gelegenen Wälder, und fast überall lärmende, nackthalsige Ibisse.

In den Wäldern trifft man Scharen von Sittichen und die grüngefiederte Feuerkrone (auch ein Kolibri), Überbleibsel aus gemäßigteren Klimaten, nun isoliert und an kältere Gegenden angepaßt. Der Andenkondor ist ziemlich häufig, doch die Weite der Landschaft führt dazu, daß man ihn nur selten sieht. Es ist ein Erlebnis, wenn man einen sichtet. Der auffallendste Vogel der Wälder ist mit Sicherheit der Magellan-Specht, der Riese seiner Familie. Das Männchen hat einen scharlachroten Kopf mit einer kleinen Haube, während sein gänzlich schwarzes Weibchen eine sehr lange weiche Haube hat, die sich nach vorn lockt.

Hier findet man auch die Stromente. Wie schon ihr Name andeutet, ist der schwarz-weiß gestreifte Enterich mit seinem feuerwehrroten Schnabel nur in Wildwassern zu sehen. Stromenten tummeln sich, tauchen und schwimmen in wilden beängstigenden, strudeligen Stromschnellen herum, als wären sie in einem Teich.

Bergparks

Südlich entlang der Andenkette sind eine Reihe von Parks verstreut, große, kleine, gutbesuchte oder abseits gelegene, alle ähnlich, aber jeder mit seinen besonderen Attraktionen und seinem eigenen Charakter. Von El Bolsón aus kann man den **Puelo-Nationalpark** besuchen. Dort gibt es gute Möglichkeiten zum Angeln der eingeführten Forelle sowie zum Zelten und Bootfahren. An Tieren ist lediglich die seltene Araukanertaube von besonderem Interesse.

Von der Stadt Esquel aus kann man den **Los Alerces-Nationalpark** erreichen. Alerces heißt wörtlich übersetzt "Lärchen". Dies ist die falsche Bezeichnung der *Fitzroya Cupressoides* , dem riesigen, immergrünen Äquivalent des Mammutbaums der westlichen Vereinigten Staaten. Obwohl es ihn auch in mehreren anderen Parks gibt, erreicht er hier seine größte Größe. Mit dem Boot kann man problemlos zu den schöneren Standorten dieser Riesenbäume fahren. Oberhalb der Baumgrenze erwartet dann der seltene, unerschrockene *Huemul*, der Andenhirsch, den furchtlosen Bergsteiger.

Der **Nationalpark Francisco P. Moreno** ist leider weit abseits gelegen. Zeltausrüstung und Benzinreserve sind unbedingt erforderlich. Die östliche Steppe des Parks, ungefähr 260 km westlich von **Gregores**, liegt 900 m hoch. Hier sind zwei Arten der seltsamen Saatschnepfe zahlreich vertreten neben vielen Hochlandgänsen, *Huemuls* und einigen Bergkarakaras. Guanakos kann man rudelweise auf der Halbinsel **Lago Belgrano** sehen.

Der Moreno-Gletscher, der mit dem Auto zugänglich ist, liegt ungefähr 80 km westlich der Stadt **Calafate** am Ufer des Lago Argentino. Genau vor dem Gletscher hat man eine effektvolle Sicht auf das Eis, das in das milchige Wasser des Sees stürzt und einen Eisdamm bildet, wie er 1986 in Alaska entstanden war.

Dieser Zyklus der Dammbildung und Überflutung hat sich seit 1937, als er zum ersten Mal auftrat, mit zunehmender Regelmäßigkeit wiederholt. Heute dauert es drei bis vier Jahre, bis sich genügend Druck aufgebaut hat und die Stirnseite weggerissen wird. Nur wenige Leute haben Gelegenheit, dem Bruch beizuwohnen, da der Zeitpunkt nicht vorherzusagen ist, und sogar die Bewohner der Gegend kommen oft zu spät

Gletscher von der besten Seite

Der nächste Park in südlicher Richtung ist **Los Glaciares**. In dieser Gegend sieht man die Gletscher von ihrer schönsten Seite, sowohl vom Land als auch vom Wasser aus. Sie alle entstammen dem Überschuß der südpatagonischen Eiskappe, die sich auf dem Kamm der Anden dem Blick entzieht, da sie praktisch immer von Wolken verhangen ist. Diese Eiskappe nannte der berühmte Bergsteiger Eric Shipton "das Land des Sturms". Sie ist ungefähr 240 km lang und bis zu 70 km breit.

Oben: Seelöwen auf der Halbinsel Valdés.

für das Schauspiel, da es so schnell geht. Die Fahrt mit dem Schiff zum **Upsala-Gletscher** geht von **Puerto Bandera** aus. Die Uferstrecke nach Bandera ist immer gut zum Beobachten der Wasserfaultiere, mit Glück vielleicht sogar einiger Schwarzhalsschwäne. Die Schiffahrt beginnt früh und dauert fast den ganzen Tag. Auf den Elefantes-Felsformationen kann man nach Nestern der schwarzbrüstigen Bussard-Adler und auf den niedrigen Klippen über dem Wasser nach Kondornestern Ausschau halten. Upsala ist ein klassischer Gletscher mit Eisbergen um die ganze Stirnseite in unglaublichen Blautönen. Die Mittelmoränen heben sich heraus, wie es im Lehrbuch steht.

Tierra del Fuego

Die Tierwelt Feuerlands und des dortigen Nationalparks (19 km westlich von Ushuaia) umfaßt eigentlich alle Tiere, denen man auf dem Weg von Lanín in Richtung Süden begegnet ist, wobei die Artenvielfalt abnimmt, je härter die Lebensbedingungen werden. Entlang des Nordufers des Beagle-Kanals gibt es jedoch eine Meeresküsten-Umwelt, in der man die prächtigen weißen Männchen der Seegrasgänse gegen den schwarzen Küstenfelsen sehen kann, und die Dampfschiff-Ente, eine besondere Spezie dieser Gegend, die wie ein Raddampfer Wasser verspritzt, wenn sie einen Rivalen jagt oder vor ihm entwischt; daher hat sie ihren Namen.

Vielleicht ergibt sich auch die Gelegenheit, Papageien, nackthälsige Ibisse und Kondore zu sehen. Die Stromente so weit südlich zu Gesicht zu bekommen, ist allerdings ein seltener Genuß.

Biber und Bisamratte wurden in den 40-er Jahren unseres Jahrhunderts eingeführt und verwüsten die Wälder durch Baumnagen, Dammbau und Überflutung. Die ersten Seefahrer brachten Kaninchen, die sich jetzt hier vermehren. Es gibt einen sehr schönen Schiffsausflug auf dem Beagle-Kanal, von wo man Kormorane, Seelöwen, Robben und auch Pinguine sehen kann.

In Tierra del Fuego haben Straßenbau, Verlegung von Gasleitungen, Erdölgewinnung, unkontrollierte Waldbrände, bewußtes Roden natürlicher Wälder und vor allem der Schmutz und Abfall von Río Grande und Ushuaia erschreckende Narben hinterlassen, und es ist eine Erleichterung, aus einer derart mißachteten Natur in den weniger zerstörten Nationalpark zu kommen. Hier ist die Färbung des Herbstlaubes (ab März) eine wahre Augenweide.

Die Halbinsel Valdés

Wieder zurück auf dem Festland, ist die Landschaft bis hinauf nach Buenos Aires und seiner umgebenden Pampa von der patagonischen Steppe und dem Küstenstreifen geprägt. Am besten sind diese in **Chubut** , einer der umweltbewußtesten Provinzen Argentiniens vertreten. Das ganze Jahr hindurch kann man Seetiere an Land oder in den geschützten Buchten nördlich und südlich der Halbinsel Valdés ihr Spiel treiben sehen. Der Tierkalender sieht ungefähr so aus:

Januar bis März: Südliche Seelöwen pflanzen sich an Land fort (Punta Norte, Pirámides).

März bis Mai: Schwertwale besuchen diese Fortpflanzungsstätten und rauben junge Seelöwen.

Juni: Ankunft der Nordwale beginnt in beiden Buchten.

September: Elefantenrobben beginnen mit der Fortpflanzung, die bis Mitte Oktober dauert; Magellan-Pinguine kommen nach Tombo, um mit dem Nisten zu beginnen, und bleiben bis März; dann brechen sie zu ihrer Wanderung auf.

Dezember: Die letzten Wale machen sich zu den südlichen Futterplätzen auf.

Man sieht, daß das ganze Jahr über etwas geschieht, aber daß im Frühjahr und Sommer am meisten los ist.

Auf Valdés gibt es auch viele Steppentiere wie Guanakos, Darwin-Strauße, *Maras* (patagonische Meerschweinchen) und das elegante kammtragende Pampahuhn, ein Federwild, das wie ein untersetztes Perlhuhn aussieht, sowie das behaarte Gürteltier (*Armadillo*) oder sein kleinerer Bruder, das patagonische Pichi-Gürteltier.

In nördlicher Richtung fahrend, kommt man wieder nach Buenos Aires. Manches hat man unterwegs vielleicht vermißt, anderes unerwartet angetroffen. Zu diesem Zeitpunkt dürfte der Naturfreund Argentinien mit seiner einzigartigen Geographie und seiner unglaublich vielfältigen Flora und Fauna schätzen gelernt haben.

Links: Ein Fuchs sitzt Portrait. Rechts: Magellan-Pinguine bei Punta Tombo.

VON DEN KÖNIGEN DES SPORTS
ZUM SPORT DER KÖNIGE

Es ist ein ganz gewöhnlicher Tag in Buenos Aires, doch die Straßen sind verlassen. Die Banken sind leer, die Restaurants ruhig, und in der Stadt herrscht eine unheimliche Stille. Die einzigen Leute, die man sieht, scharen sich um tragbare Radios oder Fernsehapparate und widmen ihre Aufmerksamkeit den neuesten Nachrichten. Ausbruch eines Krieges? Landesweite Katastrophe? Vielleicht Wiederwahlen? Weit gefehlt. Diese Szenen wiederholen sich jedesmal, wenn die argentinische Fußballnationalmannschaft spielt, ein deutlicher Beweis für den Stellenwert, den diese Sportart in Argentinien hat. Jedes Spiel hält die Nation in seinen Bann, und Siege sind Anlaß für große Feste.

Als Argentinien 1986 in Mexiko die höchste sportliche Auszeichnung, die Weltmeisterschaft, errang, strömten Hunderttausende von Leuten durch die Straßen von Buenos Aires, Córdoba, Rosario, La Plata und anderer Städte. Schnell aufgestellte Paraden tauchten aus dem Nichts auf, Tausende von Autos verstopften die Haupt- und Nebenstraßen, und das ganze Land war nur noch Blau-Weiß.

Die Weltmeisterschaft war eigentlich die zweite für Argentinien, das sich den Pokal bereits 1978 erspielt hatte. Doch jener Wettkampf, in Eile von der kurz zuvor an die Macht gelangten Militärregierung veranstaltet, zeigte wenig von dem Stolz und Enthusiasmus, der 1986 zum Ausbruch kam. Die Weltmeisterschaft von 1978 wurde von vielen als Werbekampagne gesehen, mit dem Ziel, die Aufmerksamkeit der Weltöffentlichkeit von der steigenden Inflationsrate, den wachsenden Staatsschulden und der Verletzung der Menschenrechte abzulenken. Daß die Argentinier in Scharen zu dem Spiel strömten, trotzdem ihre Spieler anspornten und stürmisch feierten, zeigt ihren Hang zu diesem Sport.

Fußball wurde in den 60-er Jahren des vorigen Jahrhunderts durch britische Seeleute in Argentinien eingeführt, die sich im Hafen mit spontanen Spielen vor neugierigen Zuschauern die Zeit vertrieben. Die große britische Kolonie in Buenos Aires gründete schließlich 1891 eine Fußballorganisation, und die aus Europa importierten Bälle, Torpfosten und Netze gingen als "seltsame

Gegenstände für die verrückten Engländer" unbeanstandet durch den Zoll.

Um die Jahrhundertwende hatte Argentinien schon seine eigene Fußballiga. Der *Athletikclub Quilmes* wurde 1897 gegründet und ist der älteste Fußballverein ganz Argentiniens. *Rosario Central* (1899), *Río Plata* (1901), *Independientes* (1904) und *Boca Juniors* (1905) folgten nach kurzer Zeit. Die argentinische Nationalmannschaft machte ebenfalls rasche Fortschritte, wie sie mit ihrer Teilnahme an der ersten Weltmei-

sterschaft in Uruguay im Jahr 1930 bewies. Obwohl sie immer noch Amateure waren und nicht für voll genommen wurden, besiegten die Argentinier so renommierte Fußballänder wie Frankreich und Chile auf ihrem Weg ins Finale, bevor sie mit 4:2 knapp gegen Uruguay verloren.

1931 wurde Fußball in Argentinien zum Profisport, und die Ligaspiele begannen, große und laut gröhlende Massen anzuziehen. *Río Plata* und *Boca Juniors* , zwei Mannschaften, die aus dem italienischen Boca-Bezirk in Buenos Aires hervorgingen, wurden schnell die populärsten Fußballteams in Argentinien. Noch heute unterstützen 75 Prozent der argentinischen Fußballfans einen der beiden Clubs.

Vorhergehende Seiten: Ein Polospiel. Links und rechts: Windsurfen.

Der argentinische Fußball geriet in jüngster Zeit zusehends in Schwierigkeiten auf Grund der Massengewalttätigkeiten bei Ligaspielen, insbesondere bei Begegnungen der Rivalen *Río Plata* und *Boca Juniors* . In der Folge wurden viele argentinische Stadien zu wahren Festungen, umgeben mit Wassergräben, Zäunen und Stacheldraht, um Fußballfans vom Spielfeld fernund rivalisierende Parteien auseinanderzuhalten.

Neunzehn Mannschaften konkurrieren in der argentinischen Ersten Liga und tragen zwischen September und Juni 38 Spiele aus. Darüber hinaus nehmen viele der Spitzenclubs an internationalen Wettkämpfen teil.

Wie die meisten Südamerikaner scheinen die Argentinier für Fußball eine besondere Bega-

England, Spanien und Italien zu verlieren. Sogar Nachbarländer wie Brasilien und Mexiko plündern den argentinischen Fußball. Diese Situation wird sich nicht ändern, solange sich die wirtschaftliche Lage in Argentinien nicht bessert.

Fußball ist jedoch nicht der einzige Sport in Argentinien. Dank seines Klimas, das das ganze Jahr hindurch ein breites Spektrum von Sportarten ermöglicht, ist Argentinien auch für Polo, Rugby, Autorennen und Tennis bekannt.

Polo

Das erste, was viele Besucher bei ihrer Ankunft in Argentinien wissen wollen, ist, wo sie ein Polospiel sehen können. Obwohl es nicht aus

bung zu haben. Sofort fällt einem der Name Diego Maradona ein, aber er war schon Nationalheld, lange bevor er in der Weltmeisterschaft von 1986 internationalen Ruhm erlangte. Als Maradona 1982 drohte, seinen Verein *Boca* zu verlassen, um nach Europa zu gehen, versuchte die Regierung einzugreifen, indem sie ihn zu einem Teil des "Staatsbesitzes" erklärte.

Aber dieser Versuch schlug fehl, und wie viele andere argentinische Spitzenspieler schloß sich Maradona der Abwanderung ins Ausland an. Da sie den in Europa gebotenen lukrativen Verträgen nicht widerstehen können, ist es für argentinische Vereine nichts außergewöhnliches, ihre Stars an größere, reichere und stärkere Mannschaften in

Argentinien stammt, hat sich Polo einen festen Platz im Landessport erobert. Viele der weltbesten Spieler und Mannschaften kommen aus Argentinien. Darüberhinaus hat Argentinien hervorragende Zuchtprogramme für Ponys.

Wie der Fußball wurde Polo in der Mitte des 19. Jahrhunderts von den Engländern nach Argentinien gebracht. Die angeborene Reitbegabung der Argentinier sowie der reichlich vorhandene Platz verhalfen dieser Sportart zum Erfolg. Gegenwärtig gibt es über 6000 eingetragene Polospieler in Argentinien.

Polowettkämpfe finden das ganze Jahr überall statt, in der Mehrzahl werden sie jedoch im Frühjahr und im Herbst ausgetragen. Die Spitzenmannschaften treten jedes Jahr im November in der 1893 gegründeten argentinischen offenen Meisterschaft in Buenos Aires gegeneinander an.

In Argentinien wird nicht zwischen Amateur- und Profipolo unterschieden. Viele der Spitzenspieler werden jedoch regelmäßig für hohe Summen von ausländischen Mannschaften eingekauft. In der Tat ist die Favoritenmannschaft in internationalen Wettkämpfen oft diejenige, die die meisten argentinischen Spieler aufweist.

Polopferde werden auch exportiert. Die kurzbeinigen, untersetzten Ponys, die auf einer Estancia, wo Polo gespielt wird, von *Petiseros* (Arbeitern) besonders geschult werden, werden für ihre Geschwindigkeit, Stärke und ihre Fähigkeit, mit dem Reiter zusammenzuarbeiten, prämiert.

Pferd, oft Farmarbeiter oder indianische Stämme, umkämpft, die versuchten, den Korb zu greifen und dann zu ihrer Estancia zurückzubringen. Es konnte eine beliebige Zahl von Leuten mitspielen und alles war erlaubt, zum Beispiel, den Gegner mit dem Lasso einzufangen oder seinen Sattel zu kappen.

Die einzige Regel bestand darin, daß der Reiter, der in Besitz der Ente war, diese ausgestreckt in seiner rechten Hand halten und sie somit jedem Gegner anbieten mußte, der an ihn herankam. Solche Geplänkel endeten unweigerlich in einem hitzigen Tauziehen, in welchem die Reiter aus ihrem Sattel gerissen und oftmals totgetrampelt wurden. Die Regierung verbot zwar *Pato* im Jahr 1822, aber eine Gruppe von eifrigen

Pato

Pato , von einigen als Basketball zu Pferd beschrieben, ist eine der wenigen einheimischen Sportarten Argentiniens. Früheste Erwähnungen dieses Spiels gehen bis 1610 zurück, und wahrscheinlich wurde es noch viel früher gespielt.

Pato ist das spanische Wort für "Ente", und die Ente kam sicher sehr schlecht weg, als das Spiel entstand. Sie wurde in einen Lederkorb mit Griffen gesetzt und von zwei Mannschaften zu

Links: Fußball-Nationalheld Diego Maradona. Oben: Rugbybegegnung zwischen den *Pumas* und Frankreich.

Verfechtern ließ das Spiel 1937 wiederaufleben. Sie stellten eine Reihe von Regeln auf, verfeinerten die Sportart und gründeten 1938 einen eigenen Verband.

Heute wird *Pato* von Mannschaften von je vier Reitern gespielt, mit einem Korb an jedem Ende des Spielfelds (ähnlich dem im Basketball verwendeten Korb). Die unglückliche Ente wurde durch einen Lederball mit Griffen ersetzt, und Punkte werden erzielt, wenn der Ball durch den Korb geht. Obwohl es immer noch ein Spiel der Arbeiterklasse ist, hat *Pato* zunehmend an Beliebtheit gewonnen. Die alljährliche offene Meisterschaft findet jeden November in Buenos Aires statt.

Andere Reitsportarten

In einem Land, in dem es genügend Pferde gibt und die Pferdezucht ein großes Geschäft ist, sind Pferderennen und Schauspringen ebenfalls weit verbreitet. Rennbahnen gibt es in fast jeder Stadt, und außerhalb der Rennbahnen wird hoch gewettet, obwohl die Regierung die offiziellen Wettbüros beaufsichtigt. Die großen Rennen finden in Buenos Aires statt, oft im Jockey-Club des Vororts San Isidro.

Pferdeschauen werden in zahlreichen Clubs in Buenos Aires und anderen größeren Städten fast jede Woche von März bis Dezember abgehalten. Dieser Sport hat eine lange Tradition ebenso wie die Dressur, und nur die regelmäßige Ausfuhr

von Pferden der Spitzenklasse hat Argentinien davon abgehalten, internationales Format zu gewinnen.

Da private Sportclubs in Argentinien sehr beliebt sind - man muß entweder Mitglied oder Gast eines Mitglieds sein, um die Anlagen benützen zu können -, ist es schwierig, Pferde zu mieten. Die Ställe in Buenos Aires und Belgrano, die das anboten, haben geschlossen, und die meisten Pferde sind heute in Privatbesitz. Nur Ferienorte entlang der Atlantikküste bieten diese Möglichkeit einschließlich Unterricht und Ausritten mit Führern.

Für diejenigen, die ein wirkliches Abenteuer zu Pferd erleben möchten, gibt es eine Freizeit-

farm außerhalb von Bariloche, die Ausflüge zu den mächtigen Andenvorgebirgen anbietet.

Tennis

Tennis wurde in Argentinien seit dem vergangenen Jahrhundert gespielt, aber es ist - bis heute - hauptsächlich ein Spiel für die Mittel- und Oberschicht geblieben. Inspiriert durch das rasante Emporkommen von Guillermo Vilas, einem talentierten Tennisspieler, der in den 70-er Jahren internationalen Ruhm erlangte, hat das Tennis einen beispiellosen Boom erlebt.

Der stürmische, forsche Vilas gewann 1974 das Masters-Turnier und 1977 die U.S.-Open Meisterschaft und wurde ein internationaler Playboy. Romantisch liiert mit Frauen wie Prinzessin Caroline von Monaco und zahlreichen Hollywood-Stars, wurde Vilas als Held gefeiert.

Praktisch über Nacht wollte jeder Junge Tennisspieler werden. Die Zahl der Spieler stieg sprunghaft an, ebenso der Umsatz von Tennisschlägern, -bällen und -schuhen. Städtische und private Tennisplätze schossen in allen Vororten von Buenos Aires aus dem Boden und wurden von argentinischen Tennisspielern überflutet. Ein Produkt dieses Booms ist Gabriela Sabatini, der Teenager, der seit Mitte der 80-er Jahre als eine der besten Tennisspielerinnen neben Steffi Graf Schlagzeilen macht.

Obwohl nur wenige Spieler die Leistungen von Vilas und Sabatini erreicht haben, ist dieser Sport in Argentinien weiterhin sehr beliebt. Zahlreiche Tennisplätze können gemietet werden, und das 6500 Personen fassende Stadion des Rasentennisclubs von Buenos Aires ist für Spitzenspiele regelmäßig ausverkauft.

Rugby

Wie Fußball und Polo wurde auch Rugby von den Engländern nach Argentinien gebracht. Aber aus unerklärlichen Gründen faßte diese Sportart bis in die Mitte der 60-er Jahre keinen Fuß. Damals kamen die *Pumas* , die argentinische Rugby- Nationalmannschaft, durch eine Reihe internationaler Erfolge zu Ruhm. Wie Tennis, erfuhr auch dieser Sport ein schnelles Wachstum.

Heute zählt die argentinische Rugbymannschaft zu den besten der Welt, und Hugo Porta gilt als einer der besten Spieler überhaupt. Fast jede Provinz hat ihren eigenen Verein, und der Zuwachs an Mitgliedern ist immer noch beeindruckend. 55000 Fans kamen kürzlich zu einem Spiel zwischen Argentinien und Frankreich, während in den 60-er Jahren nur 15000 zu internationalen Spielen erschienen. In Zukunft werden die meisten internationalen Begegnungen in dem 76000 Zuschauer fassenden Monumentalstadion in Buenos Aires ausgetragen.

Cricket

Viele mag es vielleicht überraschen, daß ausgerechnet in Argentinien Cricket gespielt wird. Wie so manches ebenfalls von den Engländern importiert, blieb es zunächst auch in den ersten Jahrzehnten dieses Jahrhunderts im Besitz jener engen Gemeinschaft. Erst in jüngster Zeit haben auch andere Argentinier Interesse an dem Spiel gefunden.

Jachtsport

Argentinien hat mit die idealsten Segelbedingungen der Welt: mildes Klima, starke Winde und viele Seen, Flüsse und Stauseen. Jachtclubs gibt es den ganzen legendenumwobenen Río de la Plata entlang, wo man Segelboote, Surfbretter und Jachten mieten kann.

Skisport

Der Skisport erfreut sich zunehmender Beliebtheit, insbesondere seit in der Saison 1985/86 ein Weltcup in Argentinien stattgefunden hat.
Die beiden Hauptskizentren sind Bariloche (1700 km von Buenos Aires in der südlichen

Golf

Golf ist eine weitere Sportart, die - selbstverständlich auch wieder von den Engländern importiert - von den weiten Flächen und dem ausgewogenen Klima in Argentinien profitiert hat. Im ganzen Land gibt es inzwischen zahlreiche Golfclubs, unter anderem den angesehenen und noblen Jockey-Club in Buenos Aires und den malerisch gelegenen Golfplatz Mar del Plata an der Atlantikküste.

Links: Auch Dressurreiten hat seine Anhänger. Oben: Kombination von Fallschirmspringen und Skifahren.

Provinz Río Negro) und der neuere Skiort Las Leñas (1200 km entfernt in der westlichen Provinz Mendoza). Obwohl in Argentinien Schneefälle niemals vorhersagbar sind (während des bereits erwähnten Weltcups gab es auch zu wenig Schnee), ist die beste Skisaison im allgemeinen von Juni bis Oktober. Die Preise für die Skiausrüstung und die Entfernung der beiden Hauptskizentren haben jedoch dazu geführt, daß der Skisport in Argentinien elitär blieb.
Bariloche, das als die Schweiz Südamerikas bezeichnet wird, ist ein Ferienort, der mit seinem breitgefächerten touristischen Angebot, darunter Saunas, Restaurants und Nachtclubs, seinen europäischen Gegenstücken ebenbürtig ist. Las

Leñas ist noch nicht so sehr entwickelt, jedoch ziehen viele die dortigen Pisten vor. Keiner der beiden Orte ist billig, auch wenn man mit einem Pauschalurlaub die Kosten drücken kann.

Angelsport

Argentinien ist kreuz und quer von Flüssen und Seen durchzogen und besitzt über 4000 km Küste am Atlantischen Ozean. Deshalb ist es ein Paradies für Angler, und es gibt Fische wie Aale, Katzenwelse, Forellen, Lachse, Meerraben, Haie, Schwertfische, Seezungen, Alsen und Piranhas im Überfluß. Das ganze Jahr über kann man angeln in den argentinischen Küstenorten, von denen viele zwischen 300 und 500 km von

Buenos Aires entfernt sind. Mar del Plata ist ein ausgezeichneter Angelplatz, ebenso die nahegelegenen Ferienorte Laguna de los Padres und Laguna Brava, wo die Behörden die Gewässer regelmäßig mit Fischen besetzen und Boote zu mieten sind. Quequen Grande, am Necochea-Fluß, ist bekannt für seinen Forellenfischfang.

Lachse und Forellen gibt es auch in den Binnengewässern südlich von Buenos Aires, in den Provinzen Neuquen und Río Negro. Diese Regionen unterstehen jedoch der National-Verwaltung, weswegen man dort eine Angelerlaubnis benötigt.

Die malerische Stadt San Carlos de Bariloche, die schon als Skiort erwähnt wurde, liegt an den Ufern des Nahuel Huapi-Sees, einem der besten Forellen-Reviere in Argentinien. Vor kurzem wurde hier eine Forelle mit einem Rekordgewicht von 16 kg gefangen.

In San Martín de los Andes, nördlich von Bariloche, gibt es Angeltour-Veranstalter mit komplettem Service einschließlich Unterkunft und Ausrüstung sowie ausgebildeten Führern.

Bergsteigen

Das Gebirge der Anden, das entlang Argentiniens westlicher Grenze zu Chile verläuft, hat seit langer Zeit Bergsteiger aus der ganzen Welt angezogen. Das Hauptgebiet zum Bergsteigen ist die Provinz Mendoza, ungefähr 1300 km westlich von Buenos Aires, wo sich der fast 7000 m hohe Aconcagua als höchster Gipfel der westlichen Halbkugel erhebt.

Alljährlich erklimmen ihn zahlreiche Expeditionen, darunter Seilschaften aus der Bundesrepublik Deutschland, Italien, der Schweiz und den Vereinigten Staaten. Es gibt zehn anerkannte Routen, die den Berg hinauf führen, wobei die Nordroute die beliebteste ist.

Doch nicht jede Besteigung verlief erfolgreich. Seit Mathias Zurbriggen aus der Schweiz den Berg 1897 zum ersten Mal bezwang, haben mehrere Bergsteiger den Versuch mit dem Leben bezahlt und wurden auf einem Friedhof in Puente del Inca am Fuß des Aconcagua beigesetzt.

Der Tupungato-Gipfel (6500 m) in Mendoza ist auch schwierig; man kann ihn erreichen, indem man einen Teil des Weges mit Maultieren zurücklegt. Weniger anspruchsvoll sind die Andengipfel Catedral (5300 m), Cuerno (5500 m), Tolosa (5400 m), Cúpula (5700 m), Almacenes (5600 m) und Pan de Azúcar (5300 m).

Eine beliebte Bergkette ist der Cordón del Plata, knapp 80 km von der Stadt Mendoza entfernt. Hier gibt es recht einfache Bergtouren. Die Gipfel El Plata (6300 m), Negro (5800 m), Pico Bonito (5000 m), Nevado Excelsior (6000 m), Rincón (5600 m) und Vallecitos (5800 m) ziehen regelmäßig eine große Zahl von Wanderern aus dem In- und Ausland an. Weitere beliebte Gipfel liegen in den Provinzen San Juan, Río Negro, euquen und Santa Cruz. Der Fitz Roy (3400 m) in der Provinz Santa Cruz, wurde erst 1953 bezwungen, als die Europäer Lionel Terray und Guido Magnone seine Spitze erreichten.

Links: Angler mit einem Fang des kampflustigen *Dorados*. **Rechts: Kletterer in den Granitfelsen.**

WILDE WAISEN DER PAMPA

Der Gaucho ist eines der bekanntesten kulturellen Symbole Argentiniens. Dieser rauhe, zähe, berittene Viehhirte der Pampa, stolzer Bruder des nordamerikanischen Cowboys, wird in der argentinischen Kultur als perfekte Verkörperung der *Argentinidad*, des Nationalcharakters hochgehalten. Er wurde zum Mythos erhoben und in Vers und Prosa gefeiert. Man sagt ihm die Tugenden Stärke, Tapferkeit und Ehre nach.

Doch wie alle Elemente der Landesgeschichte sind der Gaucho und seine Kultur weiterhin heiß diskutiertes Thema in Argentinien. Einige sagen, der Gaucho sei als identifizierbarer gesellschaftlicher Charakter im späten 19. Jahrhundert verschwunden. Andere behaupten, daß es den Gaucho noch gebe, obwohl seine Welt in den vergangenen Jahrhunderten einem radikalen Wandel unterlag. Zwar kann man im ganzen Land immer noch Leute finden, die sich selbst Gauchos nennen, doch hat ihr Leben nur noch wenig Ähnlichkeit mit dem ihrer Vorfahren.

Waisen der Pampa

Das Gaucho-Leben entstand im 18. Jahrhundert in der Pampa, der weiten Grasebene des östlich-zentralen Südkegels. Über den genauen Ort ist man sich nicht einig. Was die Herkunft des Namens *Gaucho* angeht, so gibt es viele Theorien, die das Wort auf alle möglichen Sprachen zurückführen, angefangen beim Arabischen und Baskischen bis zum Französischen und Portugiesischen. Die glaubwürdigste Erklärung ist jedoch, daß das Wort gemeinsame Wurzeln in den indianischen Sprachen Ketschua und Araukanisch hat und eine Ableitung ihres Wortes für Waise ist. Es ist nicht schwer, sich vorzustellen, wie sich die Bezeichnung für Waise in einen Begriff für diese einsamen Figuren entwickelt hat, die von niemandem geliebt wurden.

Die ersten Gauchos waren meist Mestizen, also von spanisch-indianischer Abstammung. Wie die nordamerikanischen Cowboys hatten manche auch unterschiedliche Anteile afrikanischen Bluts, ein Erbe des Sklavenhandels.

Vorhergehende Seiten: Ein "Sonntags"-Gaucho stellt seinen Reichtum zur Schau. Links: Gauchos aus Salta mit ihrem steifen Lederschutz (*Guardamontes* **).**

Häute und Talg

Rinder und Pferde, die den frühen spanischen Siedlungen im 16. Jahrhundert entkommen waren, hatten sich im Lauf der Zeit zu riesigen, frei umherlaufenden Herden angesammelt, und diese waren die Grundlage für die Entstehung der Gaucho-Subkultur. Die Pferde wurden eingefangen und gezähmt und dann zum Einfangen der Rinder verwendet.

Rindfleisch hatte damals keinen großen Handelswert; es war mehr Fleisch vorhanden, als die geringe Bevölkerung Argentiniens verbrauchen konnte, und es gab noch kein Verfahren für den Export. Dieser Überschuß führte zu einer Verschwendung in großem Maße; das Zuviel an Fleisch wurde einfach weggeworfen.

Der hauptsächliche Wert der Rinder bestand in den Häuten und dem Talg, die unverderbliche Exportprodukte darstellten. Die ersten Gauchos verdienten sich ihren Lebensunterhalt durch den Verkauf dieser Produkte gegen Tabak, Rum und Mate; die Gauchos sollen sehr abhängig von diesem anregenden Teegetränk gewesen sein. Sie führten ein recht bescheidenes Leben mit geringen Ansprüchen. Die meisten besaßen nicht viel mehr als ein Pferd, einen Sattel, ein Poncho und ein Messer. Die Arbeit war nicht so hart, und Berichte der ersten Reisenden beschreiben die Gauchos als wilde, ungehobelte Vagabunden. Sie hatten jede Menge freie Zeit zur Verfügung, die sie hauptsächlich mit Trinken und Spielen verbrachten. Diese riskante Kombination führte oft zu einem dritten beliebten Zeitvertreib, dem Messerkampf. Die Stadtbevölkerung verfolgte diesen gewaltsamen Lebensstil mit Schrecken und Verachtung, doch der Haß beruhte auf Gegenseitigkeit. Die Gauchos verhöhnten die gezügelte, vornehme Lebensweise der *Porteños* .

Geschickte Reitkunst

In erster Linie war der Gaucho jedoch als Reiter berühmt, und das zu Recht. Man sagte, daß ein Gaucho ohne Pferd keine Beine habe. Fast sein gesamtes Tagewerk vom Baden bis zum Jagen verrichtete er hoch zu Roß.

Die ersten Gauchos jagten mit Lassos und *Boleadoras* , die sie von der indianischen Kultur übernahmen. Die *Boleadoras* bestanden aus drei

Stein- oder Metallkugeln, die am Ende von miteinander verbundenen Riemen befestigt waren. Von den Gauchos mit erstaunlicher Genauigkeit geworfen, brachte diese fliegende Waffe die fliehende Beute zu Fall.

In seinen Beschreibungen des argentinischen Lebens in den 30-er Jahren des vorigen Jahrhunderts berichtet Charles Darwin von seinen eigenen Versuchen, die Bolas zu werfen. Sie endeten damit, daß er nur sich selbst gefangen hatte, als sich ein Riemen in einem Busch verheddert und der andere sich um die Beine seines Pferdes verstrickt hatte - Anlaß zu viel Schelte und Gelächter der Gauchos.

Der große Stellenwert, den man der Reitkunst zuordnete, führte unvermeidlich zu Wettkämp-

ein Mann durch eine Reihe lassoschwingender Kameraden, die versuchen, sein Reitpferd zum Stolpern zu bringen. Ziel des Reiters war es, auf seinen Füßen zu landen und dabei die Zügel sicher in der Hand zu halten. Diese Art der Kontrolle war sehr praktisch auf dem offenen Flachland, wo verborgene Tierhöhlen eine ständige Strauchelgefahr darstellten.

Farmarbeiter

Die Lebensweise der Gauchos wandelte sich grundlegend, als immer größere Teile der Pampa in Privatbesitz kamen. Vom ausgehenden 18. Jahrhundert an wurden mächtige Herren aus Buenos Aires, oft im Zuge politischer Vettern-

fen. In einem Wettkampf, der *Sortija* , ritt ein Reiter in vollem Galopp mit einer Lanze in der Hand, um einen kleinen Ring zu erwischen, der von einem Balken herabbaumelte. Eine weitere Prüfung der Koordination und des Mutes war die *Maroma* ; ein Mann ließ sich von dem Tor eines Korrals fallen, während eine Herde wilder Pferde unter ihm hindurchgetrieben wurde. Ungeheure Kraft war erforderlich, um auf dem bloßen Rücken eines Pferdes zu landen, es unter Kontrolle zu bringen und zum Tor zurückzukehren.

Ein gutes Beispiel dafür, wie diese Wettbewerbe aus der Notwendigkeit heraus entstanden, Fähigkeiten für den täglichen Überlebenskampf zu entwickeln, ist der *Pialar* . In dieser Probe reitet

wirtschaft, große Ländereien zugewiesen. Die Gauchos mit ihrer anarchistischen Lebensart wurden als Hindernis für die Entwicklung des Landes betrachtet. Ihrem Lebensstil wurden zunehmend Beschränkungen auferlegt, um sie gefügig zu machen und in den Dienst der neuen Landbesitzer zu stellen.

Nicht nur das Land ging in Privatbesitz über, sondern ebenso die Rinder und Pferde, die darauf lebten, so daß sie von heute auf morgen für die freien Reiter unzugänglich wurden. Plötzlich betraten die Gauchos fremden Boden und wurden zu Viehdieben. Dadurch gerieten sie in eine ähnliche Lage wie die übriggebliebenen Indianerstämme des Tieflandes. Der zweifelhafte Ruf der

Gauchos wurde immer schlechter. Wenn sie in einer Gegend in Schwierigkeiten gerieten, ritten sie einfach weiter in eine andere, und nach und nach wurden sie immer weiter abgedrängt von besiedelten Gebieten.

Neue Ordnung

Angesichts eines solchen Interessenskonflikts mußte eine Lösung gefunden werden, und diese fiel, wie man sich denken kann, zugunsten der Landbesitzer aus. Das offene Prärieland wurde eingezäunt, und die nun entrechteten Gauchos wurden in die Dienste der Estancieros gestellt. Ihre Fähigkeiten wurden genutzt, um die Herden zusammenzutreiben, mit Brandzeichen zu verse-

erforderlich. Zusammen mit dem Wachstum der Landwirtschaft führte dies zu noch schwierigeren Zeiten für die Gauchos, und der Haß zwischen ihnen und den brauchbaren Neuankömmlingen nahm zu. Viele Gauchos konnten nur vorübergehend Arbeit auf den Estancias finden, und sie zogen von einem Ort zum anderen, versahen Vieh mit Brandzeichen oder schoren Schafe.

Im Laufe des 19. Jahrhunderts machte sich eine völlig neue Ordnung in der Pampa breit; der Gaucho hatte aufgehört, sein eigener Herr zu sein. Sein neuer Status als angeheuerter Farmarbeiter war nicht mit dem rebellischen Geist des Gauchos zu vereinbaren. Aber starke Kräfte arbeiteten gegen ihn. Die Landbesitzer hatten mächtige Freunde in der Hauptstadt, und die Po-

hen und zusammenzuhalten. Die Löhne waren jämmerlich niedrig. Die Gauchos bewahrten jedoch ihren Stolz. Sie verweigerten Arbeiten, die sie nicht im Sattel ausführen konnten, was als äußerste Erniedrigung galt. Arbeiten wie das Ausheben von Gräben, Ausbessern der Zäune und Pflanzen von Bäumen war den Einwanderern vorbehalten, die in steigender Zahl aus Europa kamen.

Mit der Errichtung der Stacheldrahtzäune wurden weniger Arbeiter zur Haltung der Herden

Links: Gaucho aus vergangener Zeit mit den typischen Steigbügeln. Oben: Zusammentreiben des Viehs in Corrientes.

litiker sahen in der Ordnung des Landlebens eine ihrer vordringlichen Aufgabe. Argentinien begann schließlich, seinen Platz unter den aufstrebenden Nationen einzunehmen, und das traditionelle Leben des Gauchos konnte nur als Hindernis auf diesem Weg betrachtet werden.

Informelle Armeen

Während der Gaucho keine unabhängige Bedrohung mehr darstellte, spielte er aber immer noch eine Rolle in der neuen Gesellschaftsstruktur der ländlichen Gegenden. In dem Maße, wie sich der Gaucho an das häusliche Leben gewöhnte, bildeten sich neue Bande der Loyalität zwischen dem Arbeiter und seinem Meister. Mächtige Caudillos gewannen die Kontrolle über große Teile des Hinterlandes mit Unterstützung ihrer Gauchos, die ihnen als Privatarmeen dienten.

Jahre der Bürgerunruhen folgten der Unabhängigkeit Argentiniens von Spanien, und erst als die Unitarier im späten 19. Jahrhundert die Oberhand gewannen, wurden die mächtigen föderalistischen Gruppen unter Kontrolle gebracht.

Gauchos wurden zu verschiedenen Zeiten zur Verteidigung der Zentralregierung eingesetzt. Diese geschickten Reiter wurden zum ersten Mal in den Armeen verwendet, welche die englischen Invasionskräfte 1806 und 1807 in die Flucht schlugen, und auf jeden Fall waren ihre Dienste von unschätzbarem Wert. Obwohl sie zwangs-

weise einberufen wurden, kämpften sie tapfer.

Das nächste Mal wurden Gauchoschwadronen im Krieg um die Unabhängig von Spanien verwendet, und wieder legten sie große Tapferkeit an den Tag. Der letzte Einsatz der Gauchos als organisierte Kraft in der argentinischen Armee war während der Wüstenkampagnen in den 80-er Jahren des 19. Jahrhunderts. Ironischerweise wurden die Gauchos, von denen viele gemischter indianischer Abstammung waren, dieses Mal dazu verwendet, die Indianerstämme auszurotten, die als Hindernis für die territoriale Expansion angesehen wurden. Die Kampagnen eröffneten neue weite Flächen für die Besiedlung; Gaucholieder aus dieser Zeit beklagen jedoch,

daß die Gauchos für dieses Ziel ihre Ehre aufs Spiel setzen mußten.

Las Chinas

Das Familienleben des Gauchos war nie sehr geregelt. Vermutlich waren die Frauen der ersten Lager Gefangene von Überfällen auf nahegelegene Siedlungen. Dieser primitive Diebstahl war vielleicht eine von den Gewohnheiten, die die Gauchos so unbeliebt bei den zivilisierten Argentiniern machten. Aber selbst als die Frauen freiwillig in die Pampa zogen, war das häusliche Leben eher informell. Kirchliche Eheschließungen galten als lästig und teuer, und die standesamtliche Trauung war die Norm.

Die *Chinas*, wie diese Frauen später genannt wurden, waren selten willkommen auf den Estancias, wo die Männer arbeiteten. Die wenigen, die zugelassen wurden, arbeiteten als Mägde, Ammen, Wäscherinnen und Köchinnen. Sie beteiligten sich auch an der Schafschur. Das häusliche Leben der *Chinas* spiegelte die primitiven Bedingungen auf den Estancias wider. Obdach bot eine strohgedeckte Lehmhütte. Hausrat wurde aus Knochen und Rinderschädeln hergestellt.

Schneidige Kleidung

Obwohl die Kleidung des Gaucho bequem und praktisch sein mußte, waren die Männer geborene Dandys, und ihr Kostüm trugen sie immer mit einem gewissen Flair. Der *Chiripá*, ein weites Stück Stoff, das zwischen die Beine gewunden wurde, war sehr geeignet zum Reiten. Es wurde oft mit langen gefransten Hosen getragen. Diese wurden später durch *Bombachas* ersetzt, Pluderhosen mit unten geknöpften Beinen, die in die Stiefel getragen werden konnten.

Obwohl Schusterstiefel mit Sohlen in späteren Jahren beliebt waren, wurden die ersten Stiefel aus einem einzigen Stück Leder selbstgefertigt, das vom Bein eines Pferdes abgezogen wurde. Die Haut wurde nach dem Fuß des Gauchos geformt, solange sie noch feucht war. Oft wurde die Spitze offen gelassen. Das hatte einen praktischen Grund, da die ersten Steigbügel nicht mehr als ein Knoten in einem hängenden Lederriemen waren. Der Reiter klemmte diesen Knoten zwischen den großen und den zweiten Zeh. Im Lauf der Zeit nahmen die Zehen eine ständig nach unten gebogene Form an und gaben dem Gaucho zusätzlich zu den O-Beinen eines professionellen Reiters eine unbeholfene Haltung beim Gehen.

Um seine Taille trug der Gaucho eine *Faja*, eine Wollschärpe, und eine *Rastra*, einen steifen Ledergürtel, der je nach Wohlstand des Mannes mit Münzen verziert war. Dieser Gürtel stützte den Rücken während der langen Stunden im Sattel. Hinten steckte zwischen diesen beiden Gürteln das *Facón*, der stolzeste Besitz des Gauchos nach seinem Pferd. Dieses Messer wurde den ganzen Tag benutzt zum Häuten, Kastrieren, Essen und zur Selbstverteidigung.

Die Ausstattung wurde ergänzt durch ein Halstuch, einen Hut, Sporen und eine Weste für besondere Gelegenheiten. Über all dem trug der Gaucho seinen Poncho, der ihm nachts als Decke und in einem Messerkampf als Schutz diente.

Der Sattel war ein mehrlagiges Polster mit

in der Kunst erhalten. Poesie und Musik waren bei den Gauchos immer beliebt gewesen, und der Dichter war eine angesehene Persönlichkeit innerhalb der Gemeinschaft.

Die Lieder, Geschichten und Gedichte der Gauchotradition, von denen viele im farbenreichen Dialekt verfaßt sind, handeln oft von den Themen der Liebe und der Sehnsucht, aber viele von ihnen sind hochpolitisch.

Eines der Meisterwerke der argentinischen Literatur ist das zweiteilige Epos *El Gaucho Martín Fierro* von José Hernandez. Das Werk wurde 1870 veröffentlicht und ist eine nachdrückliche Verteidigung der stolzen, unabhängigen Lebensweise der Gauchos und übt starke Kritik an den Kräften, die sich gegen ihn ver-

Riemen und geformtem Leder, auf dem zuoberst ein Schaffell lag, das das Reiten bequemer machte. In Gegenden, wo hohe Disteln wuchsen, wurden die *Guardamontes*, ein steifer Lederschutz für die Beine, verwendet. Die *Rebenque*, eine schwere geflochtene Lederpeitsche, wurde immer in der Hand getragen.

Martín Fierro

In dem Maße, wie der traditionelle Lebensstil des Gaucho in der Realität verschwand, wurde er

Links: *Sortija*-Wettberwerb. **Oben:** Strenge Prüfung eines Gauchos.

schworen, um ihn zu demütigen: von habgierigen Landbesitzern zu korrupten Polizisten und zwangsweise verpflichteten Beamten. Ein zweites Werk, *Don Segundo Sombra* von Ricardo Güiraldes, erschien 1926 und rief den verlorenen Teil des Nationalerbes in Erinnerung, den der Gaucho verkörperte.

Ironischerweise dienten diese Gedichte und Erzählungen dazu, die Gestalt des Gauchos aufzuwerten. Aber all diese Bemühungen waren nicht genügend und kamen nicht rechtzeitig genug, um ihn zu retten. Der freie Reiter der Pampa wurde ein Mythos, ein Volksheld, umwoben von Sentimentalität und Patriotismus in einer Nation, die nach kulturellen Sinnbildern suchte.

Gauchos, Paisanos, Peones

Obwohl die traditionelle Geschichtsschreibung vom Ende des Gauchos im ausgehenden 19. Jahrhundert spricht, ist heute dennoch viel von seiner Kultur in Argentinien erhalten. Während der sinkende Bedarf an Arbeitskräften auf dem Land zahlreiche Gauchos zwang, in den Städten zu arbeiten, blieben jedoch auch viele auf den Estancias.

Wo immer es in Argentinien Rinder- und Schaffarmen gibt, findet man Arbeitskräfte, die die groben Arbeiten des Zusammentreibens und Brandmarkens verrichten. Die meisten arbeiten für einen geregelten Lohn, doch es gibt immer noch umherziehende Arbeiter, die Zäune ausbes-

sern und Schafe scheren. Während sich viele dieser Leute selbst als Gauchos bezeichnen, hat die Tätigkeit des Farmarbeiters in verschiedenen Regionen des Landes unterschiedliche Namen angenommen. Manchmal heißen sie *Paisanos* , manchmal *Peones* . Diese Viehhirten sind immer noch auf den Estancias der Pampa anzutreffen, jedoch immer weiter weg von Buenos Aires. Ein Teil ist auf riesigen Viehbetrieben mit Tausenden Hektar Land beschäftigt, während andere auf kleinen Familienfarmen arbeiten, vom rauhen Buschland des Nordwestens bis ins patagonische Tiefland.

Wie die ursprünglichen Gauchos sind viele dieser Leute Mestizen. Im allgemeinen stammen sie im Nordosten von dem Indianerstamm der Guaraní ab, und in Patagonien sind es Araukaner, die auf den Farmen arbeiten. Im Laufe der Jahre haben sie sich jedoch mit allen möglichen Völkern vermischt. Trotz regionaler Unterschiede in der Namensgebung, Kleidung und Herkunft teilen diese Menschen eine Tradition, die sie alle im Geist zu Gauchos macht, nämlich die hervorragende Reitkunst. Der ganze Stolz eines Gauchos ist immer noch sein Pferd, und wie früher besitzt er immer noch nicht viel mehr, außer seinem Sattel, seinem Poncho und seinem Messer.

Die niedrigen Löhne und schlechten Lebensbedingungen haben diese Arbeiter weiterhin in andere Beschäftigungen getrieben. In den letzten Jahren haben viele in Wasserkraftwerken gearbeitet und sind dann in die Städte abgewandert, statt zu dem harten Leben auf der Estancia zurückzukehren.

Das Rodeo

Der Besucher wird für eine kleine Erkundungstour auf den Nebenstraßen Argentiniens belohnt werden, denn dort findet er immer noch die Gauchos bei der Arbeit. Bei dem Besuch einer Estancia sieht er vielleicht einen *Domador* , der Pferde zureitet, oder Männer, die mit halsbrecherischer Geschwindigkeit und fliegenden Lassos reiten. In kleinen Städten kann man anhalten, um in der örtlichen *Boliche* oder *Pulpería* etwas zu trinken, wo sich Männer nach einem harten Arbeitstag zum Karten- oder Glücksspiel versammeln.

Eines der größten Erlebnisse ist es, einem Rodeo zuzusehen. Einige Rodeos sind große organisierte Veranstaltungen, eine Fiesta mit Essen, Tanzen und traditionellen Liedern. O-beinige Männer, mit ihren schönsten Hüten, den *Bombachas* und Halstüchern, mit den *Chinas* an ihrer Seite, kommen bei diesen Feiern zusammen. Wenn man Glück und Gespür dafür hat, kann man in den Dörfern des Hinterlandes etwas informellere Rodeos finden, wo die Gauchos kilometerweit her kommen, um in harten Prüfungen ihr Können und ihre Tapferkeit unter Beweis zu stellen. Zwischen Staub und feurigem Geschrei sieht man Gauchos, die mit dem Lasso Vieh einfangen - mit derselben Begeisterung und demselben Stolz wie einst ihre Vorfahren.

Oben und rechts: Gauchitos und Gauchos mit den typischen Ponchos des Nordwestens.

PRAKTISCHE HINWEISE

EINREISE

Mit dem Flugzeug

Ezeiza Internacional (EZE) ist der Ankunftspunkt für alle Flüge aus dem Ausland. Er liegt etwa 30 Fahrminuten vom Zentrum der Hauptstadt Buenos Aires entfernt. Es gibt jedoch noch einen anderen Flughafen, der im Stadtgebiet liegt: **Jorge Newberry**. Er wird überwiegend für Inlandsflüge und für Flüge zu und von den Nachbarländern genutzt. Folgende internationale Fluggesellschaften fliegen Argentinien u.a. an: Aerolineas Argentinas, Aeroflot, Air France, Avianca, Canadian Pacific, Eastern, Iberia, Lan Chile, Lufthansa, Varig, V.I.A.S.A. Inlandsflüge kann man buchen bei Austral, Aerolineas Argentinas, Lapa und Pluna.

Mit dem Schiff

Nur wenige Kreuzfahrtschiffe kommen nach Buenos Aires, darunter die *MS Eugenio* und *MS Enrico* der Linea C (zwischen Dezember und März). Die Epirotiki-Linie schickt ihre *MS Pegasus* (zwischen Dezember und April). Antartur Lines bietet Kreuzfahrten von Ushuaia nach Feuerland und in die Antarktis an, jedoch nur im Januar.

Auf dem Landweg

Nur die wenigsten Touristen werden auf dem Landweg einreisen. Für den Abenteurer ist dies jedoch möglich, sei es mit dem Bus, dem Zug oder dem Auto. Linienbusse verkehren von Chile, Bolivien, Paraguay, Uruguay und Brasilien aus. Große Überlandbusse haben Klimaanlagen. Aber der Reisende sollte immer bedenken, in welchem Teil der Welt er sich befindet. Vorsicht ist angebracht. Per Bahn kann man nur von Bolivien aus einreisen. Innerhalb Argentiniens reist es sich mit dem Zug sehr preiswert und effektiv. Der Service ist gut. Touristen können in Argentinien auch mit dem Auto fahren. Die meisten Straßen sind asphaltiert, aber fahren Sie vorsichtig! Es gibt Geschwindigkeitsbegrenzungen. Der **Automobil-Club von Argentinien** mit Sitz in Buenos Aires (Avenida Libertador 1850,

Tel.:802-6061/7061) ist sehr hilfreich, und man kann sich dort Kartenmaterial und nützliche Informationen besorgen.

Reiseformalitäten

Bei der Einreise muß ein gültiger Reisepaß vorgelegt werden. Die bei Ankunft erteilte Aufenthaltsgenehmigung gilt für drei Monate. Sie kann bei der Einwanderungsbehörde (Dirección Nacional de Migración) um weitere drei Monate verlängert werden, wobei das Rückreiseticket vorgezeigt werden muß. Ein Dauervisum, das ein Jahr gültig ist und während dieser Zeit eine unbegrenzte Zahl von Ein- und Ausreisen erlaubt, kann man vor Reiseantritt bei der zuständigen argentinischen Botschaft erhalten.

ERSTE ORIENTIERUNG

Grunddaten

Offizieller Name: República Argentina
Hauptstadt: Buenos Aires
Bevölkerung: 31 Millionen
Landessprache: Spanisch
Religion: Römisch-katholisch
Staatsform: Föderale Republik (24 Provinzen) mit dem Kongreß (Senat und Abgeordnetenhaus) als Legislative und einem Präsidenten als Staatsoberhaupt.

Währung

Die argentinische Währung ist der **Austral.**. Er ersetzt seit Juni 1985 den *Peso Argentino* im Verhältnis 1:1000. Es gibt einen offiziellen und einen inoffiziellen Umtauschkurs. Hierüber sollte man sich bei Ankunft informieren, um möglichst den günstigeren Kurs zu bekommen. Beide Wechselkurse erscheinen täglich in den Zeitungen. Reiseschecks werden meist überall angenommen, wobei die Wechselstuben (*Casa de Cambio*) gewöhnlich den etwas ungünstigeren offiziellen Kurs berechnen. Kreditkarten sind in den meisten Hotels, Restaurants und Läden gebräuchlich, aber immer unter Anwendung des offiziellen Wechselkurses.

Klima

Der größte Teil Argentiniens liegt in der gemäßigten Klimazone der südlichen Hemisphäre. Der Nordosten ist sehr feucht und subtropisch. Der Nordwesten ist tropisch, hat aber einen milden Winter. Die Pampas liegen in gemäßigtem Klima, wobei in der sog. Feuchten Pampa (Provinz Buenos Aires, Teile der Provinzen Córdoba und La Pampa) wesentlich mehr Regen fällt als in den Anden-nahen Pampa-Gebieten. Im Süden des Landes herrschen kältere Temperaturen, und es regnet viel das ganze Jahr über. In Buenos Aires sind die Sommermonate (Januar bis April) sehr heiß, und viele Bewohner verlassen die Hauptstadt nach Weihnachten, um sich an den Stränden und in den Bergen zu erholen. Im Januar und Februar ist die Stadt fast leer. Der Winter ist dagegen sehr angenehm, denn das Thermometer fällt zwar nicht drastisch nach unten, gibt aber dennoch den Damen Gelegenheit, ihre schönen Pelze zu tragen...

Öffnungszeiten und Feiertage

Im allgemeinen sind die Geschäftszeiten von Montag bis Freitag zwischen 9 und 18 Uhr, die Banken öffnen von 10 bis 15 Uhr. Einkaufen kann man von 9 bis meist 19 Uhr. In einigen Landesteilen machen die Läden eine Mittagspause von 13 bis 16 Uhr.

Alle Regierungsstellen und Banken bleiben geschlossen an nachstehenden offiziellen Feiertagen:

Neujahrstag . . . . 1. Januar
Karfreitag
Tag der Arbeit . . . . 1. Mai
Jahrestag der Mairevolution . . . . 25. Mai
Malvinas-Tag . . . . 10. Juni
Tag der Nationalflagge . . . . 20. Juni
Unabhängigkeitstag . . . . 9. Juli
Todestag von General San Martín . . 17. August
Kolumbus-Tag . . . . .12. Oktober
Weihnachten . . . . 25. Dezember

Maße und Gewichte

Es gelten dieselben Maße und Gewichtseinheiten wie in Westeuropa.

Elektrizität

Die Stromspannung beträgt in ganz Argentinien 220 Volt. Es gibt allerdings z.T. unterschiedliche Steckdosen, so daß man einen Adapterstekker mitnehmen sollte.

Kleidung

Beim Einkauf gelten die europäischen Größen. Im allgemeinen kleidet man sich in Argentinien recht formell, vor allem in den Wintermonaten. Da Buenos Aires eine sehr mondäne Stadt ist, ist man hier sehr modebewußt und trägt den letzten europäischen Schick. Zum Abendessen zieht man sich überlicherweise gut an. Der Argentinier wird immer einen Anzug oder wenigstens ein Sport-Jackett mit einer Krawatte tragen. Die Damen sind immer elegant gekleidet.

Touristeninformation

Auskünfte über die Hauptstadt oder das ganze Land können in den verschiedenen Touristenbüros in Buenos Aires eingeholt werden. Die wichtigsten Stellen sind:

Cámara de Turísmo
Tucumán 1610, 3. und 6. Stock
Tel.: 40-5108, App. 13

Dirección Nacional de Turismo
Santa Fe 883 (Mo-Fr von 10-19 Uhr)
Tel.: 312-2232/5550

Dirección de Turísmo para Buenos Aires
Sarmiento 1551, 4. Stock
Tel.: 46-1251

Entlang der **Avenida Florída** in Buenos Aires, einer weitläufigen Fußgängerzone, gibt es weitere Touristeninformationsstellen. An diesen Ständen kann der Reisende Straßenkarten der Stadt erhalten sowie eine zweisprachige (spanisch und englisch) Zeitung mit Informationen für Touristen, die *Buenos Aires Times*. In ihr sind alle Veranstaltungen in der Stadt aufgeführt, sowie weitere einschlägige Informationen. Die Broschüre *Where*, die in den meisten Hotels ausliegt, enthält außerdem eine ausführliche Auflistung der Restaurants sowie der Einkaufs- und Vergnügungsmöglichkeiten.

Die argentinischen Provinzen sind mit eigenen Informationsbüros in Buenos Aires vertreten. Dort kann man Prospekte zu speziellen Attraktionen und Veranstaltungen sowie Listen der Hotels und Restaurants bekommen. Alle diese Büros liegen in der Innenstadt und können leicht aufgesucht werden.

Provinzbüros

Buenos Aires
Av. Callao 237
Tel.: 40-7045
Catamarca
Córdoba 2080
Tel.:46-6891/94
Chaco
Av. Callao 322,1. Stock
Tel.:45-0961/3045
Chubut
Paraguay 876
Tel.: 312-2262/2340/4333
Córdoba
Av. Callao 332
Tel.: 394-7432/7418/0859/7390
Entre Ríos
Pte. Perón 451, 4. Stock
Formosa
H. Yrigoyen 1429
Tel.: 37-1479/3699
La Pampa
Suipacha 346
Tel.: 35-0511/6797/1145
Jujuy
Av. Santa Fe 967
Tel.: 396-1295/3174/6096
La Rioja
Av. Callao 745
Tel.: 44-1662/1339, 41-4524
Mendoza
Av. Callao 445
Tel.: 40-6683, 46-1105
Misiones
Av. Santa Fe 989
Tel.: 393-1615/1812/1343/1714
Neuquen
Pte. Perón 687
Tel.: 49-6385, 46-9265
Río Negro
Tucumán 1920
Tel.: 45-9931/7920/2128
Salta
Maipú 663
Tel.: 392-5773/6019
San Luis
Azcuenaga 1083
Tel.: 83-3641
San Juan
Maipú 331
Tel.: 45-1698/3797, 45-6384
Santa Cruz
Av. Córdoba 1345, 14. Stock
Tel.: 42-0381/0916, 42-1169/1116

Santa Fé
25 de Mayo 358
Tel.: 312-4620/0394/5160
Santiago del Estero
Florída 274
Tel.: 46-9398/9417
Tierra del Fuego (Feuerland)
Sarmiento 747, 5. Stock
Tel.: 40-1995/1881/1791
Tucumán
Bme. Mitre 836, 1. Stock
Tel.: 40-2214

Post und Telefon

Die Hauptpost ist in der Straße Sarmiento 189 und geöffnet von Montag bis Freitag, 9 bis 19.30 Uhr. Weitere kleine Postämter gibt es in der ganzen Stadt. Hotels sind aber ebenso eine gute Quelle für Briefmarken und Informationen. **Telegramme** können auf jedem Postamt aufgegeben werden aber auch telefonisch durch das ENCOTEL-System: Für Inlandstelegramme ist die Nummer 33-9221/35 anzuwählen, für Telegramme ins Ausland die Nummer 33-9251/60. In den meisten größeren Stadthotels gibt es ein Telexgerät. Falls man dieses jedoch nicht benutzen kann, gibt es in den folgenden ENTEL-Büros **Telexmöglichkeiten**:

San Martín
San Martín 332, Mo-Fr von 8 bis 20 Uhr.
Ezeiza Flughafen
Täglich von 9 bis 22 Uhr.
Once
Am Bahnhof Mo-Fr von 9 bis 19.30 Uhr.
República
Corrientes 707, durchgehend.
Catedral
Peru 1, Mo-Fr von 7 bis 22 Uhr.
und Sa von 7 bis 13 Uhr.

Das Telefonieren in Buenos Aires ist ein unvergeßliches Erlebnis. Der Telefonbenutzer muß mit Mut, aber vor allem mit einer gehörigen Portion Geduld gewappnet sein. Das Telefonsystem ist eine Katastrophe. Doch irgendwie kommen die Anrufe durch. Die meisten Reisenden werden die Telefonapparate in ihren Hotelzimmern benutzen. Für diejenigen, die sich auf das Abenteuer eines Anrufs von einem öffentlichen Telefon aus einlassen wollen, hier einige Hinweise: Einige öffentliche Telefonzellen sind gelb-grüne und birnenförmige Stände an den Straßen, in öffentlichen Gebäuden, Busstationen und in einigen Bars und Restaurants die anderen sind orangefarben und in den meisten *Confiterias* und Restaurants zu finden. Vor dem Telefonieren muß man Wertmarken oder *Cospeles* an einem *Kiosco* (Stände mit Zigaretten und Süßigkeiten, die überall in der Stadt zu finden sind) oder an der Kasse in Restaurants und Bars kaufen. Diese *Cospeles* ermöglichen im allgemeinen, zwei Minuten lang zu sprechen. Die Sprechdauer hängt jedoch von der Tageszeit ab, in der der Anruf gemacht wird. Die Wertmarken werden auch *Fichas* genannt. Viel Glück damit! Auslandsgespräche können vom Hotelzimmer aus bei der internationalen Vermittlung (*Operadora internacional*) oder bei den ENTEL-Büros angemeldet werden.

Zeitungen, Radio, Fernsehen

In Buenos Aires gibt es mehrere Tageszeitungen, *La Nación*, *Clarín* und *Ambito Financiero*. Auch eine englische Zeitung, der *Herald*, wird hier herausgegeben. In der ganzen Stadt findet man Zeitungsstände, wo diese und einige ausländische Zeitungen sowie viele internationale Zeitschriften erhältlich sind.

Das Fernsehen ist in Argentinien ein beliebter Zeitvertreib, wie heute fast überall auf der Welt. Es gibt fünf Sender sowie Kabelfernsehen. Die meisten Programme werden in den USA eingekauft, einige in Europa. Hausgemacht sind dramatische Familienserien sowie rührselige Fernsehspiele, die an Nachmittagen gesendet werden und sehr beliebt sind.

Die Radiosender bieten eine Vielzahl von Programmen an. BBC kann von 17 Uhr bis etwa 12.30 Uhr empfangen werden. Einige Sender legen gern internationale Top-Hits, argentinische Tango-Musik und interessante Sprechprogramme auf.

REISEN IN ARGENTINIEN

Flugverkehr

Inlandsflüge werden von den nationalen Fluggesellschaften *Austral*, *Aerolineas Argentinas* und *Lade* bedient. Abgewickelt werden sie über den Flughafen **Jorge Newberry**, auch **"Aeroparque"** genannt. Für Touristen, die mehrere argentinische Städte besuchen wollten, gibt es zwei spezielle, vergünstigte Rundflugtickets: "Visit Argentina I" und "Visit Argentina II".

Visit Argentina I

Dieses Ticket kostet 290 US-Dollar und kann nur benutzt werden von Touristen und anderen Leuten, die nicht im Lande wohnen. Es ist das ganze Jahr über erhältlich und erlaubt Landungen in allen Städten, die die jeweilige Fluggesellschaft anfliegt. Ein Wechsel der einmal gewählten Gesellschaft ist nicht möglich. Jede dieser Städte kann nur einmal besucht werden. Das Ticket gilt 30 Tage lang, gerechnet vom ersten Flugtag an. Dieses Ticket kann in Europa oder aber vor Ort gekauft werden.

Visit Argentina II

Dieses Ticket kostet 199 US-Dollar und kann ebenfalls nur von Touristen und Nichtansässigen benutzt werden. Im Unterschied zu Nr. I können hier nur drei Ziele angeflogen werden, die nicht mit dem Ausgangs- und Endflughafen identisch sein dürfen. Das Ticket kann das ganze Jahr über erstanden werden, es gilt allerdings nur 14 Tage lang, vom ersten Flugtag an gerechnet. Ein Wechsel der Fluggesellschaft ist nicht erlaubt. Der gewählte Flugplan kann nach dem Ausstellen des Tickets nicht mehr geändert werden. Dieses Flugticket **muß** außerhalb Argentiniens gekauft werden.

Mit dem Bus unterwegs

Mit den *Stadtbussen* kommt man in Buenos Aires gut zurecht. Sie sind ein sehr effektives und dazu äußerst billiges Massenverkehrsmittel. Jedoch sollte man sie nicht während der Stoßzeiten benutzen, da man sich sonst in endlose Warteschlangen einreihen muß. Jeder Stadtteil kann per Bus erreicht werden. Ein dichtes Netz von Haltestellen überzieht die Stadt. Die Busnummer und die Endstation sind deutlich angegeben.

Die *Überlandbusse* fahren von Busbahnhöfen (Terminal de Autobuses) ab. In Buenos Aires gibt es einen sehr großen und modernen Busbahnhof in **Retiro**. Informationen über die Zielorte erteilen dort die verschiedenen Busgesellschaften. Da die Langstreckenbusse - vor allem während der Urlaubszeiten - schnell ausgebucht sind, empfiehlt es sich, die Fahrkarte rechtzeitig im voraus zu besorgen.

Zugverbindungen

Die Eisenbahn ist in Argentinien zwar etwas langsamer, dafür aber sicherer und noch preiswerter als die Busse. Es gibt in Buenos Aires zwei große Bahnhöfe, **Retiro** und **Constitución**.

Von hier aus verkehren sehr viele Züge in die Vororte der Hauptstadt, aber auch ins Landesinnere. Informationen über die Bahnstrecken erhält man in Reisebüros oder in den Büros der **Ferrocarriles Argentinos** (Argentinische Eisenbahngesellschaft), Av. Florída 735, Tel.: 3116411.

Die U-Bahn

Das U-Bahn-System **SUBTE** ist die schnellste und billigste Art, in der Hauptstadt herumzukommen. Die Fahrten dauern nie länger als 25 Minuten, und die Wartezeiten betragen etwa drei bis fünf Minuten. Die Kunstwerke, die man in einigen Stationen sehen kann, sind einzigartig. Viele dieser Kachelbilder wurden zu Beginn des Jahrhunderts und in den 30-er Jahren in Majolika-Technik von Kunsthandwerkern in Spanien und Frankreich geschaffen.

Taxis

Die Taxis sind schon von weitem gut erkennbar, sie sind schwarz mit einem gelben Dach und verkehren den ganzen Tag über (24- Stunden-Service). Jeder Taxometer registriert eine Nummer, die einem bestimmten Betrag auf einer Liste entspricht. Es ist gesetzlich vorgeschrieben, daß diese dem Passagier gezeigt wird. Es ist ratsam, beim Bezahlen aufzupassen, daß der geforderte Betrag korrekt ist und das Wechselgeld stimmt. Es sind Fälle vorgekommen, in denen Touristen durch schnelles Abfertigen über's Ohr gehauen wurden, da sie mit der Sprache und Währung nicht vertraut waren. Ein kleines Trinkgeld ist üblich.

Autovermietung

Remises sind Privatwagen mit Fahrern, die stundenweise, für Ausflüge, für ganze Tage oder längere Zeit gemietet werden können. Sie sind teurer als Taxis. Eine Liste dieser Mietwagen findet man im Telefonbuch oder an den jeweiligen Hotelrezeptionen.
Autos für Selbstfahrer können direkt am Flughafen gemietet werden. Im folgenden sind einige der bekannteren Autoverleih- Firmen aufgelistet:

Avis
Suipacha 268, 7. Stock
Tel.: 45-1943
Belgrano Star
Ciudad de la Paz 2508 Belgrano
Tel.: 781-5802

Fast Rent
Uruguay 328, 1. Stock
Tel.: 40-0220
Hertz
Esmeralda 985
Tel.: 312-6832
Liprandi
Esmeralda 1065
Tel.: 311-6832
Nacional Car Rental
Esmeralda 1084
Tel.: 312-4318, 311-3583
Rent A Car
M.T. de Alvear 678
Tel.: 311-0247
Serra Lima
Córdoba 3100
Tel.: 821-6611/84

Fähren

Ein Übersetzen nach Uruguay auf der Fähre ist eine preiswerte, angenehme und unterhaltsame Reise. Die bekanntesten Fährgesellschaften sind: Ferrytur, Florída 780, Tel.: 394-2103/5336/5431; Aliscafos, Av. Córdoba 787, Tel.: 392- 4691/2473/0969/2672; Tamul, Lavalle 388, Tel.: 393-2306/1533, 362-8237. Andere Gesellschaften können durch ein Reisebüro kontaktiert werden.

UNTERNEHMUNGEN

Die Argentinier sind sehr kulturbeflissen. Deshalb gibt es ein breites Angebot an Museen, Galerien, Theatern, Buchläden und öffentlichen Büchereien. Bei einem Besuch von Buenos Aires sollte man sich die hier aufgezählten Attraktionen nicht entgehen lassen.

Museen

Museo de Arte Decorativo: Zeigt Kunstgegenstände aus der Zeit zwischen dem 15. und 19. Jahrhundert und ist in einem Palast aus der Jahrhundertwende untergebracht. Av. Libertador 1902. Geöffnet Mi- Mo von 15 bis 19 Uhr. Tel.: 802-0912.
Museo de Bellas Artes: In 34 Sälen sind hier mehr als 300 Gemälde ständig ausgestellt. Neben

BUENOS AIRES — THE SUBWAY

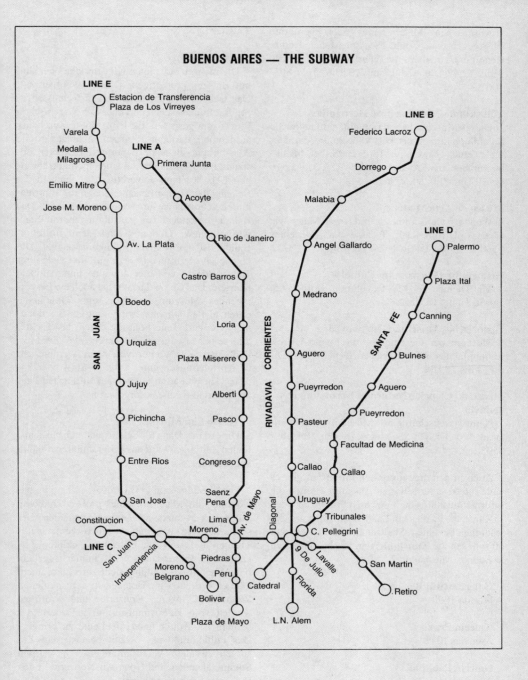

argentinischen Malern sind auch berühmte Werke von Van Gogh, Picasso, Manet, Rodin, Renoir u.a. zu sehen. Av. Libertador 1437. Di-So, 9 bis 12.45 Uhr und 15 bis 19 Uhr. Tel.: 803-4062.

Volkskunde-Museum José Hernández

Dieses Museum beherbergt eine umfangreiche Sammlung argentinischer Volkskunst, darunter viele Gaucho-Artefakte, Töpferei, Silber, Musikinstrumente usw. Av. Libertador 2373. Mo- Fr 10 bis 20 Uhr. Tel.: 802-9967.

Museo de Arte Moderno

Wundervolle Sammlung moderner Maler wie Matisse, Utrillo, Dali, Picasso u.a. Corrientes 1530, 9. Stock. Di-So 16 bis 20 Uhr.

Historisches Museum im Cabildo

Mit Themen der Mai-Revolution. Bolivar 65. Do-So 14 bis 18 Uhr.

Historisches Museum Gen. Saavedra

Museum der Geschichte von Buenos Aires. Republiquetas 6309, Ecke Av. General Paz. Di-So 14 bis 18 Uhr.

Museo de Ciencias Naturales Bernadino Rivadavia

Naturwissenschaftliches Museum. Angel Gallardo 470. Di, Do-So 14 bis 18 Uhr. Tel.: 89-6595.

Auch in den argentinischen Provinzen gibt es viele interessante Museen. Auskunft erteilen die Informationsbüros der einzelnen Provinzen.

Kunst ist in diesem Land hoch im Kurs. So stößt man bei einem Stadtrundgang auf viele und oft sehr schöne **Kunstgalerien**. Die bekanntesten in Buenos Aires sind:

Galeria Ruth Benzacar

Florída 1000

Galeria Praxis

Arenales 1311

Galeria Palatina

Arroyo 821

Aber wenn Sie Zeit zum gemütlichen Schlendern haben, dann gehen Sie auch durch die Seitenstraßen, wo Sie vielleicht in dem einen oder anderen reizvollen alten Gebäude auf interessante Ausstellungen stoßen.

Theater

Teatro Colón

Die meisten bekannten Künstler der Welt sind mit diesem großartigen Theater wohlvertraut. Das Gebäude ist im italienischen Renaissance-Stil mit französischen und klassisch-griechischen Einflüssen gestaltet. Es kann 3500 Zuschauer aufnehmen, darunter 1000 auf Stehplätzen. Die Akustik gilt als nahezu perfekt. Beliebter Bestandteil der Theatersaison sind Opernaufführungen. Als Luciano Pavarotti 1987 hier in *La Bohème* die Titelpartie sang, waren die Eintrittskarten schon lange im voraus ausverkauft. Das Ballett, besonders bei Aufführungen mit Stars wie Nurejew, Godunov und dem Bolschoi-Ballett, ist ein weiterer Publikumsmagnet. Die eigene Theatertruppe ist sehr gut, und viele ihrer Tänzer starten von hier aus eine internationale Karriere. Das Colón-Theater hat auch ein hervorragendes Museum, in dem seine Geschichte durch alle möglichen Erinnerungsstücke dokumentiert wird. Eine Führung durch das Theater und sein Museum ist ein anregendes Erlebnis, muß allerdings vorher vereinbart werden, am besten telefonisch unter Tel.: 35-5114 oder 35-5116. Theaterkarten können am Kartenstand auf der Libertad-Straße besorgt werden.

Teatro San Martín

Dies ist das Haus für Schauspiel und Musicals. In den Zeitungen wird das Programm regelmäßig angekündigt.

Die Theatersaison in Buenos Aires beginnt gewöhnlich im März mit einer großen Zahl von Stücken verschiedener Genres für jeden Geschmack. Die Argentinier sehen gerne gutes Theater und sind ein kritisches Publikum. Irgendetwas Interessantes wird immer gegeben. Falls Sie mit der Zeitung nicht zurechtkommen, können Sie auch im Hotel nach dem aktuellen Programm fragen. Konzerte und Vorträge werden vom Kultusministerium gefördert, das bemüht ist, Kultur unter die Leute zu bringen. Das Publikum dankt es mit begeistertem Zuspruch zu allen Veranstaltungen. An warmen Sommerabenden sind Open-Air-Konzerte in den Parks der Stadt sehr beliebt.

Kino

Der Kinobesuch ist eine weitere beliebte Abendunterhaltung der Argentinier. Es werden immer die neuesten argentinischen und internationalen Filme gezeigt. Der Preis für eine Kinokarte ist im Vergleich zu anderen Ländern sehr günstig. Das Programm ist den Lokalzeitungen zu entnehmen.

Einkäufe

Zunächst möchten wir Ihnen einige allgemeine Hinweise geben, bevor wir Sie auf eine Reihe guter Fachgeschäfte hinweisen. Es gibt in Buenos Aires zwei Hauptgeschäftsstraßen. Die bekannteste und "touristischste" ist die Avenida Florída. Alles, was der Durchschnittstourist zu kaufen begehrt, kann er hier finden. Die zweitwichtigste Shopping-Straße ist die Avenida Santa Fé mit vielen Einkaufsgalerien zu beiden Strassenseiten, die ebenfalls mit einem vielseitigen Angebot aufwarten. Die exklusivsten und teuersten Boutiquen findet man im Stadtteil Recoleta, in den Avenidas Alvear, Quintana, Ayacucho und einigen kleinen Seitenstraßen. Die Antiquitätenläden sind exquisit - aber auch die Preise! Mehr über Antiquitäten siehe unten.

Die guten Schmuckläden sind am Anfang der Avenida Florída und in der Av. Alvear zu finden. Der weltberühmte Juwelier Stern hat sein Geschäft in der Lobby des Sheraton-Hotels.

Die Bekleidungshäuser konzentrieren sich im Stadtteil Once, der mit dem Taxi zu erreichen ist.

Buenos Aires hat auch eine Reihe von Fabrik-Verkaufsstellen, in denen gute Qualität in größerer Auswahl angeboten wird - und vor allem zu sehr vernünftigen Preisen! Die Hauptstädter sind mit diesen Einkaufsmöglichkeiten vertraut und ziehen sie den Läden vor. Der einzige Nachteil ist, daß die Fabriken normalerweise weit vom Zentrum entfernt liegen.

Lederwaren

Coalpe (Handtaschen)
Mexico 3325, Tel.: 97-46206
Colicuer (Handtaschen)
Tte. Gral. Perón 1615, I. Tel.: 35-7463
Maximilian Klein (Handtaschen)
Humberto Primo 3435 Tel.: 93-0511
Viel (Handtaschen und Schuhe)
Viel 1550, Tel.: 922-2359
La Mia Scarpa (Schuhe nach Maß)
Thames 1617, Tel.: 72-6702
Gürtel-Fabrik
Fco. Acuña de Figueroa 454, Tel.: 87-3172
Kerquelen (Anfertigungen nach Maß im Schnell-Service)
Santander 747, Tel.: 922-2801

Le Fauve (neueste Ledermoden, z.B. Jacken, Röcke, etc.; günstige Preise und persönliche Bedienung)
Sarandi 1226, Tel.: 27-7326
Arenales 1315, Tel.: 44-8844
Casa Vuriloche
Uruguay 318, Tel.: 40-9673

Pullover

YSL
Catilan, Obligado 4422, Tel.: 70-3991

Pelze

Pieles Chic
(Kürschner in der 5. Generation, ausgezeichnete Pelze, preiswerte Angebote)
Hipolito Yrigoyen 1428 - Vicente López,
Tel.: 795-3836/8836
Pieles Wendall (Repräsentant von Ted Lapidus)
Av. Córdoba 2762, Tel.: 86-7220
Dennis Furs (Repräsentant von YSL),
M.T. de Alvear 628, Tel.: 312-7411

Juweliere

Koltai Joyeria (Schmuckantiquitäten),
Esmeralda 616, Tel.: 392-4052/5716
Ricciardi
Florída 1001, Tel.: 312-3082
Antoniazzi-Chiappe
Av. Alvear 1895, Tel.: 41-6137
Juwelier Stern
Sheraton Hotel
Lovasi Joyeria
Rodriguez Pena 419, Tel.: 46-5131

Kunsthandwerk

Tuyunti
Florída 971, Tel.: 542-8651

Antiquitäten

Die meisten Antiquitätenläden in Buenos Aires findet man in San Telmo. Dies ist eines der historischen Stadtviertel von Buenos Aires. Sonntags findet hier der San Telmo-Markt statt. Die Plaza ist dann von Ständen umgeben, die die verschiedensten Dinge anbieten, von neu bis alt, ausgefallen bis kitschig, sehr billig bis atemberaubend teuer. Nur das geübte Auge wird die guten Gelegenheiten entdecken. Der Nichtkenner wird denken, er habe ein einzigartiges Stück erwischt und hat doch meist nur eine Kopie erworben. Deshalb Vorsicht! Um den Platz herum gibt es viele angesehene Antiquitätenläden. Die Preise sind hoch, aber man kann dort immer noch wertvolle Stücke finden.

Auktionen sind sehr populär, und man kann dort gute Käufe tätigen. Einige dieser Auktionshäuser sind:

Roldan y Cia., Rodriguez Pena 1673, Tel.: 30-3733. ·
Naon y Cia., Guido 1785, Tel.: 41-1685
Banco de la Ciudad, Esmeralda 660, Tel.: 392-6684

Weitere kleine Antiquitätengeschäfte findet man in der ganzen Stadt. Bei den Preisen kann man handeln. Eine Reihe dieser Geschäfte liegt an der Av. Rivadivia (um den 4000er Block herum). Da sie weniger bekannt sind, sind die Preise und die Bedienung gut. Auch an der Av. Libertador, Richtung Stadtteile Martínez und San Isidro, gibt es weitere Antikläden, die gelegentlich sehr interessante Stücke anbieten. Um fündig zu werden, braucht man allerdings Zeit und muß sich in der Materie etwas auskennen.

La Baulera, Av. Monroe 2753, hat ein ganz besonderes Sortiment an Sammelobjekten, und die Besitzer werden Ihnen dabei behilflich sein, ein Unikat zu finden. Andere Geschäftsadressen können im Hotel erfragt oder den *Buenos Aires Times* entnommen werden.

Kunsthandwerks-Märkte werden an den Wochenenden in verschiedenen Stadtteilen abgehalten. Hier einige Beispiele:

Plaza Francia - Nahe dem Recoleta-Viertel (So).
Plaza Manuel Belgrano - Juramento 2200 (So).
Plaza Mitre - San Isidro (So).
Tigre - Puerto de los Frutos (Sa und So).

Nachtleben

Das Nachtleben von Buenos Aires ist im Vergleich zu anderen großen Weltstädten sehr umtriebig. Die Leute spazieren ohne Angst bis spät in der Nacht auf den Straßen. Noch ist die Kriminalität unbedeutend, obwohl sie in der letzten Zeit etwas angestiegen ist. Das Stadtzentrum (die Straßen Florída und Lavalle) ist um Mitternacht fast so belebt wie am hellen Tag.

Die Kinos sind bis nach 23 Uhr geöffnet, und einige Restaurants in der City schließen überhaupt nicht.

Discos, Nachtclubs, Cabarets und Bars findet man fast überall in der Stadt. Hören Sie die neuesten Hits aus der ganzen Welt und tanzen Sie bis in die frühen Morgen, z.B. im **Cemento**, Estados Unidos 1238, oder etwas formeller im **Le Club**, Quintana 111, oder im **Hippopotamus**, Junin 1787. Weitere Tanzlokale sind:

Africa
Av. Alvear 1885
Contramano
Rodriguez Pena 1082
Mau Mau
Arroyo 866
New York City
Av. Alvarez Thomas 1391
Puerto Pirata
Liberated 1163
Snob
Ayacho 2038
Club 100
Florída 165

Für das ganz junge Gemüse öffnen täglich neue Diskotheken. Der letzte Schrei ist derzeit Schlittschuhlaufen - ein Vergnügen für Jung und Alt. Schon gibt es etliche Eislaufbahnen in ganz Buenos Aires und in den meisten größeren Provinzstädten.

Die Argentinier bleiben im allgemeinen gerne lange auf. Die Restaurants in Buenos Aires öffnen zwar schon um 8 Uhr abends, aber in den Provinzen oft erst um 9 Uhr. Die großen Städte im Inland wie Córdoba, Mendoza, Bariloche, Salta u.a., die viele Touristen anziehen, haben ein beträchtliches Nachtleben. Die Theatervorstellungen sind nicht so vielfältig wie in Buenos Aires, aber man findet von allem etwas. Eine gute Tango-Show bekommt man fast überall geboten, aber die besten Vorführungen gibt es in Buenos Aires. Eine Vorreservierung ist dringend zu empfehlen.

Tango - Shows

Taconeando
Balcarce 725
Tel.: 362-9596/9599
Casa Rosada
Chile 318
Tel.: 361-8222
El Viejo Almacen
Av. Independencia/Ecke Balcarce
Tel.: 362-3602
Cano 14
Talcahuano 975
Tel.: 393-4626

El Castillo
Pedro de Mendoza 1455
Tel.: 28-5270
Michelangelo
Balcarce 4332
Tel.: 30-6542

Überall in Argentinien gibt es Bars, Cafés und *Confiterías* oder Teestuben, die einen herrlichen Expresso, Tee, Soft Drinks und alkoholische Getränke sowie verschiedene Kleinigkeiten zum Essen servieren. Eine Sehenswürdigkeit für den Touristen ist *La Biela* , eines der berühmtesten Cafés der City von Buenos Aires im exklusiven Wohngebiet Recoleta.

SPORT UND ABENTEUER

Eine ausführliche Beschreibung der in Argentinien betriebenen Sportarten findet sich im entsprechenden Kapitel dieses Buches. Hierzu noch einige nützliche Informationen:

Reitexkursionen

In der Nähe der Stadt Bariloche, zu Füßen der Anden, kann man einen halben Tag bis zu einer Woche auf Pferderücken verbringen. Unterwegs wird unterm Sternenhimmel gezeltet. Kontakt: Carol Jones, Estancia Nahuel Huapi, Neuquen, Argentinien; oder Hans Schulz, Polvani Tours, Quaglio 268, (8400) Bariloche, Argentinien, Tel.: (0944) 23286, Telex: 80772 POLVA AR.

Angeln mit "Fliege"

Eine Urlaubsmöglichkeit in Ruhe und Abgeschiedenheit beim Forellenangeln in den klaren Seen und Flüssen der Anden. Unterkünfte, Ausrüstung und Führer werden gestellt. Kontakt: Caleufu River SRL, M. Moreno 1185, (8370) San Martín de los Andes, Neuquen, Argentinien, Tel.: (0944) 7199, Telex: COSMA CALEUFU. Ähnliche Möglichkeiten bietet Cosmopolitan Travel, L. Alem 986, 7. Stock, Buenos Aires 1001, Argent., Tel.: 311- 7880/6695/2478/6684, Telex: 9199 CASSA AR.

Andere Angelmöglichkeiten

Chascomus ist eine kleine Stadt an einem See, etwa 125 km südlich von Buenos Aires. Man kann sie per Auto oder Bahn erreichen. Der See hat Brackwasser-Fische, und es werden dort vor allem *Pejerrey* (eine Art Seewolf) und eine sehr aggressive Fischart, der *Tararira* , geangelt. Die Ausrüstung kann beim lokalen Angel-Club ausgeliehen werden.

Argentinien ist berühmt für seine Angelmöglichkeiten, und die Forellenfischerei gilt als eine der besten der Welt. Man kann an der Küste, in den Andenflüssen oder in den zahllosen Seen und Gewässern auf Fischfang gehen.

Fragen Sie im Reisebüro nach Einzelheiten und Reservierungsmöglichkeiten.

Wandern

Geführte Wanderungen in den Anden, darunter eine einwöchige Tour durch eine sehr spektakuläre Landschaft zu Füßen des Aconcagua, organisiert Optar Tours, Mendoza, Prov. Mendoza, Argentinien. Wenden Sie sich an Señor Fernando Grajales.

Skilaufen

Die wichtigsten Skiorte Argentiniens sind: Das Gebiet um den Cerro Catedral bei Bariloche, das Valle de las Leñas im Süden der Provinz Mendoza und Los Penitentes, ein kleiner Skiort in der Nähe der Stadt Mendoza.

Eine Anzahl bescheidener Skiorte gibt es in den südlichen Provinzen, darunter einen in Feuerland und einen weiteren bei Esquel.

In einem Reisebüro erhalten Sie weitere Informationen und können Reservierungen vornehmen. Es gibt auch Pauschalangebote, die einen Skiurlaub in Argentinien wesentlich preisgünstiger machen.

Pato

Diesen typisch argentinischen Sport finden Sie nur hier. Manchmal wird er auf den Estancias in der Umgebung von Buenos Aires interessierten Zuschauern vorgeführt. Auskünfte erteilen die lokalen Reisebüros.

Pferderennen

Die beiden größten Pferderennbahnen in Buenos Aires sind die des Jockey-Clubs in San Isidro und die in Palermo. Die Rennen finden etwa viermal wöchentlich statt. Kleinere Rennbahnen gibt es in den meisten größeren argentinischen Städten.

Polo

Der beste Ort, um ein Polo-Spiel in Buenos Aires zu verfolgen, ist das zentral gelegene Polo-Feld in Palermo. Hier wird gewöhnlich im November die wichtigste Meisterschaft abgehalten. Eintrittskarten können am Kartenstand besorgt werden.

Entenjagd

Möglichkeiten zur Jagd auf Enten und Rebhühner bestehen auf einer riesigen Estancia im Sumpfgebiet der Provinz Santa Fe, etwa 800 km von Buenos Aires entfernt. Es gibt dort sehr komfortable Unterkünfte für kleine Gruppen bis zu 6 Leuten. Kontakt: Condor Special Safaris, Adriand Maguirre, Av. Las Hers 3790, 5. Stock, Buenos Aires, 1425 Argentinien, Tel.: (54)(1)801-4742, Telex: FIRPO AR23924; oder Salty Saltzman, P.O. Box 648, Manchester, Vermont 05254, U.S.A., Tel.: (802)362-1876, Telex: 495-0637.

Tren a las Nubes

Der "Zug in die Wolken" fährt täglich von Salta aus. Er erhielt seinen Namen wegen der schwindelregenden Höhen, die er am höchsten Punkt der Strecke erreicht. Die Szenerie ist spektakulär. Umfassende Auskünfte erhält man in Salta oder im Zentralbüro der *Ferrocarriles* in Buenos Aires.

Estancia-Urlaub

Besucher von Buenos Aires haben die Gelegenheit, sich in der Kleinstadt San Antonio de Areco (115km) vom Trubel der Hauptstadt zu erholen. In diesem landschaftlich herrlich gelegenen, friedlichen Ort hat die Familie Aldao die Estancia *La Bamba* in ein Landgasthaus umgewandelt. Es besitzt jeglichen Komfort, um Ihnen einen angenehmen Aufenthalt zu bereiten, an den Sie sich gerne erinnern werden. Nähere Informationen unter Tel.: 392- 0394/9707.

Falabella-Pferde

Ein interessanter Ausflug von Buenos Aires aus könnte der Estancia El Peludo gelten. Auf dieser Ranch (65 km von Buenos Aires entfernt) werden die einzigartigen, berühmten *Falabella* - Kleinpferde gezüchtet, die den Namen des Züchters erhielten. Einige dieser Pferde gehören be-

rühmten Leuten wie den Kennedys, den Carters und dem spanischen König Juan Carlos. Wer an einem Besuch dieser Estancia interessiert ist und vielleicht sogar eines dieser Pferde kaufen möchte, sollte sich mit Frau Falabella in Verbindung setzen. Tel.: 44-5050/1404.

Volksfeste

Alljährlich findet in ganz Argentinien eine Reihe von farbenfrohen Festen statt, zum Beispiel in:

Mendoza
Festival de la Vendimia . Das Weinlese-Fest wird hier, im Zentrum von Argentiniens Weingebiet, jeden März gefeiert. Die drei Festtage kulminieren in einer großartigen Lichter-, Musik- und Tanz-Schau in einem Amphitheater zu Füßen der Anden.

Córdoba
Diese Provinz im Herzen des Landes feiert mehrere schöne Feste im Jahr. Das wichtigste ist ein internationales Festival für Folklore-Musik und -Tänze in Cosquín (zweite Januarhälfte). In einem Reisebüro wird man Ihnen die genauen Daten herausfinden.

Villa General Belgrano
In diesem kleinen, von Deutschstämmigen gegründeten Dorf bei Córdoba finden alljährlich mindestens zwei lustige Feste statt: Das Alpenschokoladen-Fest im Winter und ein Oktoberfest (*Fiesta de la Cerveza*) im Oktober.

San Antonio de Areco
Im November begeht diese 115 km von Buenos Aires entfernte Stadt eine Traditionswoche, während der Gauchos in Rodeos ihre Reitkünste vorführen. Die Stadt besitzt auch ein Gaucho-Museum (R. Guiraldes). An Wochenenden verkaufen Kunsthandwerker aus der Gegend ihre Waren auf der Plaza.

ESSENGEHEN

Man könnte das ganze Jahr über in Buenos Aires ausgehen zum Essen und hat dann doch nicht alle Restaurants durchprobiert. Das Abendessen in einem Lokal ist hier immer eine feine Sache. Nicht nur die Speisekarten, auch der Wein und der Service sind meist ausgezeichnet. Argentinien ist berühmt für sein Rindfleisch, und die meisten Touristen werden es anderen Gerichten vorziehen. Eine typische Speisenfolge besteht aus *Empanadas* (Fleischpasteten, deren Füllung je nach Region verschieden ist), *Chorizos* oder *Morcillas* (Schweins- und Blutwürstchen) und in jedem Fall einer Auswahl an *Achuras* (Süßbrot) - das sind nur die appetitanregenden Vorspeisen. Die beliebtesten Gerichte im Hauptgang sind ein gutes *Bife de Churrasco* (ein Steak vom Grill), eine *Tira de Asado* (ein Stück Rinderbraten), ein *Bife de Lomo* (Filetsteak), hinzu kommen jeweils verschiedene Salate als Beilage. Zum Abschluß kann man einen leckeren *Flan* (Karamelpudding) wählen, der von *Dulce de Leche* oder Schlagsahne gekrönt ist. Denken Sie dabei bloß nicht an die Kalorien, sondern genießen Sie einfach, was auf den Tisch kommt!

Eine vollständige Liste aller Restaurants in Buenos Aires kann hier nicht abgedruckt werden, es soll nur auf die populärsten hingewiesen werden:

Parillas (Steakhäuser)

La Cabaña
Entre Ríos 436
Los Años Locos
Av. Costañera Norte
Las Nazarenas
Reconquista 1132
La Estancia
Lavalle 941

Internationale Küche

Harper's
Junin 1763
Gato Dumas
Roberto M. Ortiz 1809
Lola
Roberto M. Ortiz 1805
El Repecho de San Telmo
Carlos Calvo 242
Hotel Claridge
Tucumán 535

Französische Küche

Catalinas
Reconquista 875
Tomo I
Las Heras 3766
Au Bec Fin
Vicente López 1827

Chez Moi
San Juan, Block 1200
La Crevette
San Juan 639
El Gato Que Pesca
Rodríguez Pena 159.
Martínez.
Refugio del Viejo Conde
Cervino 4435, Palermo
Oso Charlie
Segui 4676

Schweizer Küche

La Cave Du Valais
Zapiola 1779, Belgrano R
Charlie's Fondue
Pelliza 4399, Olivos

Italienische Küche

A Mamma Liberate
Medrano 974
Subito
Paraguay 640, 1. Stock
Robertino
Vicente López 2158
Cosa Nostra
Cabrera 4300
La Fabbrica
Potosí 4465
A'Nonna Immacolata
Costañera Norte

Persische Küche

Persepolis
It. Irigoyen 991

Sie können in Buenos Aires auch spanisch, deutsch, chinesisch etc. essen. Erkundigen Sie sich in Ihrem Hotel. Die Preise in den meisten dieser Restaurants sind gemäßigt. In den teuersten gibt man etwa 50 US-Dollar pro Person aus, inklusive Aperitif, Wein/Sekt und Dessert.

GESUNDHEIT - SICHERHEIT

Die Krankenversorgung in Argentinien ist gut. Die Kliniken haben ausgebildetes Personal, das hier oder im Ausland studiert hat. Es gibt ausgezeichnete Fachärzte, die an internationalen medizinischen Kongressen teilnehmen, um sich über die neuesten Entwicklungen in der Medizin zu informieren und um sie dann in Argentinien anzuwenden.

In einigen Landesteilen mögen die Krankenhäuser vielleicht nicht die modernste Ausstattung haben, doch sind sie ausreichend für Notfälle ausgerüstet. Bei teuren Anschaffungen wird zwischen verschiedenen Kliniken oder Abteilungen kooperiert, um sie voll auszunutzen.

Die Kosten für medizinische Versorgung können nicht genau angegeben werden, da die argentinische Währung starken Kursschwankungen ausgesetzt ist. Jedoch kann man davon ausgehen, daß ein Bettplatz in einem Privatkrankenhaus von 200 bis 800 Austral kostet. Für einen Arztbesuch muß man in der Regel mit 20 bis 150 Austral rechnen.

Notfälle

Bei Notfällen im Stadtgebiet von Buenos Aires sollten Sie folgende Telefonnummern benutzen:

Hospital für Verbrennungen
923-3022
Ärztliche Hilfe
34-4001
Notarzt für Herzanfälle
107
Vergiftungen
87-6666
Feuerwehr
23-2222
Polizei
101

Krankenhäuser

British Hospital
Perdriel 74, Tel.: 23-1081/1089
Kinderkrankenhaus Pedro Elizalde
M. Oca 40. Tel.: 28-5898
Französische Klinik
Rioja 951, Tel.: 97-1031/1081/3412
Deutsches Krankenhaus
Av. Pueyrredon1640, Tel.: 821-4083/7661
Hospital Guemes
Av. Córdoba 3933, Tel.: 89-1675, 79/5081
Hospital Municipal
Juan A. Fernández, Cervino 3356,
Tel.: 801-5555/0028/2233
Zahnklinik
(Clínica Odontológica) Av. Pueyrredon 940,
Tel.: 941-5555

Augenklinik Santa Lucía
(Clínica Oftalmológica) Av. San Juan 2021,
Tel.: 941-7077

In den Provinzen sind die Krankenhäuser jederman bekannt, so daß in einem Notfall jeder Hotelangestellte oder Taxifahrer Sie sofort dort hinbringen könnte.

Apotheken

Die meisten Arzneien können ohne Rezept besorgt werden. Es gibt allerdings einige Einschränkungen. Irgendeine Apotheke hat immer Bereitschaftsdienst. Wenn Sie Spritzen verordnet bekommen haben, so kann der Apotheker sie Ihnen geben. Im ganzen Land wechseln sich die Apotheken im 24-Stunden-Service ab. Eine Liste der Ihnen am nächsten liegenden offenen Apotheke finden Sie in der Lokalzeitung unter der Rubrik "Farmacias de Turno".

Der Apotheker kann auch selbst Medikamente für einfache Beschwerden wie Magenverstimmungen, Kopfschmerzen oder Erkältungen empfehlen.

Kriminalität und Sicherheit

Wie überall auf der Welt muß der Reisende immer vorsichtig sein und seinen gesunden Menschenverstand gebrauchen. Lassen Sie Ihr Gepäck nicht unbeaufsichtigt, wenn Sie sich in einem Hotel einschreiben. Behalten Sie Ihre Sachen immer nah bei sich. Falls Sie Wertsachen mit sich führen, lassen Sie sie im Hotel-Safe einschließen.

Tragen Sie Ihr Geld in verschiedenen Teilen Ihrer Kleidung mit sich und nicht in einer Hand- oder Geldtasche. Zeigen Sie nicht größere Geldbeträge vor, wenn Sie etwas einkaufen. Obwohl der Umgang mit fremdem Geld manchmal etwas verwirrend sein kann, sind die Banknoten hier doch klar gekennzeichnet. Es gibt Scheine zu 1, 5, 10, 50 und 100 Austral.

Buenos Aires und die meisten größeren Städte sind sehr lebendig bis spät in die Nacht. Sie können ausgehen zum Abendessen, tanzen bis in die Puppen und dann noch um 4 oder 5 Uhr morgens ein *Bife* (Steak) essen gehen. Aber mit etwas Vorsicht kann man eine schlechte Erfahrung vermeiden. Spazieren Sie möglichst abends nicht alleine herum, und gehen Sie nicht durch einsame, trostlose Straßen. Falls Sie Autofahren, schließen Sie den Wagen ab und lassen Sie keine Wertsachen drin. Diebe brechen gewöhnlich die

Autofenster auf, um das Radio oder den Cassetten-Recorder zu stehlen.

Die Kriminalität ist - wie fast überall in der Welt - im Ansteigen begriffen, vor allem in den größeren Städten. Trotz allem kann die Kriminalitätsrate im Vergleich mit anderen Städten bei der gleichen Bevölkerungszahl nicht mithalten. Aber ein wenig Vorsicht sollten Sie sicherheitshalber immer walten lassen.

UNTERKÜNFTE

Fünf-Sterne-Hotels (Buenos Aires)

Buenos Aires Sheraton
San Martín 1225
Hotel Claridge
Tucumán 535
Tel.: 393-4301/7448
Hotel Libertador
Ecke Córdoba und Maipú
Tel.: 392-2095/8395
Hotel Panamericano
Carlos Pellegrini 525
Tel.: 393-6062/6111/6154
Hotel Plaza
Florída 1005
Tel.: 311-5011/312-6001

Vier-Sterne-Hotels

Hotel Bisonte
Paraguay 1207
Tel.: 394-8041/8305
Hotel Bauen
Av. Callao 360
Tel.: 804-1600
Hotel City
Bolivar 160
Tel.: 34-6481
Hotel El Conquistador
Suipacha 948
Tel.: 313-3012/3112
Hotel Elevage
Maipú 960
Tel.: 313-2082/2982
Hotel Lancaster
Av. Córdoba 405
Tel.: 312-4061/8
Hotel Regente
Suipacha 964
Tel.: 313-6628

Hotel Sheltown
Marcelo T. Alvear 742
Tel.: 312-5070

Drei-Sterne-Hotels

Hotel Carlton
Libertad 1180
Tel.: 44-0081
Gran Hotel Argentino
Carlos Pellegrini 37
Tel.: 35-3071/9842
Gran Hotel Oora
Maipú 963
Tel.: 312-7391
Hotel Liberty
Av. Corrientes 626
Tel.: 46-0261
Hotel Plaza Francia
E. Schiaffino 2189
Tel.: 804-9631
Hotel Victory
Maipú 880
Tel.: 392-8415
Hotel Waldorf
Paraguay 450
Tel.: 312-2071

Falls Sie Hotels in den argentinischen Provinzen suchen, können Sie sich bei den regionalen Informationsbüros, die wir bereits unter "Touristeninformation" aufgelistet haben, erkundigen. Dort werden Sie vollständige Aufzählungen von Hotels, Motels, Campingplätzen und Studentenquartieren erhalten. Auch über Vakanzen und Preise kann man Sie in diesen Büros informieren. Einige können auch direkt eine Reservierung vornehmen, aber normalerweise müssen Sie dies selbst oder über ein Reisebüro tun.

Die Preise variieren je nach Saison, man sollte sie gleich nach der Ankunft erfragen, es sei denn, man reist in der Hochsaison, während der man seine Zimmer im voraus reservieren sollte.

Die großen Sommerferien beginnen hier Mitte Dezember und enden erst Mitte März. Die Winterferien fangen um den 5. Juli herum an und dauern bis Mitte August. Die Schulen machen eine zweiwöchige Winterpause, aber die Schulferien-Termine der Provinzen liegen hintereinander, um dadurch eine Überlastung der Skiorte zu vermeiden.

Nachfolgend einige Hotels in den Provinzstädten, um dem Reisenden wenigstens eine Anlaufstelle zu geben. Vollständige Listen von Hotels sind, wie bereits gesagt, in den regionalen Verkehrsämtern erhältlich.

Iguazú

Hotel Internacional de Iguazú

Reservierung in Buenos Aires, Tel.: 311-4259. Das Hotel liegt im Nationalpark der Wasserfälle und bietet einen herrlichen Ausblick auf dieses gewaltige Naturschauspiel. Es ist sehr modern und komfortabel.

Hotel Esturion Iguazú

Reservierung in Buenos Aires, Tel.: 30-4919. Gutes und preiswertes Hotel, allerdings nicht so ideal gelegen (in Puerto Iguazú).

Salta

Hotel Plaza

Reservierung in Buenos Aires, Tel.: 962-5547. Im Stadtzentrum gelegen.

Hotel Salta

Reservierung in Buenos Aires kann über Cosmopolitan Travel erfolgen, Tel.: 311-6684. Das Hotel liegt ebenfalls zentral.

Jujuy

Hotel Termas de Reyes

Tel.: 0382; Telex: 66130 NASAT. Etwa 19 km von der Stadt entfernt, Thermalbäder in allen Zimmern, guter Komfort und beheiztes Schwimmbad.

Mendoza

Hotel Aconcagua

San Lorenzo-Straße, wenige Blocks vom Geschäftszentrum, sehr moderne Architektur, Swimmingpool und Klima-Anlage in allen Räumen. Gutes Restaurant.

Hotel Huentala

Primitivo de la Reta 1007, Tel.: 24-0766/0802 Sehr günstig im Stadtzentrum gelegen, modern und gut ausgestattet.

Hotel Plaza

Chile 1124, Tel.: 23-3000. Ein traditionelleres Hotel an einer herrlichen Plaza, mit schönen alten Möbeln.

Bariloche

Hotel El Casco

Casilla de Correo 436 (Postfach). Ein gut geführtes und bekanntes Hotel. Am Seeufer gelegen in landschaftlich herrlicher Umgebung. Die Zimmer sind mit Antiquitäten ausgestattet. Das Restaurant ist weltberühmt. Ein teures Hotel, das aber den Preis wert ist.

Hotel Edelweiß

Tel.: 26142; Telex: 80711 EDEL AR. Ein großes Hotel mit 90 Zimmern sowie einigen Suites mitten in der Stadt Bariloche (5 Sterne).

Hotel Tronador

Reservierung in Buenos Aires, Tel.: 311-6684/2081-2478. Am Mascardi-See, südwestlich von Bariloche. Ein originelles, kleines Landhotel (im Stil der Lodges). Möglichkeiten zum Angeln, Reiten, Wandern und Ausruhen. Geöffnet von November bis April.

Carlos Paza (am Stausee San Roque)

Hotel Avenida

Gral. Paz 549, Carlos Paz, Córdoba. Ein kleines Hotel mit 50 Zimmern, Swimmingpool.

Hotel Ciervo del Oro

Carlos Paz, Córdoba. Ein nettes, kleines Lodge-Hotel direkt am See, sehr gemütlich, ausgezeichnetes Essen; mit Swimming-Pool.

Villa General Belgrano

Hotel Edelweiß

Tel.: 6317/6284, Villa General Belgrano, Córdoba. Ein sehr gut geführtes Hotel, mit Schwimmbad, Tennisplätzen und Ferienaktivitäten für Kinder. Mitten in der Gebirgslandschaft von Córdoba mit angenehmem Klima. Ideal für einige Tage Erholung. Ausflugsmöglichkeiten nach La Cumbrecita und zum Angeln in den vielen Seen der Umgebung.

Ushuaia

Hotel Albatros

Tel.: 92504/6, Telex: 88639 ALBAT AR.

Hotel Malvinas

Deloqui 615, Tel.: 92626

Hotel Cabo Hornos

Av. San Martín y Triunvirato, Tel.: 92137

Calafate (Lago Argentino)

Hotel La Loma

Tel.: 16 (El Calafate). Mitten im Gletscher-Nationalpark gelegen. 27 Zimmer mit schönem Aussichtsblick. Geöffnet von Oktober bis April. Das Personal ist mehrsprachig.

Posada

Los Alamos, Gobernador Moyano y Bustillo 94, Tel.: 74 (Calafate). Ein kleines Hotel mit Kinderspielplatz, Restaurants und interessanten Filmen über das Gebiet.

Mar del Plata

Gran Hotel Provincial, Tel.: 24-4081 Das älteste Traditionshotel und noch immer ein Grandhotel. Große Zimmerkapazität, sehr gutes Restaurant.

Mar del Plata hat als berühmter Badeort am Meer unzählige Hotels und Pensionen. Ortsansässige Reisebüros können Ihnen detailliertere Informationen je nach Ihren Bedürfnissen geben.

REISEBÜROS

Cosmopolitan Travel
L. Alem 986, 7.Stock, Buenos Aires,
Tel.: 3116684/6695/2081/2474,
Telex: 9199 CASSA AR. 24-Stunden-Service, mehrsprachig.
Flyer Travel
Reconquista 621, 8.Stock, Buenos Aires,
Tel.:313-8165/8201/8224.
STO Travel
Hipolito Yrigoyen 850, Buenos Aires,
Tel.:34-0789/5913/7336,
Telex: 22784 SHABA.
Sol Jet Travel
Florída 118, Buenos Aires,
Tel.: 40-8361/3939/7030,
Telex:17188 SOLIT AR.

BOTSCHAFTEN

Bundesrepublik Deutschland
Villanueva 1055
Tel.: 771-5054/-59, 771-6071
Buenos Aires
Deutsche Demokratische Republik
Olazabal 2201
Tel.: 781-2002
Buenos Aires
Schweiz
Santa Fé 846, 12. Stock
Tel.: 311-6491/95
Buenos Aires
Österreich
French 3671
Tel.: 802-7195
Buenos Aires

Deutsche Konsulate
gibt es in Bahia Blanca, Córdoba, Eldorado, Mendoza, Posadas, Resistencia, Rosario, Salta, Bariloche und Santa Fé.

Argentinische Botschaften

Bundesrepublik Deutschland
Adenauer-Allee 52,
53 Bonn 1
Tel.: 0228/223973
Schweiz
Jungfraustraße 1
3000 Bern
Tel.: 443565
Österreich
Hoher Markt 1
1010 Wien
Tel.: 638463

LUFTFAHRTGESELLSCHAFTEN

In Buenos Aires:

Aeroflot
Tel.: 312-5573
Aerolineas Argentinas
Tel.: 393-1562
Aeroperu
Tel.: 311-4115
Air France
Tel.: 313-9091
Alitalia
Tel.: 312-8421
Austral
Tel.: 49-9011
Avianca
Tel. 312-3693
British Airways
Tel.: 392-6037
British Caledonian
Tel.: 392-3489
Canadian Airlines
Tel.: 392-3765
China Airlines
Tel.: 312-0664
Cruzeiro-Varig
Tel.: 35-3014
Eastern Airlines
Tel.: 312-5031
Ecuatoriana
Tel.: 311-1117
El Al
Tel.: 392-8840
Flying Tigers
Tel.: 311-9252
Iberia
Tel.: 35-5081

Japan Airlines
Tel.: 392-2005
KLM
Tel.: 311-9522
Korean Air
Tel.: 311-9237
Lade
Tel.: 361-0853
Lan Chile
Tel.: 311-5336
LAPA
Tel.: 311-2492
Lloyd Aereo Boliviano
Tel.: 35-3505
Lufthansa
Tel.: 312-8171/79 (Stadtbüro),
620-0043/47 (Flughafen)
Pan Am
Tel.: 45-0111
Pluna
Tel.: 394-5356
Quantas Airway
Tel.: 312-9701
Sabena
Tel.: 394-7400
Singapore Airlines
Tel.: 33-3402
South African Airways
Tel.: 311-5825
SAS
Tel.: 312-8161
Swissair
Tel.: 312-0669
Thai International
Tel.: 312-8161
United Airlines
Tel.: 312-0664
Viasa
Tel.: 311-5289

OMNIBUSBETRIEBE

Ablo
Tel.: 313-2835
(Verbindungen in die Provinz Córdoba)
Anton
Tel.: 313-3078
(Küstenstädte)
Costera Criolla
Tel.: 313-2503
(Küstenstädte)
Chevalier
Tel.: 312-3297
(gesamte Provinz Buenos Aires)

Chevalier Paraguayo
Tel.: 313-2349
(Verbindungen nach Paraguay)
Expreso Singer
Tel.: 313-2355
(Nordprovinzen)
Fenix
Tel.: 313-0134
(Richtung Westen bis Chile)
Gral. Urquiza y Sierras de Córdoba
Tel.: 313-2771
(Provinz Córdoba)
La Internacional
Tel.: 313-3164
(Paraguay und Brasilien)
Micro Mar
Tel.: 313-3128
(Küstenstädte)
Onda
Tel.: 313-3192
(Verbindungen nach Uruguay)
Plum
Tel.: 313-3901
(Verbindungen nach Brasilien)
Tata
Tel.: 313-3836
(Verbindungen in die Nordprovinzen des
Landes und an die Grenze zu Bolivien).

LITERATUR

Geographie und Geschichte

- Bridges, E. Lucas: *The Uttermost Part of the
Earth.* New York 1949.
- Chatwin, Bruce: *In Patagonien.* Reinbek bei
Hamburg 1981.
- Delaborde, Jean/Lofs, Helmut: *Am Rande der
Welt. Patagonien und Feuerland heute.*
Frankfurt 1978.
- *Die Reise von Charles Darwin.* Eine Auswahl
aus seinen Schriften, zusammengestellt von
Christopher Ralling. Wiesbaden 1979.
- Durell, Gerald: *Das flüsternde Land* (Tiere Pa-
tagoniens). Zürich 1964.
- Eriksen, Wolfgang: *Kolonisation und Tou-
rismus in Ostpatagonien.* Bonn 1970.
- Gottschalk, Manfred: *Patagonien, rauhes
Land im Süden.* München/Wien 1981.
- Hudson, W.H.: *Birds of La Plata.*
- Hudson, W.H.: *Idle Days in Patagonien,*

London 1984.
- Meissner, Hans-Otto: *Rund um Kap Horn.*
Bei Wassernomaden, Schafzüchtern und Goldsu-
chern auf Feuerland. München 1987.
- Pendle, George: *Argentinien.* München 1964.
- *The South American Handbook.* Bath und
London 1978.
- Wilhelmy, Herbert/Rohmeder, Wilhelm: *Die
La-Plata-Länder Argentinien, Paraguay und
Uruguay.* Braunschweig 1968.
- Zapata, José A. Friedl (Hrsg.): *Argentinien.
Natur, Gesellschaft, Geschichte, Kultur, Wirt-
schaft.* Tübingen und Basel 1978.

Politik und Gesellschaft

- Agulla, Juan. C.: *Soziale Strukturen und
soziale Wandlungen in Argentinien.* Berlin 1967.
- Barnes, John: *Evita Perón. Mythos und Macht.*
München 1984.
- Bittner, Walter: *Gewerkschaften in Argentinien. Vom Anarchismus zum Peronismus.* 1982.
- Boris, Dieter/Hiedl, Peter: *Argentinien. Ge-
schichte und politische Gegenwart.* Köln 1978.
- Gredé, Karl: *Wie oft hat man mich umge-
bracht.* Wien/München 1985.
- Haffa, Annegret I.: *Beagle-Konflikt und Falk-
land-(Malvinen-)Krieg. Zur Außenpolitik der
argentinischen Militärregierung 1976 bis 1983.*
München/Köln/London 1987.
- Knoblauch, Rudolf: *Der Peronismus. Ein ge-
scheitertes lateinamerikanisches Modell.* 1980.
- von Oven, Wilfried: *Argentinien (Paraguay,
Uruguay).* Nürnberg 1969.
- Page, Joseph: *Perón: A Biography.* New York
1983.
- Sager, Peter: *Fallbeispiel Falkland. Ein Orien-
tierungsmodell.* 1983.
- Timerman, Jacobo: *Wir brüllten nach innen.*

Folter in der Diktatur heute. Frankfurt/M. 1982.
- Waldmann, Peter: *Der Peronismus. 1943-
1955.* Hamburg 1974.
- Werz, Nikolaus: *Argentinien - die Meuterei
der Offiziere in der Osterwoche 1987 und ihre
Folgen.* Freiburg 1987 (Aktuelle Informations-
papiere zu Entwicklung und Politik).
- Zapata, José A. Friedl (Hrsg.): *Argentinien.
Natur, Gesellschaft, Geschichte, Kultur, Wirt-
schaft.* Tübingen, Basel 1978.

Argentinische Autoren (Prosa und Lyrik)

Sammelwerke
- *Märchen aus Argentinien und Paraguay.* Köln
1987.
- *Moderne argentinische Lyrik.* Tübingen, Basel
1975.
- *Argentinische Erzählungen* (Die Bibliothek
von Babel), Stuttgart 1983.
- *Argentinische Kurzgeschichten/Narradores Ar-
gentinos.* Spanisch-deutsch. Mülnchen (dtv)
- Reichardt, Dieter: *Tango. Verweigerung und
Trauer. Kontexte und Texte.* Frankfurt/M. 1984.
- *Frauen in Lateinamerika.* Erzählungen und Be-
richte (Bd. 1 und 2). München 1983 und 1986.

Werke einzelner Autoren
- Bioy Casares, Adolfo: *Der Traum der Helden.*
Frankfurt 1977; *Liebesgeschichten.* Frankfurt
1987.
- Borges, Jorge Luis: *Sämtliche Erzählungen.*
München 1970.
- Cortázar, Julio: *Album für Manuel.* Roman.
Frankfurt/M. 1976; *Bestiarium.* Erzählungen.
Frankfurt/M. 1979 (sowie weitere Bände bei
Suhrkamp erschienen).
- Puig, Manuel: *Verraten von Rita Hayworth.*
Frankfurt/M. 1976; *Der schönste Tango der
Welt.* Frankfurt/M. 1978; *Der Kuß der Spinnen-
frau.* Frankfurt/M. 1983.

BILDNACHWEIS

177	Roberto Cinti/Ph	215	Arlette Neyens	256/257	Carlos A. Passera/Ph
178	Jorge Schulte	217	Roberto Cinti/Ph	258/259	Carlos A. Passera/Ph
179	Jorge Schulte	218	Gabriel Bendersky	260	Carlos A. Passera/Ph
180	Roberto Cinti	219	Don Boroughs	261	Roberto Cinti/Ph
181	Maria Cassinelli/ Focus	220	Pablo Rafael Cottescu	262	Roberto Cinti/Ph
182	Roberto Bunge/ PW	221	Roberto Cinti/Ph	263	Roberto Cinti/Ph
		222	Roberto Cinti/Ph	264	Carlos A. Passera/Ph
183	Carlos Fadigati/ Focus	223	Carlos Goldin/Focus	265	Federico B. Kirbus
		224	Roberto Cinti/Ph	266	Roberto Cinti/Ph
184	Roberto Bunge/PW	225	Maria Cassinelli/ Focus	267	Roberto Cinti/Ph
185	Roberto Cinti/Ph			269	Arlette Neyens
186	Federico B. Kirbus	226	Pablo Rafael Cottescu	270	Roberto Cinti/Ph
187	Marcos Joly/Focus			271	Carlos A. Passera/Ph
188/189	Roberto Cinti/Ph	227	Carlos A. Passera/Ph	272/273	Alex Ocampo/PW
190/191	Carlos Fadigati/ Focus	228	Arlette Neyens	274	Roberto Bunge/PW
		230	Roberto Cinti/Ph	275	Eduardo Lerke/ Focus
192	Roberto Bunge/PW	231	Pablo Rafael Cottescu	276	Rex Gowar
194	Fiora Bemporad*			277	Carlos Carrio/PW
195	Marcelo Brodsky/ Focus	232	Roberto Bunge/PW	278	Maria Cassinelli/ Focus
		235	Roberto Bunge/PW		
197	Roberto Bunge/PW	236/237	R.N. Goodall	279	Arturo Encinas/ Focus
198	Roberto Bunge/PW	238/239	Don Boroughs		
199	Roberto Bunge/PW	240	Rae Goodall	280	Sindo Fariña/Focus
200	Roberto Bunge/PW	242	Thomas Goodall	281	Pablo Cottescu
203	Roberto Bunge/PW	243	Rae Goodall	282/283	Eduardo Gil
204/205	Pablo Rafael Cottescu	244	Thomas Goodall	284	Jorge Schulte
		245	Roberto Cinti/Ph	286	Fiora Bemporad*
206/207	Joseph Hooper	246	Carlos A. Passera/Ph	287	Marcelo Canevari
208	Carlos A. Passera/Ph	247	Roberto Cinti/Ph	288	Pablo Cottescu
210/211	Pablo Rafael Cottescu	249	Rae Goodall	289	Carlos Fadigati/ Focus
		250	Carlos A. Passera/Ph		
212	Fiora Bemporad*	252	Roberto Cinti/Ph	290	Marcos Joly/Focus
213	Marcelo Brodsky/ Focus	253	Domingo Galussio	291	Marcos Joly/Focus
		254	Thomas Goodall	292	Marcelo Brodsky/ Focus
214	Roberto Cinti/Ph	255	Roberto Cinti/Ph		

Note: PW represents The Photoworks. Ph represents Photohunters.

*Source: *Monumenta Iconographica,* Dr. Bonifacio del Carril, Emecé Editores, Buenos Aires, Argentina.

**Source: Argentine National Archive.

Pg. 40/41 Courtesy of: O Vázquez Lucio, *Historia del Humor Gráfico y Escrito en la Argentina.*

REGISTER

A